Interpersonelles Vertrauen in Organisationen

T0326449

Schriften zur empirischen Entscheidungs- und Organisationsforschung

Herausgegeben
von
Rolf Bronner

Band 24

PETER LANG

Frankfurt am Main · Berlin · Bern · Bruxelles · New York · Oxford · Wien

Julia F. Späth

Interpersonelles Vertrauen in Organisationen

Eine empirische Untersuchung
der Einflussfaktoren
und Verhaltenswirkungen

PETER LANG
Internationaler Verlag der Wissenschaften

Bibliografische Information der Deutschen Nationalbibliothek
Die Deutsche Nationalbibliothek verzeichnet diese Publikation
in der Deutschen Nationalbibliografie; detaillierte bibliografische
Daten sind im Internet über <http://www.d-nb.de> abrufbar.

Zugl.: Mainz, Univ., Diss., 2007

Gedruckt auf alterungsbeständigem,
säurefreiem Papier.

D 77
ISSN 0934-0335
ISBN 978-3-631-57261-0

© Peter Lang GmbH
Internationaler Verlag der Wissenschaften
Frankfurt am Main 2008
Alle Rechte vorbehalten.

Printed in Germany 1 2 3 4 5   7

www.peterlang.de

Meinen Eltern

Geleitwort zu Band 1 bis 24

Anläßlich der Einrichtung einer neuen Veröffentlichungsreihe „Schriften zur empirischen Entscheidungsforschung" erscheint es angebracht, einige Bemerkungen voranzustellen. Sie sind teils begründender, teils programmatischer Natur.

Es wird zunehmend schwieriger, sich auf dem thematischen Gebiet der Entscheidungsforschung zu orientieren. Mehrere Disziplinen wie etwa die Psychologie, die Soziologie und die Ökonomie – und hier im besonderen die Betriebswirtschaftslehre – wählen Entscheidungen zum Gegenstand ihrer Forschungsbemühungen. Dies hat zumindest zwei Ursachen: zum einen weiß man immer noch vergleichsweise wenig über Einflußfaktoren, Verlauf und Effizienz von Entscheidungen. Zum anderen ist man sich bewußt, daß Entscheidungen das Handeln von Individuen, Gruppen und Institutionen maßgeblich lenken.

Entscheidungen werden zu unterschiedlichsten Fragestellungen sowie in verschiedenartigen und sich wandelnden Abwicklungsformen getroffen: Hier sind vor allem Veränderungen von Einstellungen, Informationsmöglichkeiten aber auch von rechtlichen und organisatorischen Bedingungen zu nennen. Entscheidungen verlieren zunehmend ihr Flair von Privileg und unzugänglichem Geheimnis. Es wächst das Bewußtsein, daß sie im Kern nichts anderes sind als Problemlöseprozesse, die sehr wohl einer Analyse, Kritik und Beeinflussung zugänglich sind.

Aber auch in methodischer Sicht gestaltet sich die Orientierung zunehmend schwieriger: Die Untersuchung individualer oder institutionaler Entscheidungen in Verbindung mit dem Einsatz unterschiedlicher Verfahren der Feld- und Laborforschung behindern den Vergleich, die Synthese und damit die Generalisierung sowie den praktischen Transfer von Forschungsergebnissen in erheblichem Maße. Diese thematisch und methodisch bedingte Form eines Zentrifugaleffektes verstärkt sich noch durch die wachsende Zahl einschlägiger Beiträge und die Vielfalt der Veröffentlichungsmöglichkeiten. Hier soll die neu eingerichtete Schriftenreihe eine sicherlich nur bescheidene Sammelfunktion übernehmen: Unter Wahrung der Eigenständigkeit jeder Publikation wird eine Kontinuität derart angestrebt, daß Feldstudien und Laboruntersuchungen über individuales und institutionales Problemlöseverhalten in einfachen und komplexen Entscheidungssituationen zur Veröffentlichung gelangen. Herausgeber und Autoren werden gemeinsam bemüht sein, die jeweils vorgelegten Ergebnisse im Kontext der übrigen Beiträge sowie mit Blick auf Verallgemeinerungsfähigkeit und Übertragbarkeit zu charakterisieren. Die neue Veröffentlichungsreihe vertritt außer einer empirischen Diktion keine „Richtung". Sie ist offen und lädt ein zu vielfältigen Beiträgen mit dem Ziel einer interdisziplinären, realwissenschaftlichen Entscheidungstheorie.

Band 1 von Stephan Schlingmann stellt eine Untersuchung dar zu den personellen und situativen Voraussetzungen von Kooperation und Wettbewerb in arbeitsteiligen Entscheidungsprozessen. Es werden auch die Wirkungen solcher Interaktionsformen auf die Problemlöse-Effizienz unterschiedlich komplexer Entscheidungsaufgaben analysiert.

Band 2 von Helmut Schulte-Frankenfeld befaßt sich mit individualem Problemlöseverhalten in vergleichsweise einfachen Entscheidungssituationen. Kognitiv entlastete Entscheidungen werden als Problemlöseprozesse bei begrenzter Informationsaufnahme- und Informationsverarbeitungs-Kapazität erklärt. Es werden Hypothesen zum vereinfachten Entscheidungsverhalten von Konsumenten formuliert und empirisch überprüft.

Band 3 von Thomas Hofacker orientiert sich am gleichen Paradigma: Entscheidungen werden als das Ergebnis eines unvollkommenen Prozesses der Informationsverarbeitung und Informationsspeicherung betrachtet. Methodische Defizite bei der empirischen Erfassung kognitiver Vorgänge werden nicht nur aufgezeigt, sondern durch eigene Verfahrensvorschläge reduziert.

Band 4 von Franz-Josef Hering greift eine Thematik an der Schnittstelle von kognitiver Grundlagenforschung und aktueller Informationstechnologie auf. Er knüpft an Studien zum Informationsverhalten an und analysiert die Effekte unterschiedlich hoher Informationsversorgung in Problemlösegruppen. Im Mittelpunkt stehen Zusammenhänge zwischen Persönlichkeits-Merkmalen wie etwa der kognitiven Strukturiertheit und der Effizienz von komplexen Entscheidungsprozessen.

Band 5 von Wolfgang Schröder untersucht Fragen der Messung und Wirkung von Werthaltungen, speziell von unterschiedlichen Ausprägungen der Leistungsorientierung. Es zeigt sich, daß das Informationsverhalten, die psychische Beanspruchung sowie die Konflikttendenz von Individuen mit alternativer Leistungsorientierung deutliche Divergenzen aufweisen. Hieraus sind wissenschaftlich und praktisch interessante Folgerungen etwa für die Personalauswahl und die Personalentwicklung für Führungspositionen ableitbar.

Band 6 von Hartmut Geißler widmet sich einem aus vielfältigen Gründen empirisch schwer zugänglichen aber meist folgenreichen Sachverhalt: den Fehlentscheidungen. Der Verfasser erschließt in einer Feldstudie die wesentlichsten Ursachen und Indikatoren von Fehlentscheidungen und ergänzt diese um konkrete Gestaltungs- und Verhaltensempfehlungen. Die Entscheidungsforschung erhält Anregungen in Form weiter verfolgenswerter Hypothesen.

Band 7 von Wolfgang F. Fink greift den vielschichtigen Problemkreis von Information und Kognition auf, den auch die Bände 2, 3 und 4 aus jeweils unterschiedlicher Perspektive zum Gegenstand hatten. In der vorliegenden Arbeit werden betriebswirtschaftlich relevante Studien über die Effekte kognitiver Stile systematisch und umfassend aufgearbeitet. Die empirischen Befunde über Variablen des beobachtbaren Informationsverhaltens, aber auch die Effizienzwirkungen kognitiver Stile liefern Hinweise zum Ablauf und Ergebnis des Prozesses geistiger Problemlösung.

Band 8 von Joachim Karger untersucht Einflußfaktoren der Methodennutzung in Entscheidungsprozessen. Es werden zwei Arten von Einflüssen unterschieden: Faktoren, die eine Aktivierung vorhandenen Methodenwissens fördern und Faktoren, die die Einsatzentscheidung bestimmen. Die dazu entwickelten Hypothesen werden auf der Individualebene und auf der Gruppenebene geprüft. Theoretische und praktische Implikationen, nicht zuletzt auch für ein systematisches Methoden-Training, werden aufgezeigt.

Band 9 von Jürgen Lürssen befaßt sich mit dem Informationsverhalten bei Kaufentscheidungen. Zentrales methodisches Anliegen ist die Validität der Information Display Matrix (IDM) durch Einbeziehung des Produktwissens. Der Begriff Produktwissen wird definiert und es wird ein geeignetes IDM-kompatibles Meßverfahren entwickelt, schließlich werden verschiedene Hypothesen empirisch geprüft. Der Autor zeigt eine sehr interessante Einsatzmöglichkeit der IDM in der praktischen Marktforschung auf: die Messung der Wichtigkeit von Produkteigenschaften im Kaufentscheidungsprozeß.

Band 10 von Knut Petersen widmet sich dem in der Entscheidungsforschung bisher vernachlässigten Bereich des Verlaufes komplexer Informationsprozesse. Nach der systematischen Aufarbeitung der stark zersplitterten Prozeßforschung wird am Beispiel bilanzanalytischer Beurteilung eine empirische Analyse des Prozeßverlaufes vorgenommen. Dazu entwickelt der Verfasser ein umfangreiches Erhebungs- und Meßinstrumentarium. Die Ergebnisse dieser Untersuchung lassen erhebliche Zweifel an weitverbreitenden Lehrmeinungen aufkommen.

Die Veröffentlichungsreihe „Schriften zur empirischen Entscheidungsforschung" hat seit ihrer Einrichtung im Jahre 1985 eine stetige Entwicklung und dabei vor allem eine thematische Erweiterung erfahren. Diese legt es nahe, eine Umbenennung vorzusehen. Band 1 bis Band 10 waren in erster Linie auf das Problemlöse-Verhalten von Individuen ausgerichtet. Beginnend mit Band 11 soll eine verstärkte Orientierung auch an Fragestellungen der Organisationstheorie erfolgen. Die verhaltenswissenschaftlich-empirische Diktion wird unverändert beibehalten. Die Reihe firmiert daher in Zukunft unter

Schriften zur empirischen Entscheidungs- und Organisationsforschung.

Band 11 von Monica Roters untersucht den Einfluß von Komplexität und Dynamik auf die Effizienz von Organisationen. Es wird analysiert, inwieweit generelle Verhaltensweisen von Organisationen, insbesondere spezielle Personenstrukturen, Koordinationsformen und Problemlösestrategien dazu beitragen, Komplexität und Dynamik zu bewältigen und ob damit Effizienz sichergestellt werden kann.

Band 12 von Dieter Brand befaßt sich mit dem Transaktionskostenansatz in der betriebswirtschaftlichen Organisationstheorie. Im theoretischen Teil werden zunächst die vielfältigen Explikationsprobleme dieses Ansatzes analysiert. In einer experimentellen Studie wird dann nachgewiesen, daß kognitive und motivationale Persönlichkeitsmerkmale von Individuen erheblichen Einfluß auf das transaktionskostenrelevante Informationsverhalten haben.

Band 13 von Friedrich A. Stein widmet sich dem bisher stark vernachlässigten Bereich der Schaffung realitätsnaher Entscheidungs-Situationen im Laborexperiment. Der Autor entwickelt ein Instrumentarium zur Gestaltung von Aufgaben- und Struktur-Merkmalen betrieblicher Entscheidungs-Situationen. Die so gewonnenen Operationalisierungen werden ihrerseits in einem Laborexperiment empirisch überprüft. Es ergeben sich wichtige methodische Anregungen für die laborexperimentelle Entscheidungs- und Organisationsforschung.

Band 14 von Wenzel Matiaske untersucht die personellen und situativen Determinanten des Führungsverhaltens. Es wird die These vertreten, daß die internalisierten Wertorientierungen der Führungsperson für das Führungsverhalten von größerem Gewicht sind als situative Faktoren. Empirisch wird diese These durch die Ergebnisse einer Befragung leitender Angestellte unterstützt.

Band 15 von Gert Landauer thematisiert die Wirkung von Heuristiken bei der Bewältigung komplexer Entscheidungsprobleme. Auf der Basis des Wissens über

individuelle Entscheidungsprozesse werden in einem Laborexperiment die Zusammenhänge zwischen dem Methodeneinsatz bei der Entscheidungsfindung und
der Entscheidungseffizienz untersucht.

Band 16 von Thomas Mellewigt analysiert den Zusammenhang von Konzern-
zielen, Konzernstrategien, Konzernorganisation und Konzernerfolg. Die dazu
entwickelten Hypothesen werden in einer empirischen Untersuchung börsennotierter Konzerne in Form einer schriftlichen Befragung und einer Geschäfts-
berichtsanalyse überprüft. Darüber hinaus wird mittels der Clusteranalyse eine
Realtypologie betriebswirtschaftlicher Konzernorganisationsformen entwickelt.

Band 17 von Rolf Bronner untersucht die Bedingungen und Wirkungen alternativer Kommunikationsformen in unterschiedlich komplexen Entscheidungs-Situationen. Die laborexperimentellen Ergebnisse zeigen deutlich die Leistungs-
grenzen von schriftlicher Kommunikation sowie von Direktkonferenzen und Vi-
deokonferenzen.

Band 18 von Volker Wiemann befaßt sich mit dem wenig beachteten Thema der
Verlust-Eskalation. Der Autor entwickelt ein theoretisches Konzept, in dem
unterschiedliche Ansätze zu einem Modell der Verlust-Eskalation vereint werden,
um hieraus entsprechende Hypothesen abzuleiten. Im Rahmen einer empirischen
Untersuchung, an der sowohl Praktiker als auch Studenten teilnahmen, werden
diese Hypothesen getestet. Abschließend gibt der Autor Hinweise für die Gestaltung von Entscheidungsprozessen sowie Impulse für weitere Forschungsarbeiten.

Band 19 von Wolfgang Appel verknüpft die computergestützte Gruppenarbeit
(CSCW) und die verhaltenswissenschaftliche Kommunikationsforschung mit
Aspekten der betriebswirtschaftlichen Organisationswissenschaften. Im Mittelpunkt stehen dabei die PC-gestützten Kommunikationssysteme des Desktop-
Videoconferencing sowie E-Mail. Die Ergebnisse eines Laborexperiments bele-
gen die herausragende Bedeutung des Audiokanals für die Nutzung von Video-
konferenz-Systemen sowie die geringe Bedeutung individueller Faktoren für die
computergestützte Interaktion. Videokonferenz-Systeme erwiesen sich als besonders leistungsfähig bei der Lösung hoch komplexer und konfliktärer Probleme. E-
Mail bewährt sich bei der Bearbeitung gering komplexer und kooperativer Probleme.

Band 20 von Martina Kollmannsperger betrachtet Konflikte in der betrieblichen
Realität. Sie beeinflussen das Arbeitsklima, prägen das Selbstbild der Beteiligten
und wirken sich auf die Effektivität von Organisationen aus. Das Ausmaß der

jeweiligen positiven oder negativen Konfliktfolgen hängt von der konkreten Konfliktsituation und der Gestaltung des Konfliktmanagements ab. Die Autorin gibt einen Überblick über in der Literatur genannte Kriterien zur Beurteilung des Konfliktmanagements und identifiziert Situationsmerkmale, von denen erwartet wird, daß sie die Bedeutung der einzelnen Beurteilungskriterien beeinflussen. In einer empirischen Studie werden Interdependenzen zwischen den Ausprägungen verschiedener Merkmale einer Konfliktsituation und der Relevanz einzelner Kriterien zur Beurteilung des Konfliktmanagements überprüft.

Band 21 von Roland Röder untersucht Kooperations-Beziehungen zwischen Teileinheiten der Organisation. Die wichtigsten sozialwissenschaftlichen Theorien und Beiträge der Kooperations-Forschung werden in ein Rahmenmodell der Kooperation an Schnittstellen integriert. Eine bedeutende Ursache für die oftmals ineffiziente Kooperation an Schnittstellen ist das Streben nach sozialer Geltung der Teileinheiten. Vor diesem Hintergrund werden Hypothesen zur Wirkung und Wechselwirkung von Identifikation mit der Teileinheit, Aufgaben-Interdependenz sowie individueller Kooperations- und Wettbewerbs-Motivation abgeleitet. Die Ergebnisse der empirischen Untersuchung bestätigen Auswirkungen auf die Kooperations-Effektivität, die wechselseitige Wertschätzung der Teileinheiten und die Bereitschaft für künftige Kooperationen. Hieraus werden konkrete Gestaltungsempfehlungen für das Management von Schnittstellen entwickelt.

Band 22 von Carsten Schwaab befaßt sich mit Urteilsprozessen in Organisationen, die im Rahmen der Personalauswahl und der Personalbeurteilung eine zentrale Rolle spielen. Die Arbeit analysiert, in welcher Form personenbezogene sowie situative Urteilsdeterminanten den Urteilsprozeß und die Urteilerleistung beeinflussen. Auf der Grundlage verschiedener Urteilstheorien werden empirische Befunde unterschiedlicher Urteilsfaktoren diskutiert. Anschließend werden die vermuteten kausalen Zusammenhänge zwischen Determinanten, Verlauf und Ergebnissen von Urteilsprozessen in einem Hypothesenmodell zusammengeführt und in einer empirischen Untersuchung überprüft. Die Untersuchungsergebnisse werden abschließend aus theoretischer und methodischer Perspektive diskutiert sowie verschiedene praktische Gestaltungshinweise entwickelt. Die Überlegungen beziehen sich dabei auf Maßnahmen zur Sicherung einer hohen Qualität der Beurteilungsgrundlagen, die Vermeidung von Verantwortungsdiffusion, sowie auf den Nutzen von Beurteilertrainings.

Band 23 von Paulina Jedrzejczyk befasst sich mit multikulturellen Teams. Effizientes Management multikultureller Teams beeinflusst zunehmend die Wettbewerbsfähigkeit oder gar die Überlebensfähigkeit von Organisationen. In der vorliegenden Arbeit werden die Erkenntnisse bisheriger theoretischer und empirischer Forschungsbeiträge zu Auswirkungen kultureller Diversität auf die Teamarbeit zusammengetragen und in ein Rahmenmodell integriert. Ferner richtet sich die Aufmerksamkeit auf methodische Probleme bisheriger Studien zu multikulturellen Teams sowie auf deren Handhabungsmöglichkeiten. Vor dem Hintergrund der identifizierten inhaltlichen und verfahrenstechnischen Defizite werden die moderierenden Wirkungen des Arbeitsumfeldes, insbesondere des Intergruppen-Wettbewerbs, auf multikulturelle Teams empirisch überprüft. Auf der Grundlage der gewonnenen Erkenntnisse werden theoretische, empirische und methodische Implikationen der vorliegenden Studie diskutiert sowie praktische Gestaltungshinweise entwickelt.

Band 24 von Julia F. Späth untersucht die Einflussfaktoren und Verhaltenswirkungen von Vertrauen in Organisationen. Vor dem Hintergrund eines interdisziplinären Vertrauensverständnisses erfolgt eine differenzierte Betrachtung der Kausalitäten zwischen vertrauensverwandten Konstrukten. Auf der Basis bedeutender Vertrauensmodelle und aktueller empirischer Forschungsergebnisse wird ein Modell interpersonellen Vertrauens in Entscheidungssituationen entwickelt und getestet. Im Rahmen der Darstellung des verhaltenswissenschaftlichen Laborexperiments zur Prüfung der aufgestellten Hypothesen werden Möglichkeiten der Operationalisierung von Vertrauen aufgezeigt und diskutiert. Die empirischen Befunde dieser Arbeit zeigen, dass Vertrauen den Einfluss situations- und personenspezifischer Variablen auf die offene und ehrliche Kommunikation sowie die Kontrollintensität eines Vertrauensgebers vermittelt. Eine Diskussion der Untersuchungsergebnisse mündet in Gestaltungshinweise für ein vertrauensbewusstes Management.

Rolf Bronner

Vorwort

Vertrauen ist ein Thema, das spannende Diskussionen auslöst, sei es zwischen Wissenschaftlern, Arbeitskollegen, Freunden oder Familienmitgliedern. Innerhalb kürzester Zeit bestimmte dieses Dissertationsprojekt daher nicht nur meine Forschungstätigkeit sondern mein Leben. Ich danke den vielfältigen Gesprächspartnern aus Forschung und (Lebens-)Praxis, die mein Verständnis zwischenmenschlicher Vertrauensprozesse deutlich prägten.

Diese Dissertation entstand während meiner Tätigkeit als wissenschaftliche Mitarbeiterin am Lehrstuhl für Allgemeine Betriebswirtschaftslehre und Organisation der Johannes Gutenberg-Universität Mainz. Mein besonderer Dank gilt daher meinem Doktorvater Herrn Universitäts-Professor Dr. Rolf Bronner, der mich für die verhaltenswissenschaftliche Laborforschung begeisterte und in lehrreichen Jahren an seinem Lehrstuhl mit wertvollem Rat unterstützte. Herrn Universtitäts-Professor Dr. Frank Huber danke ich für die Übernahme des Zweitgutachtens. Bei Herrn Universitäts-Professor Dr. Klaus Breuer möchte ich mich für den Vorsitz im Prüfungsausschuss bedanken.

Ein herzlicher Dank geht an meine Kollegen, die mich mit fachlichem Beistand und in Freundschaft am Lehrstuhl begleiteten, nämlich Professor Dr. Wolfgang Appel, Cyrus Asgarian, Bettina Lis und Dr. Roland Röder. Dr. Paulina Jedrzejczyk danke ich speziell für die abenteuerlichen Reisen im Rahmen unserer Lehraufträge in Polen und China, welche zweifellos die Zusammenführung unserer Forschungsschwerpunkte zum Projekt „Vertrauen in multikulturellen Teams" beflügelten. Universitäts-Professor Dr. Thomas Mellewigt danke ich besonders dafür, mich direkt zu Beginn meiner Arbeit am Lehrstuhl für den Erfahrungsaustausch auf internationalen Konferenzen zu begeistern. Weiterhin gilt mein Dank Judith Domann, Christine Gertung, Tanja Lorenz und Nadin Steinke für die Pflege der Literaturdatenbank und Unterstützung bei den Experimenten sowie Frau Edeltraut Egger, unserer verständigen und kompetenten Stütze im Sekretariat. An dieser Stelle möchte ich auch Frau Silke Schnirch für die abschließende Korrektur der Arbeit in bemerkenswerter Geschwindigkeit und Qualität danken.

Bei Professor Dr. Katinka Bijlsma-Frankema bedanke ich mich für die fruchtbaren „Workshops on Trust" an der Vrije Universiteit Amsterdam, die es mir ermöglichten, in den unterschiedlichen Phasen der Dissertation meine Forschungsergebnisse zu diskutieren. Dr. Guido Möllering danke ich für wertvolle fachliche Gespräche und sein mitreißendes Forschungsinteresse am Vertrauensphänomen.

Meinen lieben Eltern gebührt besonderer Dank für ihre umfassende Unterstützung. Ihnen ist diese Arbeit gewidmet. Meine Mutter Regine Eva Franziska Späth trug erheblich mit ihrer Lebensfreude und fernmündlichen Ermutigung zu dieser Arbeit bei. Mein Vater Universitäts-Professor Dr. Gottfried Adolf Klöhn half mir durch unermüdliches Korrekturlesen und seine durchdachten sprachlichen Änderungsvorschläge bei der vorliegenden Arbeit sowie bei meinen Konferenzbeiträgen und Publikationen in englischer Sprache.

Mein größter Dank gilt meinem geliebten Freund und kritischstem Leser Dr. Carsten Schwaab. Seine Ausdauer, in unzähligen Vertrauensdiskussionen mit klarem analytischen Sachverstand meine Ansichten zu hinterfragen, ist bewundernswert und prägt in erheblichem Maße das vorliegende Buch.

Mainz, im November 2007   Julia Friederike Späth

INHALTSVERZEICHNIS

ABBILDUNGSVERZEICHNIS

TABELLENVERZEICHNIS

ABKÜRZUNGSVERZEICHNIS

Abb.	Abbildung
Aufl.	Auflage
BTI	Behavioral Trust Inventory
bzw.	beziehungsweise
d.h.	das heißt
df	statistische Freiheitsgrade (degrees of freedom)
e.g.	zum Beispiel (exemplum gratia)
et al.	et alii
etc.	et cetera
f.; ff.	folgende; fortfolgende
FINT	First International Network on Trust
H.	Heft
Hrsg.	Herausgeber
i.e.	zum Beispiel (id est)
ITS	Interpersonal Trust Scale
Jg.	Jahrgang
N	Stichprobengröße
OCB	Organizational Citizenship Behavior
p	Irrtumswahrscheinlichkeit
PHNS	Philosophies of Human Nature Scale
R^2	Determinationskoeffizient
RPHNS	Revised Philosophies of Human Nature Scale
S.	Seite
Sp.	Spalte
Sig.	Signifikanz
S.W.	Subjektive Wahrscheinlichkeit
t	Zeit (time)
Tab.	Tabelle
u.a.	unter anderem
URL	einheitlicher Quellenanzeiger (Uniform Ressource Locator)
Va^+/Va^-	positive/negative Valenz
VIF	Variance Inflation Factor
Vgl.	Vergleiche
z.B.	zum Beispiel

1 Einleitung

1.1 Relevanz und Problemstellung des Themas

Vertrauen ist ein wichtiges Thema des menschlichen Alltags, das seit Mitte der 1990er Jahre eine besondere Konjunktur in der betriebswirtschaftlichen Forschung und Praxis erfahren hat.[1] Die Popularität des Vertrauensbegriffs ist nicht zuletzt in seiner intuitiven Zugänglichkeit begründet, allerdings hinkt die wissenschaftliche Erklärung des Phänomens diesem Trend weit hinterher. Vertrauen ist ein Begriff des täglichen Sprachgebrauchs, dessen Bedeutung im Umgangssprachlichen vorausgesetzt wird und meist keiner näheren Erläuterung bedarf.[2] In ausgeprägtem Gegensatz dazu steht die Vielzahl an Vertrauensverständnissen in der Wissenschaft. Vertrauensforschung findet in den unterschiedlichsten Disziplinen wie der Psychologie[3], Soziologie[4], Politologie[5], Ökonomie[6] und den Neurowissenschaften[7] statt. Der Bedarf an Grundlagenforschung zur Konsolidierung bestehender Konzeptualisierungen und Erklärungsmodelle ist angesichts des Fehlens einer Vertrauenstheorie besonders hoch. Obwohl im vergangenen Jahrzehnt die Anzahl an Vertrauensstudien stark zugenommen hat, besteht weiterhin

---

[1] Schoorman et al. stellen retrospektiv zu ihrem einflussreichen Aufsatz in der Academy of Management Review fest: „As we wrote our 1995 paper on trust (Mayer, Davis & Schoorman 1995) we were struck by the relative scarcity of research in the mainstream management literature focusing directly on trust." Schoorman et al. (2007), S. 344. Eberl konstatiert im Handwörterbuch Unternehmensführung und Organisation, dass Vertrauen „in den letzten Jahren von einem betriebswirtschaftlichen Randphänomen zu einem Thema von höchster Relevanz avanciert [ist]." Eberl (2004a), Sp. 1596.

[2] Der Begriff Vertrauen findet Verwendung genauso in der Liebe wie in der Politik, in Bezug auf Personen, Objekte oder Ideen. Vgl. Petermann (1996), S. 9 ff.

[3] Vgl. Erikson (1950); Deutsch (1958); Rotter (1967); Boon/Holmes (1991); Petermann (1996).

[4] Vgl. Parsons (1969); Luhmann (1973); Granovetter (1985); Lewis/Weigert (1985); Zucker (1986); Giddens (1984); Gambetta (1988); Coleman (1990); Misztal (1996); Sztomka (1999).

[5] Vgl. Barber (1983); Dunn (1988); Hardin (1993); Fukuyama (1995).

[6] Vgl. Arrow (1974); Ouchi (1980); Axelrod (1984); Shapiro (1987); Dasgupta (1988); Bradach/Eccles (1989); North (1990); Williamson (1993); Barney/Hansen (1994); Gulati (1995); Chiles/McMackin (1996); Cummings/Bromiley (1996); Nooteboom (1996); Ripperger (1998).

[7] Vgl. McCabe et al. (2001); Grimes (2003); Kosfeld et al. (2005); Zak et al. (2005); Ahlert/Kenning (2006).

Unklarheit darüber, wodurch Vertrauen entsteht, welche Folgen es hat, ja sogar was Vertrauen ist.

Aus betriebswirtschaftlicher Sicht besitzt das Thema Relevanz, da Forschungsergebnisse darauf hinweisen, dass Vertrauen die Leistung von Individuen und Gruppen in Organisationen beeinflusst.[8] In empirischen Studien konnte wiederholt gezeigt werden, dass interpersonelles Vertrauen Kooperation begründet, den Informationsaustausch fördert, die Akzeptanz von Entscheidungen, Zielen und organisationalem Wandel begünstigt sowie das freiwillige Arbeitsengagement und die Arbeitszufriedenheit erhöht.[9] Möllering/Sydow stellen allerdings treffend fest: „Die Diskussion um Vertrauen ist ein Gegenbeispiel für das Vorurteil (bei manchen vielleicht auch die Hoffnung), dass die Betriebswirtschaftslehre mit ihrem grundsätzlichen Gestaltungsanspruch annimmt, man könne im Prinzip alles in der Unternehmung und über sie hinaus ‚managen'."[10] Vertrauen lässt sich nicht durch Planung, Organisation, Führung und Kontrolle garantieren oder erzwingen.

Seit der Jahrhundertwende ist ein rasanter Anstieg empirischer betriebswirtschaftlicher Studien zu beobachten, die Vertrauen als eine weitere erklärende Variable miterheben, jedoch nicht in den Mittelpunkt der Betrachtung stellen. Die Ergebnisse dieser Untersuchungen unterstreichen zwar die Omnipräsenz und Bedeutung von Vertrauen in einem organisationalen Kontext, allerdings verschärft die Flut vertrauensnaher Untersuchungen die zentralen Probleme der Vertrauensforschung, die im Folgenden angerissen und im Verlauf der Arbeit aufgegriffen werden.

(1) Die Vergleichbarkeit der bis heute vorliegenden Forschungsergebnisse ist stark eingeschränkt, da die Untersuchungen mit eigenen Begriffsdefinitionen, vielfältigen Konzeptualisierungen und unterschiedlichen Operationalisierungen des Vertrauenskonstrukts arbeiten. Ursache dafür ist die Interdisziplinarität der Vertrauensforschung und der damit einhergehende Mangel eines gemeinsamen theoretischen Fundaments. Naturgemäß besteht ein unterschiedlicher Fokus in psychologischen, soziologischen und ökonomischen Ansätzen zur Erklärung von

---

[8]   Vgl. Earley (1986); Robinson (1996); Rich (1997); Costa (2000); Davis et al. (2000); Dirks (2000); Bissels (2004).

[9]   Vgl. zu den Befunden die Literaturanalysen von Dirks/Ferrin (2001) und Bronner et al. (2003).

[10]   Möllering/Sydow (2005), S. 82.

Vertrauen.[11] In der Organisationswissenschaft kollidieren diese disziplinären Perspektiven, da sie psychologische und soziale, d.h. intra- und interpersonelle Prozesse in einem ökonomischen Kontext beleuchtet. Insbesondere lassen sich drei zentrale Problemfelder identifizieren, die den Forschungsfortschritt hemmen:

• Die fachspezifischen Sichtweisen und die Tatsache, dass sowohl in englischen als auch in deutschen Publikationen Begriffe mit inhaltlich gleicher Bedeutung unterschiedlich benannt werden, führen zu zahlreichen terminologischen Unklarheiten. Irreführende Übersetzungen der vertrauensverwandten Begriffe ins Deutsche verstärken diese Problematik.[12]

• Ferner bestehen in der Vertrauensliteratur grundlegende Unterschiede aber auch feine Nuancen in den Konzeptualisierungen von Vertrauen, die mitunter erst bei der Betrachtung der in der Studie eingesetzten Messinstrumente offensichtlich werden. Es muss unterschieden werden, ob der Autor mit Vertrauen eine globale oder eine spezifische Einstellung, ein Entscheidungsverhalten oder sogar ein multidimensionales Konstrukt bezeichnet, das unterschiedliche Aspekte in sich vereint.

• In engem Zusammenhang damit stehen die verschiedenen Operationalisierungen von Vertrauen in empirischen Untersuchungen.[13] Validierte Instrumente zur Messung von Vertrauen sind rar, so dass auf die Messung vertrauensverwandter Konstrukte zurückgegriffen wird. Vielfach wird nicht Vertrauen erhoben, sondern seine Antezedenzien oder Konsequenzen, wie Vertrauenswürdigkeit oder kooperatives Verhalten, und implizit auf Vertrauen in einer Beziehung geschlossen.

(2) Eine weitere Barriere, die insbesondere in der betriebswirtschaftlichen Vertrauensforschung zutage tritt, stellt die Spezialisierung der theoretischen und empirischen Beiträge zur Erklärung des Phänomens dar und die damit einherge-

---

[11] Zu einer Gegenüberstellung der Forschungsschwerpunkte, Konzeptualisierungen, Annahmen und Erklärungsziele psychologischer, soziologischer und ökonomischer Ansätze vgl. Hosmer (1995).

[12] Vgl. beispielsweise zu den unterschiedlichen Bezeichnungen für das Verhalten auf der Basis von Vertrauen Abschnitt 3.2 dieser Arbeit.

[13] In einer Rezension von 119 Instrumenten zur Erhebung von Vertrauen beobachteten McEvily/Tortoriello, dass lediglich 11 Skalen in mehr als einer Studie eingesetzt worden sind. Vgl. McEvily/Tortoriello (2005).

henden Bemühungen innerhalb der einzelnen Forschungsstränge, sich voneinander abzugrenzen statt aufeinander aufzubauen.

- Eine Differenzierung hinsichtlich der Ebenen einer Vertrauensbeziehung führt zu einer grundsätzlichen Unterscheidung von Studien, die Vertrauen auf lateraler Ebene fokussieren, d.h. zwischen gleichrangigen Individuen, innerhalb oder zwischen Projektgruppen, Abteilungen und Unternehmen, und Studien, die hierarchische Beziehungen analysieren, wie beispielsweise das Vertrauen eines Vorgesetzten in den Mitarbeiter oder das Vertrauen des Mitarbeiters in den Vorgesetzten, die Abteilung oder das Unternehmen. Weiterhin hat es sich in der betriebswirtschaftlichen Vertrauensforschung etabliert, nach inhaltlichen Gesichtspunkten zwischen der Literatur zu Vertrauen innerhalb und zwischen Organisationen zu differenzieren. Während die Kooperations- und Netzwerkforschung sich vorrangig mit lateralem Vertrauen auf einer Makro-Ebene beschäftigt, liegen die Forschungsschwerpunkte der Studien, die das Phänomen innerhalb von Organisationen untersuchen, sowohl auf lateralem als auch hierarchischem Vertrauen auf einer Mikro-Ebene.

- In jüngster Zeit entwickelt sich zudem ein weiterer Forschungszweig, der die unterschiedlichen Entwicklungsstufen des Vertrauensprozesses in den Mittelpunkt stellt.[14] In der Literatur ist eine gesonderte Betrachtung der Phasen des Entstehens, Bestehens und des Verlusts von Vertrauen zu beobachten. Dies reflektiert die Erkenntnis, dass Vertrauen ein dynamisches Phänomen ist, dem eine statische Betrachtung nicht gerecht wird. Die Zirkularität von Vertrauen impliziert, dass seine Wirkungen in t_0 zugleich Ursachen in t_1 sind. Ergebnisse vergangener Entscheidungen und Handlungen auf der Basis von Vertrauen sind gleichzeitig Ausgangsbasen für zukünftiges Vertrauen. Dies führt dazu, dass Unklarheit darüber besteht, ob bestimmte Variablen den Determinanten oder den Wirkungen von Vertrauen zuzurechnen sind.[15] Eine Analyse von Vertrauen impliziert daher eine differenzierte Betrachtung der Kausalitäten zwischen den vertrauensverwandten Konstrukten und eine Identifikation direkter Ursachen und Wirkungen.

---

[14] Zu einer Diskussion bedeutender Modelle der Vertrauensentwicklung vgl. Lewicki et al. (2006).

[15] Kooperation, Kommunikation und Kontrolle können beispielsweise sowohl als Determinanten als auch als Wirkungen von Vertrauen betrachtet werden.

Es sind zahlreiche Überschneidungen zwischen diesen Forschungszweigen zu erkennen, die jedoch nur selten aufgegriffen werden. Die einzelnen Phasen einer Vertrauensbeziehung werden zum Beispiel auf unterschiedlichen Ebenen untersucht, wie in hierarchischen oder lateralen Beziehungen aber auch innerhalb oder zwischen Organisationen. Diese Fragmentation der betriebswirtschaftlichen Vertrauensliteratur erschwert sowohl die Gegenüberstellung als auch die Zusammenführung von Forschungsergebnissen.[16] Es ist festzuhalten, dass es trotz der Prominenz des Themas in der Praxis und seiner nachhaltigen Diskussion in der Wissenschaft an Publikationen mangelt,

- die ein interdisziplinäres Vertrauensverständnis zugrunde legen und validierte Skalen zur Messung interpersonellen Vertrauens aufgreifen, um eine Vergleichbarkeit der Forschungsergebnisse zu gewährleisten,

- die Vertrauensbeziehungen analysieren, welche auf intra- und interorganisationaler Ebene Relevanz besitzen und unterschiedliche Phasen des Vertrauensprozesses integrieren,

- die das Vertrauenskonstrukt in den Mittelpunkt des Forschungsinteresses stellen und systematisch die Entstehungsbedingungen und Verhaltenswirkungen von Vertrauen in einem organisationalen Kontext analysieren.

Einen Beitrag zur Verringerung dieser Forschungslücken soll die vorliegende Arbeit leisten.

1.2 Zielsetzung und Aufbau der Arbeit

Zielsetzung dieser Arbeit ist die Entwicklung eines Kausalmodells, das direkte Ursachen und Wirkungen von Vertrauen integriert und eine systematische Analyse der vermittelnden Funktion von Vertrauen zwischen den Variablen ermöglicht. Es soll untersucht werden, ob theoretisch postulierte und empirisch ermittelte Vertrauensdeterminanten das Verhalten eines Vertrauensgebers in einem organisationalen Kontext beeinflussen und inwieweit dieser Zusammenhang auf interpersonelles Vertrauen zurückzuführen ist. Um sich diesem Forschungsziel zu nähern, bedarf es der Beantwortung dreier grundlegender Forschungsfragen:

---

[16] Zu Vertrauen im Kontext von Organisationen vgl. die Herausgeberbände von Kramer/Tyler (1996); Lane/Bachmann (1998); Nooteboom/Six (2003); Kramer/Cook (2004); Bijlsma-Frankema/Klein Woolthuis (2005).

- In welchem Verhalten manifestiert sich Vertrauen?

- Welche situationsbedingten Faktoren beeinflussen Vertrauen?

- Welche personenbedingten Faktoren determinieren Vertrauen?

Da das Verhalten auf der Basis von Vertrauen kontextspezifisch ist, richtet sich der Schwerpunkt dieser Untersuchung auf Vertrauen in interdependenten betrieblichen Entscheidungssituationen.

Eine Differenzierung der Zielsetzung hinsichtlich des theoretischen, methodologischen und praktischen Forschungsinteresses führt zu den folgenden Erklärungsabsichten dieser Arbeit:

- Das theoretische Erklärungsinteresse liegt in der Konsolidierung interdisziplinärer Ansätze zu einem betriebswirtschaftlichen Modell interpersonellen Vertrauens.

- Das methodologische Erklärungsinteresse richtet sich auf die Analyse von Vertrauen als Ursache, als Wirkung und als vermittelnde Variable zwischen den personen- und situationsbedingten Ursachen und dem Verhalten eines Vertrauensgebers.

- Das praktische Erklärungsinteresse besteht darin zu ergründen, ob es durch die Gestaltung situativer Bedingungen möglich ist, die Entwicklung von Vertrauen zu erleichtern und dadurch vertrauensvolles Verhalten zwischen Organisationsmitgliedern zu beeinflussen.

Um der dargelegten Problematik der uneinheitlichen Begriffsverwendung, Konzeptualisierung und Operationalisierung des Vertrauenskonstrukts in der Forschung zu begegnen, wird der Abgrenzung interpersonellen Vertrauens von seinen konstitutiven Bedingungen und Manifestationen besondere Aufmerksamkeit geschenkt und ein interdisziplinäres Vertrauensverständnis der Arbeit zugrunde gelegt, das den Stand der Forschung widerspiegelt. Zur Messung von Vertrauen wird mit dem ‚Behavioral Trust Inventory' (BTI)[17] ein Instrument

---

[17] Vgl. Gillespie (2003a) und (2003b) sowie die Ausführungen in Abschnitt 4.3.1 dieser Arbeit.

eingesetzt, das die definierenden Merkmale des Konstrukts akkurat operationalisiert und einen Vergleich der Forschungsergebnisse dieser Arbeit ermöglicht.[18]

Das Ziel verfolgend, Aussagen zu gewinnen, die ein möglichst breites Anwendungsfeld besitzen, wird Vertrauen zwischen gleichrangigen Individuen, d.h. interpersonelles Vertrauen auf lateraler Ebene, untersucht, da dies sowohl auf intra- als auch interorganisationaler Ebene von herausragender Relevanz ist. Hinsichtlich der Phasen eines Vertrauensprozesses, richtet sich das Augenmerk dieser Arbeit sowohl auf die Entstehung von Vertrauen als auch auf bestehendes Vertrauen. Von einer Analyse des Vertrauensverlusts wird aus ethischen Gründen abgesehen, da diese laborexperimentelle Untersuchung reale Beziehungen zwischen den Vertrauensgebern und Vertrauensnehmern voraussetzt.

Die vorliegende Arbeit besitzt damit vielfältige Zielsetzungen, die sich inhaltlich auf ein begrenztes, jedoch umfangreiches Gebiet der Vertrauensforschung beziehen. Nicht in ihrem direkten Forschungsinteresse steht das Vertrauen in und zwischen Gruppen sowie das Vertrauen in die Organisation.

Die Arbeit ist in sechs Kapitel gegliedert. In diesem einleitenden Kapitel wurden unter Punkt 1.1 die Relevanz der Thematik und die zentralen Probleme der Vertrauensforschung dargelegt. Der vorliegende Abschnitt 1.2 beschreibt die Zielsetzung und den Gang der Arbeit. In Abschnitt 1.3 wird angestrebt, sprachliche Unklarheiten aufzulösen und Begriffsverwandtschaften in der Vertrauensliteratur zu identifizieren. Es werden zunächst notwendige Bedingungen herausgestellt, die gegeben sein müssen, damit Vertrauen Relevanz besitzt. Im Anschluss wird ein Vertrauenskonzept dargelegt, das mit den in dieser Arbeit verwendeten interdisziplinären Modellen und Erklärungsansätzen vereinbar ist und zudem den aktuellen Stand der Forschung zu Vertrauen reflektiert.

Den theoretischen Bezugsrahmen dieser Arbeit bilden Vertrauensmodelle, welche die Vertrauensforschung seit Mitte des 20. Jahrhunderts deutlich geprägt haben und einen Beitrag zur Erklärung interpersonellen Vertrauens in einem betriebswirtschaftlichen Kontext liefern. In Abschnitt 2.1 wird die Modellierung von Deutsch vorgestellt, die eine Initiierung von Kooperation durch Vertrauen in Entscheidungssituationen postuliert. Abschnitt 2.2 legt die Modelle von Zand dar, welche die Transformation von Vertrauen in Verhalten in Problemlösesituationen erläutern. Schließlich wird in Abschnitt 2.3 das integrative Modell von Mayer et

---

[18] Vgl. Lewicki et al. (2006); Schoorman et al. (2007).

al. vorgestellt, das interpersonelles Vertrauen in organisationalen Beziehungen erklärt. Die Modelle beschreiben Zusammenhänge zwischen den zentralen theoretischen Konstrukten der Vertrauensforschung, verdeutlichen die Dynamik bzw. Prozessualität von Vertrauen und thematisieren das Verhalten auf der Basis von Vertrauen. Eine Diskussion der modellspezifischen Vertrauenskonzepte und der Erklärungskraft der theoretischen Ansätze mündet in die Spezifikation des Forschungsdefizits in Abschnitt 2.4.

Das dritte Kapitel dient der Analyse der Verhaltensdeterminanten und der Hypothesenbildung. In Abschnitt 3.1 wird einleitend die Eignung betrieblicher Entscheidungssituationen zur Untersuchung des Vertrauensphänomens dargelegt und die in der deskriptiven Entscheidungsforschung begründete Vorgehensweise der Modellentwicklung dargelegt, an der sich der Aufbau des Kapitels orientiert. Der Einfluss von Vertrauen auf betriebswirtschaftlich relevantes Entscheiden und Handeln steht im Vordergrund des Abschnitts 3.2. Anschließend werden in Abschnitt 3.3 Aspekte der Aufgabenstellung und der Aufgabenumgebung als situationsbedingte Einflussfaktoren von Vertrauen untersucht. Abschnitt 3.4 wendet sich den Merkmalen des Vertrauensgebers und des Vertrauensnehmers als personenbedingte Einflussfaktoren zu. Die Zusammenführung der dargestellten Elemente zu einem Modell interpersonellen Vertrauens in Entscheidungssituationen und die Betrachtung der Mediationsfunktion von Vertrauen erfolgt in Abschnitt 3.5. Das Kapitel schließt mit einem zusammenfassenden Überblick zu den Hypothesen in Abschnitt 3.6.

Die Konzeption der empirischen Untersuchung wird im vierten Kapitel der Arbeit beschrieben. Die im Zuge der Modellgenerierung aufgestellten Hypothesen werden in einem verhaltenswissenschaftlichen Laborexperiment getestet. Der Abschnitt 4.1 legt methodische Grundlagen dar und erläutert Forschungsumgebung, Situationsgestaltung und Forschungsstrategie. Der Versuchsaufbau dieser Studie wird in Abschnitt 4.2 präzisiert. Es werden die Integration konstitutiver Vertrauensbedingungen in eine betriebswirtschaftliche Fallsimulation erläutert, die experimentelle Manipulation der Aufgabenumgebung dargelegt und die Datengewinnungsverfahren dieser Untersuchung beschrieben. In Abschnitt 4.3 erfolgt die Operationalisierung der Variablen. Nachdem die Wahl des Messinstruments zur Erhebung von Vertrauen begründet worden ist, werden die Skalen zur Messung der Dispositionen und Wahrnehmungen des Vertrauensgebers dargelegt. Im Anschluss wird die Erfassung des Verhaltens der Teilnehmer während der Fallsimulationsbearbeitung erläutert. Abschnitt 4.4 beschreibt die Durchführung der Pretests, die Zusammensetzung der Stichprobe und das Prozedere bei der Datenerhebung. Die Güte der Messinstrumente und die statistischen Methoden der Datenauswertung sind abschließend in Abschnitt 4.5 dokumentiert.

Die Untersuchungsergebnisse werden im fünften Kapitel der Arbeit dargelegt. Zunächst erfolgt in Abschnitt 5.1 eine Prüfung der methodischen Wirksamkeit des Versuchsaufbaus. Von zentralem Interesse ist hierbei, inwieweit die für diesen Untersuchungszweck entwickelte Fallsimulation sich dazu eignet, interpersonelles Vertrauen zu untersuchen und ob die experimentelle Manipulation das Entscheiden und Handeln der 216 Versuchspersonen beeinflusst. Die Prüfung der im Zuge der Modellgenerierung aufgestellten Hypothesen erfolgt schrittweise durch multivariate Regressionsanalysen in Abschnitt 5.2. Die Ausführungen schließen mit einem Überblick zu den Befunden in Abschnitt 5.3.

Im Rahmen der Schlussbetrachtung erfolgt im sechsten Kapitel eine Zusammenfassung der wichtigsten Forschungsergebnisse und eine Diskussion der Befunde im Hinblick auf das theoretische, methodologische und praktische Erklärungsziel dieser Arbeit. In Abschnitt 6.1 werden zunächst die bereits dargelegten inhaltlichen Fragestellungen bezüglich der situations- und personenbedingten Determinanten und Verhaltenswirkungen von Vertrauen beantwortet. Es folgt in Abschnitt 6.2 die Besprechung der Erklärungskraft des aufgestellten Mediationsmodells und eine Ableitung von Implikationen für künftige Vertrauensforschung. Die Arbeit schließt in Abschnitt 6.3 mit Gestaltungsempfehlungen für die betriebswirtschaftliche Praxis auf der Basis der Untersuchungsergebnisse.

1.3 Begriffsbestimmung und Konzeptualisierung von Vertrauen

Eine Analyse der Ursachen und Wirkungen von Vertrauen setzt voraus, dass das Konstrukt Vertrauen eindeutig beschrieben und klar abgegrenzt wird. Es existieren unzählige Definitionen von Vertrauen.[19] Es wird in dieser Arbeit darauf verzichtet, diese im Einzelnen zu analysieren oder eine weitere zu erschaffen. Stattdessen werden im Rahmen der folgenden Begriffsklärung Erkenntnisse zentraler Beiträge zum Stand der Vertrauensforschung, zumeist Meta-Analysen der Vertrauensliteratur, herangezogen, welche die grundlegenden disziplinübergreifenden Elemente von und Rahmenbedingungen für Vertrauen thematisieren.

---

[19] Castaldo identifiziert 72 unterschiedliche Definitionen auf der Basis einer Inhaltsanalyse von über 300 Studien zu Vertrauen in den führenden englischsprachigen Management-Zeitschriften zwischen 1960 und 2000. Vgl. Castaldo (2002), S. 2. Zu einer Besprechung der unterschiedlichen Definitionsansätze innerhalb der Organisationstheorie vgl. Hosmer (1995).

Wie bereits einleitend herausgestellt wurde, besteht ein grundlegendes Problem der Vertrauensforschung darin, dass die zentralen Begriffe in verschiedener Bedeutung verwendet werden. Angesichts der Zielsetzung dieser Arbeit basiert die folgende Begriffsbestimmung auf ökonomischen, soziologischen und psychologischen Publikationen in der englischen und deutschen Sprache, die interpersonelles Vertrauen in einem betriebswirtschaftlich relevanten Kontext thematisieren. Eine Begriffsklärung wird dadurch erschwert, dass bereits in der angloamerikanischen Literatur zahlreiche inhaltliche Überschneidungen der Termini existieren, mit der Folge, dass sich naturgemäß bei der Übersetzung der Begriffe ins Deutsche Verzerrungen ergeben können. Hierbei zeigt sich, wie auch bei anderen betriebswirtschaftlichen Themen, dass eine wörtliche Übersetzung oft nicht hilfreich ist.[20] Um Fehlinterpretationen zu vermeiden, müssen Begriffe gefunden werden, die inhaltlich den vom jeweiligen Forscher intendierten Sachverhalt widerspiegeln. In dieser Arbeit wird eine möglichst einheitliche und klare deutsche Begriffsverwendung angestrebt und dennoch versucht, nahe an den verwendeten Termini der zitierten Autoren zu bleiben. Die englischen Wörter werden deshalb, wenn dies das Verständnis fördert, in Klammern gesetzt.

Bevor der dieser Arbeit zugrunde liegende Vertrauensbegriff dargelegt wird, sollen zunächst bedeutende Sachverhalte erläutert werden, die als notwendige Bedingungen für Vertrauen gelten.

(1) Bedingungen für Vertrauen

Vertrauen ist ein soziales Phänomen, das eine Beziehung zwischen einem Vertrauensgeber (trustor) und einem Vertrauensnehmer (trustee) in einem sozialen Kontext impliziert. In der Terminologie der Vertrauensliteratur wird der Vertrauende auch als Vertrauenssubjekt bezeichnet. Vertrauen erfordert neben einem Subjekt auch ein Objekt, nämlich etwas oder jemand, dem vertraut wird. Dies können sowohl Individuen als auch Organisationen, Institutionen oder sozioökonomische Systeme sein. Es ist allerdings umstritten, ob als Subjekte des Vertrauens nur Personen in Frage kommen oder ob auch Kollektive und Unter-

---

[20] Als Beispiel ist die betriebswirtschaftliche Literatur zu den Steuerungsinstrumenten von Unternehmen zu nennen, die in der anglo-amerikanischen Fachliteratur fast ausschließlich als ,coordination and control mechanisms' bezeichnet werden. Zum deutschen Ausdruck ,steuern' im Sinne von ,lenken' findet sich in diesem Bereich kein adäquater Ausdruck. Abhängig vom gesteuerten Objekt wird die Tätigkeit des Lenkens im Englischen mit verschiedenen Verben umschrieben, wie ,to run a business', ,to head a group', ,to lead an expedition', ,to steer a ship', ,to pilot a plane', etc.

nehmen vertrauen.[21] Nooteboom kommt zu dem Schluss, dass Träger des Vertrauens sowohl einzelne Akteure als auch Entitäten sein können, solange sie Erwartungen bilden und auf Basis derer handeln.[22] Unter dieser Voraussetzung nehmen auch Kollektive oder nicht-menschliche Einheiten die Rolle des Vertrauensgebers ein.[23] Eine Konzeptualisierung des Vertrauenskonstrukts ist jedoch unabhängig von dieser Diskussion möglich.[24]

Um das Vertrauensphänomen zu präzisieren, wird in dieser Arbeit die Semantik von Nooteboom herangezogen, in der vier grundlegende Elemente hervorgehoben werden: „Someone has trust in something, in some respect and under some conditions."[25] Nooteboom charakterisiert Vertrauen als ein „four-place-predicate"[26] und unterscheidet damit nicht nur zwischen Vertrauenssubjekt und Vertrauensobjekt, sondern unterstreicht die Bedeutung des Verhaltensaspekts und der Rahmenbedingungen der Interaktion. Er stellt heraus, dass einem Vertrauensobjekt nicht ausnahmslos vertraut wird, sondern nur hinsichtlich bestimmter verhaltensrelevanter Aspekte und unter bestimmten Bedingungen.

Dem Vertrauensnehmer werden durch den Vertrauensgeber bestimmte positive Absichten und Handlungen in einer konkreten Situation zugeschrieben. Der Fokus organisationswissenschaftlicher Vertrauensliteratur liegt dabei zumeist auf Vertrauen in die Kompetenz und/oder die Intention einer anderen Person, d.h. das Können und Wollen eines Vertrauensnehmers aus Sicht des Vertrauensgebers. Ersteres bezieht sich auf die Fähigkeit des Vertrauensobjekts, erwartungskonform zu handeln und letzteres bezieht sich auf die Absicht des Vertrauensobjektes, seine Fähigkeit auch entsprechend einzusetzen.[27] Die Konditionalität bzw. Kon-

---

[21] Besondere Relevanz besitzt diese Thematik in der betriebswirtschaftlichen Vertrauensliteratur. Sie wird durch Studien geprägt, die im Kontext von Unternehmenskooperationen und Netzwerken Vertrauen zwischen Organisationen untersuchen. Vgl. Parkhe (1993); Barney/Hansen (1994); Gulati (1995); Nooteboom (1996); Nooteboom et al. (1997); Child/Faulkner (1998); Das/Teng (1998); Lane/Bachmann (1998); Sjurts (1998); Zaheer et al. (1998); Sydow (1998); Kabst (1999); Gulati et al. (2000); Mellewigt/Späth (2003).

[22] Vgl. Nooteboom (2002), 37 f.

[23] Vgl. dazu ausführlich Möllering/Sydow (2005), S. 76 ff.

[24] Die im Folgenden dargelegte grundlegende Systematisierung von Nooteboom kann sowohl auf interpersoneller als auch auf interorganisationaler Ebene angewandt werden. Vgl. Nooteboom (2002).

[25] Nooteboom (2002), S. 8.

[26] Nooteboom (2002), S. 8.

[27] Vgl. Nooteboom (2002), S. 49 ff.

tingenz von Vertrauen impliziert, dass durchaus einer Person hinsichtlich bestimmter Aspekte in einigen Situationen vertraut wird, in anderen Situationen jedoch nicht. Es stellt sich nun die Frage, unter welchen Rahmenbedingungen Vertrauen zutage tritt.

In der Vertrauensliteratur besteht eine gewisse Übereinkunft darüber, dass Vertrauen nur Relevanz besitzt, wenn bestimmte Bedingungen erfüllt sind: Vertrauen zeigt sich in Situationen, die durch Abhängigkeit eines Vertrauensgebers von einem Vertrauensnehmer gekennzeichnet sind und in denen etwas für den Vertrauensgeber „auf dem Spiel steht"[28]. Die Begriffe für diesen Tatbestand sind in der Literatur jedoch recht uneinheitlich und werden oft unpräzise gebraucht. Sie sollen im Folgenden erläutert und miteinander in Beziehung gesetzt werden.

In einer Analyse sozialwissenschaftlicher Vertrauensliteratur, auf die in den vergangenen Jahren vielfach Bezug genommen worden ist, identifizieren Rousseau et al. Interdependenz und Risiko als notwendige Bedingungen einer Vertrauenssituation:[29]

Interdependenz zwischen Vertrauenssubjekt und -objekt bezieht sich auf das Ausmaß, zu dem die Ergebnisse der einen Person von den Aktionen einer anderen Person determiniert werden oder die Interessen der einen Partei nicht durchgesetzt werden können, ohne sich auf eine andere Partei zu verlassen.[30] Die Intensität der Interdependenz zwischen Individuen determiniert dabei die Relevanz von Vertrauen in der Interaktion. Boon/Holmes stellen heraus, dass mit wachsender gegenseitiger Abhängigkeit die Existenz von Vertrauen in einer Beziehung an Bedeutung gewinnt.[31]

Risiko bezeichnet in der Vertrauensliteratur im weitesten Sinne, dass eine Situation, in der Vertrauen relevant ist, die Möglichkeit eines Verlusts für den Vertrauensgeber beinhaltet.[32] Dieser Risikobegriff bedarf allerdings einer näheren Erläuterung, da er äußerst weit gefasst ist, um die unterschiedlichen Strömungen in der Vertrauensforschung zusammenzuführen. Aufgrund der Interdisziplinarität dieses

---

[28] Möllering/Sydow (2005), S. 70.

[29] Vgl. Rousseau et al. (1998).

[30] Vgl. hierzu Rousseau et al. (1998), S. 394; Gillespie (2003b), S. 5.

[31] Vgl. Boon/Holmes (1991).

[32] Vgl. Rousseau et al. (1998).

Forschungsfelds haben sich im Laufe der Jahre unterschiedliche Verständnisse von Risiko etabliert.

Insbesondere konfligieren in der Literatur Sichtweisen von Risiko aus der Ökonomie[33], der Soziologie[34] und der Entscheidungsforschung[35]. Dies hat zur Folge, dass kein einheitliches Risikoverständnis in relevanter Literatur existiert und je nach disziplinärem Hintergrund der Risikobegriff unterschiedlich verwendet bzw. an die Forschungsfrage adaptiert wird.

Rousseau et al. begründen beispielsweise das Risiko mit der Unsicherheit über das Verhalten des Vertrauensnehmers: „Uncertainty regarding whether the other intends to and will act appropriately is the source of risk."[36] In interdependenten Situationen besteht jedoch per definitionem eine Abhängigkeit von unsicheren Verhaltensweisen des Vertrauensnehmers, da dieser in gewissem Maße Kontrolle über die Erreichung der Ziele des Vertrauensgebers besitzt. Interdependenz als Situationsmerkmal interpersonellen Vertrauens impliziert daher den Faktor Unsicherheit. Mayer et al. hingegen spezifizieren das Risiko unabhängig von der Beziehung zu einem bestimmten Vertrauensnehmer durch die Höhe der potentiel-

---

[33] Die Abgrenzung der Begriffe Unsicherheit und Risiko findet ihren Ursprung in der Arbeit von Knight, in der Risikosituationen durch die Kenntnis aller möglichen Ergebnisverteilungen bezüglich einer ökonomischen Variablen charakterisiert sind und Unsicherheitssituationen sich vorrangig durch die Unkenntnis über diese Verteilungen auszeichnen. Vgl. Knight (1971 [1921]), S. 233. Tichy stellt fest: „Die Volkswirtschaftliche Literatur unterscheidet seit Knight (..) zwischen Risiko und Unsicherheit: *Risiko* bezeichnet wiederholte Abfolgen bestimmter Situationskombinationen, deren Wahrscheinlichkeit abgeschätzt werden kann, *Unsicherheit* hingegen die Konfrontation mit weitgehend neuen oder einmaligen Konstellationen, bei denen das Wahrscheinlichkeitskalkül versagt." Tichy (2003), S. 4.

[34] Das soziologische Risikoverständnis unterscheidet sich fundamental von dem ökonomischen: Luhmann differenziert zwischen Gefahr und Risiko. Beide Begriffe bezeichnen „etwaige, künftige Schäden, deren Eintritt gegenwärtig unsicher und mehr oder weniger unwahrscheinlich ist. Bei Gefahren wird der Schadenseintritt der Umwelt zugerechnet, bei Risiken wird er als Folge des eigenen Handelns oder Unterlassens gesehen." Luhmann (1996), S. 269.

[35] Entscheidungstheoretisch fundierte Erklärungsansätze von Vertrauen beziehen sich auf die klassische Erwartungsnutzentheorie bzw. auf deren Erweiterung um subjektive Wahrscheinlichkeitseinschätzungen. Das subjektiv empfundene Risiko setzt sich aus dem Wert der Konsequenzen für den Entscheidungsträger und der Wahrscheinlichkeit, dass der Interaktionspartner das gewünschte Ereignis herbeiführt, zusammen. Vgl. Edwards (1954), S. 397.

[36] Rousseau et al. (1998), S. 395; ähnlich auch Gillespie: „uncertainty how the other will act is a key source of risk." Gillespie (2003b), S. 5.

len Gewinne bzw. Verluste in einer Vertrauenssituation.[37] Dieser Auffassung soll hier gefolgt werden.

Zweifelsohne handelt es sich bei Interdependenz und Risiko um zwei Begriffe, die in der Literatur wiederholt in Zusammenhang mit Vertrauen Verwendung finden und Situationen spezifizieren, unter denen Vertrauen zutage tritt. Zur Beschreibung der wesentlichen Elemente des Vertrauensphänomens eignen sie sich jedoch nur bedingt. Es ist zu beobachten, dass insbesondere ökonomische Ansätze von dem Risikobegriff Abstand nehmen und zur Klassifizierung einer Vertrauenssituation die Termini Unsicherheit bzw. Ungewissheit bevorzugen.[38]

Aufgrund der Zielsetzung dieser Arbeit, möglichst eindeutige Begriffe für die Sachverhalte im Umfeld des Vertrauenskonstrukts zu identifizieren, wird zur Darstellung der notwendigen Bedingungen für Vertrauen die Terminologie Mölle-rings bevorzugt, in der Verwundbarkeit und Ungewissheit im Kern des Vertrau-ensphänomens stehen.[39] Obwohl eine überschneidungsfreie Abgrenzung nicht möglich ist, lassen sich dennoch die Zusammenhänge zwischen den zentralen Begriffen visualisieren (siehe Abb. 1).

Die Ungewissheit einer Vertrauenssituation liegt in dem nicht vollständig vorher-sagbaren Verhalten des Vertrauensnehmers, denn ein Vertrauensnehmer hat grundsätzlich die Freiheit, dem Vertrauensgeber zu schaden. Weder die Manifes-tation noch das Honorieren von Vertrauen können forciert oder garantiert wer-den.[40] Nooteboom argumentiert, dass die Bedeutung von Vertrauen in eben dieser Nichtvorhersagbarkeit menschlichen Verhaltens begründet liegt und verweist auf die sogenannte ‚radikale Unsicherheit', die in Interaktionssituationen besteht.[41]

---

[37]   Vgl. Mayer et al. (1995), S. 726 und die Ausführungen in Abschnitt 2.3 dieser Arbeit.

[38]   Vgl. Nooteboom (2002).

[39]   In den englischsprachigen Beiträgen verwendet Möllering die Begriffe ‚uncertainty' und ‚vulnerability', in seinen deutschsprachigen Aufsätzen übersetzt er dies mit Ungewissheit und Verwundbarkeit. Vgl. Möllering (2006b). Zur Relevanz von Ungewissheit und Ver-wundbarkeit in Vertrauenssituationen vgl. Luhmann (1979); Bigley/Pearce (1998); Lane (1998).

[40]   Vgl. Möllering (2003), S. 5.

[41]   Im Gegensatz zur Unsicherheit, bei der keine Wahrscheinlichkeiten angegeben werden können, sind bei radikaler Unsicherheit auch die Entscheidungskonsequenzen nicht mehr vollständig nennbar. Es besteht fehlendes Wissen hinsichtlich der Ergebnisse einer Wahl-handlung und hinsichtlich der zur Verfügung stehenden Alternativen. Nooteboom rät daher grundsätzlich davon ab, den Begriff Vertrauen in Verbindung mit Wahrscheinlichkeiten zu verwenden. Vgl. Nooteboom (2002), S. 38-41.

Der Vertrauensgeber muss auf der Basis vorhandener Informationen handeln aber gleichzeitig muss es ihm auch bewusst sein, dass nicht alle relevanten Informationen vorliegen.[42]

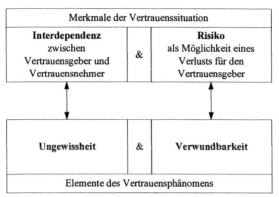

Abb. 1: Situationsmerkmale und Elemente von Vertrauen

Die Verwundbarkeit in einer Vertrauenssituation ergibt sich aus der spezifischen Problemstellung, mit der ein Vertrauensgeber konfrontiert ist. Im allgemeinen Sprachgebrauch bezeichnet der Begriff Verwundbarkeit die Anfälligkeit für Schaden, Kritik oder Angriffe. Verwundbar zu sein bedeutet, dass etwas Bedeutendes verloren gehen kann.[43] Disziplin- und theorieübergreifend kann konstatiert werden, dass, wenn eine Person in einer Situation nicht verwundbar ist, Vertrauen keine Relevanz besitzt.[44] Die Verwundbarkeit eines Vertrauensgebers wird in der Literatur daher nicht nur als notwendige Antezedenzbedingung, sondern vielfach auch als zentrales Element des Vertrauenskonstrukts angesehen.[45]

---

[42] Vgl. Nooteboom (2002), S. 37.

[43] Vgl. Zand (1972); Boss (1978).

[44] In der Vertrauensliteratur wird Vertrauen vielfach als die Bereitschaft eines Vertrauensgebers konzeptualisiert, gegenüber einem Vertrauensnehmer verwundbar zu sein. Dies bedeutet im dargelegten Verständnis von Rousseau et al., in einer interdependenten Beziehung ein Risiko einzugehen. Vgl. Rousseau et al. (1998). Bereits an dieser Stelle soll jedoch darauf hingewiesen werden, dass Vertrauen nicht gleichbedeutend damit ist, ein Risiko einzugehen; Vertrauen ist lediglich die Bereitschaft dazu. Vgl. Mayer et al. (1995), S. 712.

[45] Vgl. u.a. Deutsch (1962); Zand (1972); Mayer et al. (1995); Rousseau et al. (1998); Gillespie (2003b); Möllering (2006a).

Ungewissheit und Verwundbarkeit sind im Kontext von Vertrauen nicht reduzierbar.[46] Vernünftige Begründungen, routiniertes Handeln und persönliche Erfahrungen werden in der Literatur zwar als Mechanismen angesehen, die eine Basis für Vertrauen bieten, jedoch können sie nicht erklären, wie Menschen mit der Ungewissheit und Verwundbarkeit in einer Vertrauenssituation umgehen.[47] Vertrauen impliziert die Überwindung von Ungewissheit und Verwundbarkeit. Ohne Vertrauen wären Akteure in den oben spezifizierten Situationen handlungs-, beziehungs- und gesellschaftsunfähig.[48]

Möllering verwendet den Begriff des Aufhebens (suspension)[49], um den Prozess zu spezifizieren, der Vertrauensgeber befähigt, die nicht reduzierbare Ungewissheit und Verwundbarkeit zu bewältigen.[50] Er stellt fest: „[A]t the heart of the concept of trust is the suspension of vulnerability and uncertainty (the leap of faith), which enables actors to have positive expectations of others."[51] Das Aufheben von Ungewissheit und Verwundbarkeit durch Vertrauen erfolgt dabei durch einen ‚Sprung in den Glauben'[52], der in Analogie zu einem Sprung über eine Kluft die Überwindung eines Hindernisses beschreibt. Die Vorstellung von Vertrauen als ein Glaubenssprung impliziert, dass Vertrauen über die Erwartungen hinausgeht, die durch Vernunft und Erfahrung gerechtfertigt wären. Möllering konstatiert: „[T]rust can be imagined as the mental process of leaping – enabled by suspension – across a gorge of the unknowable from the land of interpretation to the land of expectation."[53]

---

[46] Vgl. Möllering (2006b), S. 2.

[47] Vgl. Möllering (2006a), S. 109.

[48] Vgl. Möllering (2005), S. 1.

[49] Möllering vergleicht das Aufheben von Ungewissheit und Verwundbarkeit mit dem hegelschen Prinzip der Überwindung eines Widerspruchs von These und Antithese, wobei die positiven, wertvollen Elemente erhalten und fortgeführt werden und die negativen entfallen. Vgl. Möllering (2006a) und (2006b). Der Begriff der Aufhebung impliziert nach Hegel das gleichzeitige Negieren und Aufbewahren. Vgl. Hegel (1973 [1807]), S. 94.

[50] Vgl. Möllering (2006a), S. 110.

[51] Möllering (2006a), S. 191.

[52] Zur Idee des ‚leap of faith' in den Organisationswissenschaften vgl. Lewis/Weigert (1985); Bradach/Eccles (1989). Dieses theologische und philosophische Konzept des Glaubenssprungs findet seinen Ursprung in der Annahme Kierkegaards, dass Glaube weder Vernunft noch Beweise bedarf. Vgl. Kierkegaard (1949).

[53] Vgl. Möllering (2001), S. 412 sowie (2006a), S. 120 f.

Obwohl die Denkfiguren Möllerings für eine organisationswissenschaftliche Arbeit auf den ersten Blick recht philosophisch anmuten, eignen sie sich doch ausgezeichnet, um die Schwierigkeit zu verdeutlichen, Vertrauen zu erklären. Um sich dem Konzept des Aufhebens von Ungewissheit und Verwundbarkeit zu nähern, schlägt Möllering drei Wege vor.[54] Diese sollen im Folgenden in knapper Form umrissen werden, um zu veranschaulichen, warum Vertrauen nicht vollständig rational erklärt werden kann.

• Vertrauen auf der Basis eines fiktiven Bildes: Jegliches Vertrauen bedarf einer ‚als ob-Einstellung' (as if-attitude) des Vertrauensgebers.[55] In Situationen mit unvollständiger Informationsbasis konstruieren Akteure eine Fiktion der sozialen Realität, mit der sie sich konfrontiert sehen. Sie entwerfen ein Bild des Gegenübers als vertrauenswürdig oder vertrauensunwürdig, das es ihnen letztlich ermöglicht zu vertrauen.[56] Ungewissheit und Verwundbarkeit werden nicht entfernt, wenn ein Zukunftsbild entworfen wird, sondern werden nur suspendiert. Der Vertrauensgeber handelt, als ob die Folgen seines Vertrauens bekannt seien. Vorhandene Informationen werden zusammengefügt und mit den fehlenden Informationen wird so umgegangen, als wenn sie vorlägen. „Actors are seen as able to trust if and when they manage to fill the gaps and make up missing pieces."[57]

• Vertrauen durch temporäres Ausblenden: Eine zweite Erklärung für das Aufheben von Ungewissheit und Verwundbarkeit leitet Möllering aus den Ansätzen von Luhmann und Giddens ab: „[T]he more important approach holds that actors manage to live with the fact that there are gaps and missing pieces."[58] Auch hier wird eine Fiktion durch den Vertrauensgeber erzeugt, jedoch nicht durch das ‚Stopfen der Löcher', wie im oben beschriebenen Mechanismus, sondern durch die Fähigkeit, mit dem Faktum zu leben, dass Löcher existieren. Unwissenheit, Zweifel und Gefahren werden eingeklammert bzw. als nachran-

---

[54] Vgl. Möllering (2006a).

[55] Vgl. Lewis/Weigert (1985); Luhmann (2000).

[56] Vgl. Möllering (2006a), S. 112 ff.

[57] Möllering (2006a), S. 115.

[58] Möllering (2006a), S. 115. Luhmann sieht in Vertrauen einen Mechanismus zur Reduktion von Komplexität, d.h. bestimmte, unerfreuliche Entwicklungen werden bei der Entscheidung zu vertrauen ausgeblendet. Vgl. Luhmann (1988) und (2000). Nach Giddens klammert der Sprung in den Glauben Ignoranz und Mangel an Informationen ein. Vgl. Giddens (1991).

gig empfunden, nämlich so, als ob sie vorteilhaft gelöst wären.[59] Der Vertrauensgeber vertraut trotz Ungewissheit und Verwundbarkeit.

- Vertrauen als ‚Wille zu Glauben': In einem dritten Erklärungsansatz bezieht sich Möllering vorrangig auf die Aufsätze von James, welche die willentliche Überwindung eines Informationsdefizits durch Glauben thematisieren.[60] James betont das Recht des Menschen auf Glauben, auch wenn schlüssige Beweise fehlen.[61] Der Glaube erlaubt dem Vertrauensgeber positive Erwartungen hinsichtlich der Handlungen und Absichten anderer zu haben, deren Verhalten nicht vollends zu kontrollieren ist.[62] Möllering hebt hervor, dass Vertrauen auf dem freien Willen zu vertrauen beruht und nicht erzwungen werden kann, genauso wie ein Vertrauensnehmer grundsätzlich die Freiheit besitzt, das ihm entgegengebrachte Vertrauen nicht zu honorieren.[63]

Die obigen Ausführungen zur Bedeutung des Aufhebens im Rahmen des Vertrauensphänomens sollen verdeutlichen, „when it is justified to speak of trust and when it is not. It is a different question how big or small, difficult or easy the leap of faith actually is."[64] Zu Beginn des vorliegenden Abschnitts wurde konstatiert, dass sich Vertrauen nur in Situationen zeigt, die durch Abhängigkeit vom Vertrauensnehmer gekennzeichnet sind und in denen etwas für den Vertrauensgeber ‚auf dem Spiel steht'. Die Begriffe Ungewissheit und Verwundbarkeit vereinen beide Aspekte und sollen im Folgenden als zentrale Anforderungen einer Situation gelten, in der Vertrauen Relevanz besitzt.

---

[59] Vgl. Möllering (2006a), S. 115.

[60] Möllering verweist insbesondere auf die beiden Werke von James ‚The Will to Believe' (1948 [1896]) und ‚The Sentiment of Rationality' (1948 [1879]).

[61] Dieser Glaube beinhaltet „the actor's genuine but not conclusively justified conviction that what he believes is ‚true' in the pragmatist sense of being useful, giving expectations and (thus) enabling action." Möllering (2006a), S. 120.

[62] Vgl. Möllering (2006a), S. 120.

[63] Der Glaube ist letztlich nicht nur das Instrument, durch das ein Vertrauensprozess initiiert wird, sondern auch an sich eine sich selbst erfüllende Einstellung (self-fulfilling attitude). Möllering stellt heraus, dass die Entwicklung von Vertrauen davon abhängt, ob ein Vertrauensprozess überhaupt in Gang kommt, denn nur dann existiert die Möglichkeit, dass sich Vertrauen reflexiv verstärken kann. Vgl. Möllering (2006a), S. 120.

[64] Möllering (2006a), S. 118.

(2) Definition von Vertrauen

Nachdem grundlegende Termini erläutert und die notwendigen Bedingungen für die Relevanz von Vertrauen umschrieben worden sind, kann das dieser Arbeit zugrunde liegende Vertrauensverständnis präzisiert werden.

Mangels einer universell akzeptierten Definition des Vertrauensbegriffs wird ein interdisziplinäres Vertrauensverständnis herangezogen, welches Rousseau et al. auf der Basis einer Literaturanalyse so formulieren: „Trust is a psychological state comprising the intention to accept vulnerability based upon positive expectations of the intentions or behavior of another."[65] Diese Aussage vereint theorieübergreifend zentrale Teilaspekte des Vertrauensphänomens:

- Vertrauen ist ein **psychologischer Zustand**, der sowohl kognitive als auch affektive Prozesse impliziert.[66]

- Vertrauen umfasst die **Bereitschaft eines Vertrauensgebers**, sich in einer spezifischen Situation gegenüber dem Vertrauensnehmer verwundbar zu machen.[67]

- Die Intention, Verwundbarkeit zu akzeptieren, basiert auf einer **positiven Erwartungshaltung** hinsichtlich der Absichten und des Verhaltens des Vertrauensnehmers.[68]

Da mit dieser Begriffsbestimmung das Vertrauensverständnis der vorliegenden Arbeit nachhaltig geprägt wurde, soll auf die Besonderheiten der Konzeptualisierung kurz eingegangen werden. Grundsätzlich kann zwischen Definitionen differenziert werden, die Vertrauen als einen psychologischen Zustand beschreiben und denen, die Vertrauen als ein Entscheidungsverhalten verstehen.[69] Definitionen von Vertrauen als Entscheidungsverhalten (choice behaviour), konzeptualisieren Vertrauen vorrangig als eine kalkulative, zumindest jedoch vernünftige

---

[65] Rousseau et al. (1998), S. 395.

[66] Zur kognitiven und affektiven Dimension von Vertrauen vgl. Lewis/Weigert (1985); McAllister (1995); Nooteboom (2002); Schoorman et al. (2007).

[67] Vgl. u.a. Deutsch (1962); Zand (1972); Mayer et al. (1995), Bigley/Pearce (1998); Gillespie (2003b).

[68] Vgl. u.a. Boon/Holmes (1991); Lewicki/Bunker (1995) und (1996); Mayer et al. (1995); Rousseau et al. (1998); Möllering (2006a).

[69] Vgl. Costa (2004), S. 612.

Entscheidung auf der Grundlage vorliegender Informationen. Rationale Erklärungsansätze von Vertrauen beruhen auf sozialtheoretischen Theorien der Rationalen Entscheidung[70], Ökonomischen Theorien[71] aber auch auf Ansätzen aus der Organisations- und Managementforschung, die von einer rein kognitiven Entscheidung zu vertrauen ausgehen. Obwohl diese Ansätze auf wichtige Gründe zu vertrauen aufmerksam machen, so stoßen sie regelmäßig an ihre Grenzen, da Vertrauen durch Vernunft allein nicht erklärt werden kann. Möllering stellt fest, dass in rationalen Ansätzen „trust only ever enters as a meaningful construct when decisions cannot be made in a strictly calculative way, which happens to be the rule rather than the exception."[72] Klar strukturierte Probleme mit klaren Alternativen und eindeutigen Erwartungswerten erfordern kein Vertrauen.

Costa stellt positiv heraus, dass in jüngster Zeit Autoren, die diesen Ansatz wählen, sich nicht nur auf eine rein rationale Kalkulation zu vertrauen beziehen, sondern vielfach auch eine soziale Orientierung zu anderen Personen und der Gesellschaft als ganzes mitberücksichtigen.[73] Möllering beobachtet, dass in zunehmendem Maße der kognitiven Entscheidung zu vertrauen auch affektive

---

[70] Als bedeutende Vertreter der ‚Rational-Choice'-Perspective sind Coleman (1982) und (1990), Hardin (1993) und (2002) und Sztompka (1999) zu nennen. Zu einer Beschreibung und kritischen Würdigung der einzelnen Konzepte vgl. Möllering (2006a), S. 15 ff. Möllering fasst zusammen, dass in diesem Paradigma die Wahrnehmungen eines Vertrauensgebers als unvollkomme Wahrscheinlichkeitseinschätzungen der Vertrauenswürdigkeit gesehen werden, die ein Verhalten auf der Basis von Vertrauen riskant machen. Vertrauen wird erklärt als ein „rational result of a selfinterested actor's perceptions of another actor's trustworthiness." Möllering (2006a), S. 24.

[71] In den vergangenen Jahren wurde vielfach versucht, Vertrauen auf der Basis ökonomischer Theorien zu erklären. Vgl. Williamson (1993); Gulati (1995); Chiles/McMackin (1996); Cummings/Bromiley (1996); Ripperger (1998); Dyer (2000). Zu den zentralen ökonomischen Theorien, aus deren Perspektive Vertrauen analysiert worden ist, zählen die Transaktionskostentheorie, die Prinzipal-Agenten-Theorie, die Spieltheorie und die Signalling-Theorie. Möllering stellt zusammenfassend fest, dass Vertrauen in diesen Ansätzen als vernünftig gilt, wenn es unwahrscheinlich ist, dass sich der Vertrauensnehmer opportunistisch verhalten wird. Folglich sollte ein rationaler Vertrauensgeber nur vertrauen, wenn er wahrnimmt, dass der Vertrauensnehmer keine Anreize besitzt, in einer Art und Weise zu handeln, die ihn schlechter stellen als wenn er nicht vertraut hätte. „Economic concepts of trust require a positive net expected value from trusting." Möllering (2006a), S. 43.

[72] Möllering (2006a), S. 106.

[73] Vgl. Costa (2004).

Elemente zugeschrieben werden.[74] Auch wenn die Konzeptualisierung von Vertrauen als Entscheidungsverhalten in den obigen Ausführungen kritisch betrachtet wird, so schließt das nicht aus, dass Vertrauen sich auf das Verhalten in Entscheidungssituationen auswirkt. Rousseau et al. konstatieren: „Trust is not a behavior (e.g. cooperation), or a choice (e.g. taking a risk), but an underlying psychological condition that can cause or result from such actions."[75]

Konzeptualisierungen von Vertrauen als psychologischer Zustand hingegen „define trust in terms of interrelated cognitive processes and orientations toward beliefs or positive expectations in relation to others."[76] Innerhalb dieser Erklärungsansätze bestehen jedoch grundsätzliche Unterschiede. Zum einen kann Vertrauen als eine globale Einstellung zu Personen und Systemen im Allgemeinen konzeptualisiert werden, zum anderen kann Vertrauen als situativ gegenüber einer identifizierbaren anderen Person betrachtet werden.[77] Es wird jedoch zunehmend erkannt, dass zur Erklärung des Vertrauensphänomens beide Aspekte berücksichtigt werden müssen.

Butler verweist sowohl auf eine globale, tendenziell eher affektiv geprägte Komponente des Vertrauensphänomens, welche sich auf Menschen im Allgemeinen bezieht, als auch auf eine spezifische Komponente, die tendenziell eher kognitiv geprägt ist und sich auf eine konkrete Situation angesichts eines spezifischen Interaktionspartners bezieht.[78] Im Verlauf dieser Arbeit wird dargelegt, dass es sich bei diesen Komponenten um zwei zu unterscheidende Konstrukte handelt, die bereits an dieser Stelle terminologisch klar voneinander abgegrenzt werden sollen: In Anlehnung an Mayer et al. und Costa wird die globale Komponente in dieser Arbeit als Vertrauensneigung, im Sinne einer generellen Disposition zu vertrauen, bezeichnet.[79] Der Begriff Vertrauen benennt, wie eingangs anhand der

---

[74] Die Konzeptualisierung von Vertrauen als Kombination aus kognitiven und affektiven Elementen geht auf Lewis/Weigert (1985) zurück. Ein emotionales Element in Vertrauen wurde jedoch bereits von Deutsch (1973) erkannt.

[75] Rousseau et al. (1998), S. 395.

[76] Costa (2004), S. 612.

[77] Graeff verwendet zur Unterscheidung der Konstrukte die Begriffe generalisiertes und spezifisches Vertrauen. Vgl. Graeff (1998), S. 18.

[78] Vgl. Butler (1991), S. 1.

[79] Vgl. Mayer et al. (1995); Costa (2000).

Semantik Nootebooms dargelegt wurde, immer ein situationsspezifisches Vertrauen, welches objekt- und aspektbezogen ist.[80]

Trotz der unterschiedlichen Perspektiven sind die Definitionsansätze von Vertrauen als psychologischer Zustand und als Entscheidungsverhalten kompatibel.[81] Gemeinsam ist diesen Ansätzen die Annahme, dass sich Vertrauen auf der Basis individueller Attributionen von Intentionen und Motiven bildet, die dem Verhalten eines Vertrauensnehmers zugesprochen werden.[82] Die Attributionen eines Vertrauensgebers werden sowohl durch kognitive als auch affektive Prozesse geprägt: „As recent research has demonstrated, one not only 'thinks' but also 'feels' trust."[83] Die Zuweisung von bestimmten vertrauenswürdigen Eigenschaften basiert auf psychologischen Mechanismen, die teilweise instinktiv ablaufen, aber auch durch vergangene Erfahrungen beeinflusst werden, Vorurteile beinhalten und emotional geprägt sind.[84] Obwohl Nooteboom in seinen Ausführungen vorrangig vernünftige Gründe als Grundlagen des Vertrauens nennt, so verweist er dennoch auf die Bedeutung dieser psychologischen Ursachen von Vertrauen, denn Wahrnehmung, Interpretation und Evaluation des Vertrauensobjekts, im Sinne von Werturteilen über das Vertrauensobjekt, können emotionsgeladen sein.[85]

Bevor im nachfolgenden Kapitel drei bedeutende Modelle dargelegt werden, welche die direkten Determinanten und Verhaltenswirkungen von Vertrauen in einem betriebswirtschaftlichen Kontext fokussieren, sollen die Grundannahmen dieser Arbeit abschließend zusammengefasst werden: (1) Eine Vertrauensbeziehung erfordert per definitionem einen Vertrauensgeber und einen Vertrauensnehmer. (2) Damit Vertrauen in einer Situation Relevanz besitzt, muss diese Ungewissheit und Verwundbarkeit beinhalten. (3) Vertrauen bezeichnet eine positive Erwartungshaltung und Bereitschaft eines Vertrauensgebers, sich in einer ungewissen Situation gegenüber dem Vertrauensnehmer verwundbar zu machen.

---

[80] Vgl. Nooteboom (2002); Nooteboom/Six (2003).

[81] Vgl. dazu die Ausführungen in Abschnitt 3.1 dieser Arbeit.

[82] Vgl. Wrightsman (1991); Costa (2000) und (2004).

[83] Costa (2004), S. 612.

[84] Vgl. Nooteboom (2002), S. 12.

[85] Vgl. Nooteboom (2002), S. 78; Nooteboom (2003), S. 16 ff.

2 Theoretischer Bezugsrahmen

Der Erklärung der Ursachen und Wirkungen interpersonellen Vertrauens näherte man sich bis zum Ende des 20. Jahrhunderts aus der Perspektive einzelner wissenschaftlicher Fachrichtungen. Costa stellt heraus: „In each perspective trust has been approached within its own disciplinary lens and filters, and different determinants and functions of trust can be identified within different settings."[86] Nachdem in der Vertrauensforschung über lange Zeit die theoretischen und methodischen Unterschiede der Studien akzentuiert wurden, richtet sich das Augenmerk seit kurzem auf die Gemeinsamkeiten disziplinärer Ansätze zur Konsolidierung bestehenden Wissens. Insbesondere in der organisationswissenschaftlichen Vertrauensforschung jüngeren Datums ist die Entwicklung interdisziplinärer Vertrauensmodelle zu beobachten, die sich durch eine Integration psychologischer, soziologischer und ökonomischer Ansätze auszeichnen, die im Verlauf der zweiten Hälfte des letzten Jahrhunderts entwickelt wurden.[87]

Zur Verdeutlichung von Faktoren, die Vertrauen in einem organisationalen Kontext beeinflussen und zur Konkretisierung der Wirkungen von Vertrauen, werden im Folgenden drei Erklärungsansätze herangezogen, auf die in der aktuellen Vertrauensdiskussion wiederholt Bezug genommen wird und die explizit das Verhalten eines Vertrauensgebers thematisieren. Die Vertrauensmodelle von Deutsch, Zand und Mayer et al. beleuchten betriebswirtschaftlich relevante Aspekte des Vertrauensphänomens und ergänzen sich in wichtigen Punkten.[88] Die Modelle zielen jeweils in ihrer individuellen Weise darauf ab, die Entstehung von Vertrauen zu erklären und das Verhalten auf der Basis von Vertrauen zu beschreiben. Die Vertrauenskonzepte der Autoren sind grundsätzlich vereinbar, so dass eine Vergleichbarkeit der Modelle gegeben ist.

In den folgenden Ausführungen wird zu jedem Ansatz zunächst das Erklärungsinteresse und das spezifische Vertrauensverständnis dargelegt und im Anschluss die Vertrauensmodellierung der Autoren erläutert sowie kritisch gewürdigt. Das Kapitel schließt mit einer Gegenüberstellung des Erklärungsbeitrags der Modelle und einer Spezifikation des Forschungsdefizits.

---

[86] Costa (2000), S. 24.

[87] Vgl. das ‚Integrative Model of Organizational Trust' von Mayer et al. (1995), S. 709, das ‚Integrated model for the study of trust in work teams' von Costa (2000), S. 63 und ‚The Trust Wheel – An Integrative Framework' von Möllering (2006a), S. 110.

[88] Vgl. insbesondere Deutsch (1958) und (1960); Zand (1972); Mayer et al. (1995).

2.1 Das Vertrauensmodell von Deutsch

2.1.1 Vertrauen in Entscheidungssituationen

Der amerikanische Sozial- und Erziehungspsychologe Deutsch identifiziert in den 50er Jahren des 20. Jahrhunderts im Rahmen eines Forschungsprojekts zur Untersuchung von Bedingungen beidseitiger Kooperation Vertrauen als einen einzigartigen Einflussfaktor.[89] Eine Entscheidung zu kooperieren impliziert nach Deutsch den Aspekt der Gegenseitigkeit: Wenn eine Person beschließt, mit einer anderen Person zu kooperieren, muss die andere Person ebenfalls bereit sein zu kooperieren, damit die Kooperationsentscheidung zu einem Ziel führen kann.[90] Er stellt fest, dass „the problem of trust arises from the possibility that if, during cooperation, each cooperator is individually oriented to obtain maximum gain at minimum cost to himself (without regard to the gains or costs to the other cooperators), cooperation may be unrewarding for all or for some."[91] Unter der Bedingung, dass jede Person so entscheidet, das beste Ergebnis nur für sich selbst zu erzielen und damit soziale Überlegungen unterlässt, ist Kooperation nicht zielführend. Folglich postuliert Deutsch, dass die Initiierung von Kooperation gegenseitiges Vertrauen voraussetzt.[92]

Deutsch konzeptualisiert Vertrauen als individuelle Wahl, sein Schicksal in einer Kooperationssituation teilweise in die Hände anderer zu geben.[93] Damit distanziert sich Deutsch von der seinerzeit vorherrschenden ausschließlichen Verwendung des Vertrauensbegriffs zur Bezeichnung einer Persönlichkeitseigenschaft und entwickelt ein umfassenderes Vertrauenskonzept: Die Etablierung einer Beziehung gegenseitigen Vertrauens ist für ihn sowohl abhängig von den Eigenschaften der Person als auch von den Merkmalen der Situation.[94] Der Vertrauensgeber steht vor einer situationsspezifischen Entscheidung für oder gegen Vertrauen, die nach Deutsch vorrangig kognitiv abläuft. Allerdings erwähnt der

---

[89] Im Zentrum des Forschungsinteresses standen jedoch die Wirkungen motivationaler Orientierungen (kooperativ, kompetitiv und individualistisch) auf das Entscheidungsverhalten, die Deutsch anhand spieltheoretischer Interaktionssituationen untersuchte. Vgl. insbesondere Deutsch (1958) und (1960).

[90] Vgl. Deutsch (1960), S. 123.

[91] Deutsch (1960), S. 123.

[92] Vgl. Deutsch (1960), S. 124.

[93] Vgl. Deutsch (1962), S. 302.

[94] Vgl. Deutsch (1960), S. 124.

Autor auch eine affektive Dimension von Vertrauen, bezeichnet diese jedoch als Pathologie des Vertrauens.[95] Vertrauen ist nach Deutsch pathologisch, wenn es eine „compulsive, incorrigible tendency to act in a trusting manner without regard to the characteristics of the situation in which the behavior is to take place"[96] widerspiegelt.

Der Fokus von Deutsch liegt auf Vertrauensentscheidungen (trusting choices) auf der Basis von Zuversicht (confidence).[97] Mit Zuversicht bezeichnet er die Annahme, dass ein gewünschtes Ereignis eintritt. Um einer anderen Person zu vertrauen, dass diese ein vorteilhaftes Ereignis herbeiführt, muss der Vertrauensgeber die Zuversicht haben, dass der Interaktionspartner die Fähigkeit und Absicht hat, dieses auch zu erwirken. Die Wahrnehmung der Intentionen des Interaktionspartners durch den Vertrauensgeber, insbesondere die Wahrnehmung der Verlässlichkeit des Vertrauensnehmers, erhält damit eine entscheidende Bedeutung.[98]

Vertrauen kann entweder einen Nutzen oder einen Schaden nach sich ziehen, je nachdem, ob es honoriert wird oder nicht. Ein Vertrauensgeber muss damit rechnen, dass aus seinem Vertrauen auch Nachteile erwachsen können.[99] Deutsch postuliert, dass „der Schaden, der dem vertrauenden Individuum erwächst, wenn sein Vertrauen unerfüllt bleibt, kein gewöhnlicher Schaden ist, im Verhältnis zum Nutzen, der aus dem Vertrauen bzw. aus dem erfüllten Vertrauen erwachsen kann."[100] Diesen Sachverhalt verdeutlicht er an dem mittlerweile klassischen Beispiel einer Mutter, die ihr Kind in die Obhut eines Babysitters gibt: Sie entscheidet sich zu vertrauen auf der Basis ihres Zutrauens in den Babysitter.

---

[95] Auf spezifische Formen der Pathologie des Vertrauens geht Deutsch jedoch erst in seinem Werk ‚Resolution of Conflict' im Jahr 1973 näher ein, welches als deutsche Übersetzung 1976 unter dem Titel ‚Konfliktregelung' erschien. Die Formen pathologischen Vertrauens nach Deutsch werden hier nicht weiter erläutert, da sie in der aktuellen Vertrauensliteratur nicht mehr als Pathologien bezeichnet werden, sondern als generalisierte Erwartungen bzw. als Persönlichkeitseigenschaft der Vertrauensneigung einer Person zugeordnet werden können.

[96] Deutsch (1958), S. 278.

[97] Vgl. Deutsch (1960), S. 124 ff. sowie (1976), S. 139 ff.

[98] Vgl. Deutsch (1960), S. 125.

[99] Vgl. Deutsch (1976), S. 136.

[100] Deutsch (1976), S. 136.

Falls dieses Vertrauen nicht gerechtfertigt war und das Kind Schaden erleidet, erfährt die Mutter eine zutiefst unerfreuliche Konsequenz ihres Vertrauens. Das Vertrauen in den Babysitter ermöglicht ihr jedoch Dinge zu tun, die sie andernfalls nicht tun könnte.[101] Es handelt sich nach Deutsch um eine ‚Vertrauenserwartung'[102], da anzunehmen ist, dass die Mutter (a) sich dessen bewusst ist, dass ihre Entscheidung sowohl zu unerfreulichen als auch zu erfreulichen Konsequenzen führen kann, (b) bemerkt, dass die Konsequenzen ihrer Entscheidung von dem Verhalten des Babysitters abhängen und (c) erwarten kann, weitaus mehr darunter zu leiden, wenn ihr Vertrauen missbraucht wird, im Vergleich zu dem, was sie gewinnen kann, wenn ihr Vertrauen gerechtfertigt ist.[103]

Mit dem Ziel, sowohl alltägliche Konnotationen von Vertrauen zu erfassen, als auch die experimentelle Erforschung der Einflussbedingungen von Vertrauen zu ermöglichen, definiert Deutsch: „An individual may be said to have trust in the occurrence of an event if he expects (..) its occurrence and his expectation leads to behavior which he perceives to have greater negative motivational consequences (..) if the expectation is not confirmed than positive motivational consequences if it is confirmed."[104] Deutsch modelliert damit Vertrauen als die Wahl eines ambiguenten Weges unter der Bedingung, dass $Va^- > Va^+$.[105] Er postuliert, dass eine solche Wahl eher dann zustande kommt, wenn die subjektive Wahrscheinlichkeit des Auftretens eines Ereignisses mit positivem Wert die subjektive

---

[101] Vgl. Deutsch (1958) und (1960).

[102] Deutsch versteht Vertrauen als eine Erwartung bezüglich des Eintritts eines interpersonellen Ereignisses. Vgl. Deutsch (1958), S. 266.

[103] Vgl. Deutsch (1960), S. 124.

[104] Deutsch (1958), S. 266. Den Begriff der motivationalen Konsequenz erläutert Deutsch im Jahr 1958 zunächst nur knapp in einer Fußnote. Erst in den Monografien aus den Jahren 1973 bzw. 1976 wird dies im Rahmen seiner ‚Theorie des Vertrauens' als grundlegender Sachverhalt definiert: „Ein Ereignis hat positive motivierende Bedeutung (positive Valenz oder Nutzen) für ein Individuum, wenn sein Auftreten das Gelingen einer Sache oder das Wohlergehen einer Person (einschließlich der eigenen) verbessert oder eine Minderung verhindert. Das Gelingen muß für das Individuum von positivem Interesse sein." Deutsch (1976), S. 139. Entsprechend hat ein Ereignis negativ motivierende Bedeutung, wenn es das Wohlergehen eines Individuums senkt bzw. ein Erhöhung des Wohlergehens verhindert.

[105] „Ein Weg, der genauso gut zu einem Ereignis mit positiver motivierender Bedeutung (Va+) wie zu einem Ereignis mit negativ motivierender Bedeutung (Va-) führen kann, ist ein ambiguenter Weg." Deutsch (1976), S. 140.

Wahrscheinlichkeit des Auftretens eines Ereignisses mit negativem Wert übersteigt. Deutsch fasst diese Annahme in folgender Formel zusammen:[106]

$$Va^+ \times S.W.^+ > Va^- \times S.W.^- + K$$

$S.W.^+$ bezeichnet die subjektive Wahrscheinlichkeit, ein Ereignis mit positiver
Valenz (Va^+) zu erreichen. $S.W.^-$ bezieht sich auf die subjektive Wahrscheinlichkeit des Eintritts eines Ereignisses mit negativer Valenz (Va^-). Die Konstante K
bezieht sich auf den individuellen Sicherheitsgrad, den ein Individuum zur Handlung benötigt.[107] Als Faktoren, die auf die subjektive Wahrscheinlichkeit und
damit auf das Vertrauen einwirken, nennt Deutsch vergangene Erlebnisse des
Vertrauensgebers in ähnlichen Situationen, frühere Erlebnisse anderer bekannter
Personen, Meinungen anderer, die der Vertrauensgeber respektiert, eigene Ansichten über Vor- und Nachteile der Situation, in der der Vertrauensgeber steht
sowie das Vertrauen, welches der Vertrauensgeber in sich selbst besitzt, das
Eintreten oder Nicht-Eintreten von schädigenden Ereignissen beeinflussen zu
können.[108] Deutsch nimmt an, dass die Wahrscheinlichkeit für Vertrauen mit
zunehmender Zuversicht eines Individuums und mit zunehmendem Verhältnis von
antizipierten positiven zu antizipierten negativen Konsequenzen steigt.

Auf der Basis dieser Konzeptualisierung ist es für Deutsch möglich, vertrauendes
Verhalten (trusting behavior) von Risikoübernahmeverhalten (risk taking behavi-
or) abzugrenzen. Er sieht darin zwei unterschiedliche Seiten der gleichen Medaille. Im Fall der Risikoübernahme ‚spielt' ein Individuum um den Eintritt eines
Ereignisses, von dem es wahrnimmt, dass es eine niedrige Eintrittswahrschein-
lichkeit hat und die potentiellen Gewinne größer sind als die potentiellen Verluste. Verhalten auf der Basis von Vertrauen unterscheidet sich dahingehend, dass
die potentiellen Gewinne per definitionem niedriger sind als die potentiellen
Verluste.[109] In der Terminologie von Deutsch handelt es sich bei einer riskanten
Wahl um ein Glücksspiel, da eine Person viel gewinnen und wenig verlieren
kann, allerdings besteht keine große Aussicht auf einen Gewinn. Im Gegensatz
dazu kann eine Person, die vertraut, viel verlieren und wenig gewinnen. Deutsch
leitet daraus ab, dass die Zuversicht in ein positives Ereignis im Falle des Ver-

---

[106] Vgl. Deutsch (1976), S. 142.

[107] Vgl. Deutsch (1976), S. 143.

[108] Vgl. Deutsch (1976), S. 143.

[109] Vgl. Deutsch (1958).

trauens sehr groß sein muss. Vertrauen bezieht sich daher immer auf Erwartungen, die nicht nachteilig für ein Individuum sind, d.h. positive Erwartungen.[110]

Zur empirischen Erforschung des Vertrauensphänomens nutzt Deutsch eine Variation des Gefangenendilemmas und integriert essenzielle Elemente einer Vertrauenssituation.[111] Als notwendige Situationsparameter zur Untersuchung von Vertrauen im Labor spezifiziert Deutsch:[112]

- Konfrontation mit einem ambiguenten Weg, der entweder zu einem Ereignis führt, das als vorteilhaft wahrgenommen wird, d.h. eine positive Valenz (Va^+) besitzt, oder zu einem Ereignis, das als nachteilig wahrgenommen wird, d.h. eine negative Valenz aufweist (Va^-).

- Wahrnehmung, dass das Eintreten von Va^+ oder Va^- von dem Vertrauensnehmer abhängt.

- Wahrnehmung, dass Va^- stärker ist als Va^+.

Die nachfolgende Abbildung 2 stellt die Auszahlungsmatrix des Zwei-Personen-nicht-Nullsummen-Spiels nach Deutsch dar.[113] Die Gewinne oder Verluste, die ein Spieler erhält, sind sowohl abhängig von seiner eigenen Wahl als auch von der Wahl des Interaktionspartners: Person I kann zwischen den Zeilen X und Y, Person II zwischen den Spalten A und B wählen. Die Auszahlungen der Person I stehen in den Klammern an erster und die von Person II an zweiter Stelle. Deutsch stellt heraus, dass „[t]he essential psychological feature of the game is, that there is no possibility for ‚rational' individual behavior in it unless the condition for mutual trust exist. If each player chooses to obtain either maximum gain or minimum loss for himself, each will lose."[114]

---

[110] Vgl. Deutsch (1960).

[111] Vgl. zum Gefangenendilemma Luce/Raiffa (1957). Ein Überblick zu Experimenten auf der Basis des Gefangenendilemmas findet sich bei Roth (1995), S. 26.

[112] Vgl. zu den Situationsparametern Deutsch (1957), (1958), (1960) und (1976).

[113] Als Nullsummen-Spiele werden Spiele mit konstanter Summe bezeichnet, bei denen der Gewinn der einen Partei dem Verlust der anderen Partei gegenübersteht, d.h. in denen der Erfolg des einen Spielers den Misserfolg des Gegenspielers darstellt. Vgl. Berninghaus et al. (2002), S. 20.

[114] Deutsch (1960), S. 128.

	A	B
X	(+9, +9)	(-10, +10)
Y	(+10, -10)	(-9, -9)

Abb. 2:   Auszahlungsmatrix nach Deutsch[115]

In einer Serie von Experimenten stellte Deutsch fest, dass die Wahl zu kooperieren fast immer mit der Erwartung einherging, dass der Partner auch kooperieren
würde. Deutsch leitet aus diesem Ergebnis ab: „Hence, when the subject chose to
co-operate, he was 'trusting' and also 'trustworthy'."[116] Insbesondere zeigte sich,
dass das Entscheidungsverhalten von der motivationalen Orientierung der Personen abhing. Eine kooperative Orientierung führte dazu, dass Kooperation gewählt
wurde und eine kompetitive Orientierung resultierte in einer nicht-kooperativen
Wahl. Bei individualistisch orientierten Personen hing die Entscheidung von den
experimentellen Bedingungen ab, unter denen gespielt wurde.[117] Ferner beobachtete Deutsch, dass kooperativ motivierte Personen auch kooperatives Verhalten
erwarteten und kompetitiv orientierte Personen davon ausgingen, dass der andere
sich ebenfalls kompetitiv verhält.[118]

2.1.2 Kritische Würdigung

Indem Deutsch eine Variation der Erwartungsnutzen-Formulierung von Edwards
heranzieht, um Vertrauen zu modellieren,[119] hebt er Vertrauen aus der Sphäre des
irrationalen Verhaltens in die Welt der rationalen Entscheidung. Die Verdeutlichung der Parameter einer Vertrauenssituation anhand des Babysitter-Beispiels
dient in unzähligen Publikationen und Kontexten seither zur Demonstration der
Bedeutung von Vertrauen. Meifert überträgt beispielsweise die Illustration in die
Arbeitswelt: „Ein Beschäftigter, der sich einem Kollegen anvertraut und seine
Meinung über einen Vorgesetzten erzählt, zieht daraus zum Beispiel den Gewinn,

---

[115] Vgl. Deutsch (1958), S. 269; Deutsch (1969), S. 129.

[116] Deutsch (1958), S. 271.

[117] Individualistisch orientierte Personen kooperierten eher, wenn sie bereits die Wahl des
Interaktionspartners kannten und sie sich vorab mit diesem verbal abstimmen konnten. Vgl.
Deutsch (1958).

[118] Anzumerken ist, dass die Orientierungen in der Laboruntersuchung nicht als Persönlich-
keitseigenschaften erhoben, sondern als Zielsetzung den Versuchsteilnehmern in den Instruktionen vorgegeben wurden.

[119] Vgl. Edwards (1954).

sich einmal den Frust von der Seele gesprochen zu haben. Der persönliche Schaden, den dieser offenherzige Mitarbeiter erleidet, wenn der Kollege das Vertrauen mißbraucht und dem Vorgesetzten die geäußerten Ansichten mitteilt, ist jedoch weitaus größer, sofern der Vorgesetzte die Kritik für ungerechtfertigt hält."[120]

In der Vertrauensforschung machte sich Deutsch vor allem mit seinen bahnbrechenden, allerdings nicht unumstrittenen Untersuchungen von Vertrauen in Laborsituationen einen Namen. Durch seine spieltheoretischen Experimente hat Deutsch bewiesen, dass Vertrauen in strategischen Entscheidungssituationen existiert und Relevanz besitzt. Er zeigte zudem, dass nicht alle Menschen Nutzenmaximierer sind, sondern Personen sich hinsichtlich ihrer motivationalen Orientierungen unterscheiden und dies ihr Verhalten in strategischen Entscheidungssituationen beeinflusst.

Von besonderer Bedeutung für die vorliegende Arbeit sind die Ausführungen und empirischen Ergebnisse von Deutsch aufgrund ihrer Fokussierung auf das Kooperationsverhalten als Manifestation von Vertrauen. In einer Meta-Analyse empirischer Vertrauensuntersuchungen auf der Basis des Gefangenendilemmas weist James darauf hin, dass es jedoch wichtig sei zu unterscheiden, ob eine Situation Anreize für den Vertrauensnehmer liefert, sich vertrauenswürdig zu verhalten oder ob Anreize dafür fehlen.[121] Er schlägt vor, den Begriff Vertrauen nicht zu verwenden, wenn Kooperation durch entsprechende Anreize induziert wird. Nach James ist es von zentralem Forschungsinteresse aufzudecken, wodurch Vertrauen in Entscheidungssituationen entsteht, wenn Kooperation nicht extrinsisch motiviert wird: „If people just trust each other, even when there is a possibility of being exploited, they may still feel it is in their interest to do so, but why that is true is an interesting and unresolved avenue of study for economists."[122] Neueste spieltheoretisch-basierte Beiträge untersuchen daher, warum Kooperation entsteht, wenn die Spieltheorie vorhersagt, dass sie nicht entsteht, und greifen dabei psychologische Erklärungsansätze auf.[123]

Ein bedeutender Angriffspunkt hinsichtlich der Untersuchungen von Deutsch und vieler anderer Studien auf der Basis des Gefangenendilemmas ist der Schluss von

---

[120] Meifert (2003), S. 36 f.

[121] Vgl. James (2002).

[122] James (2002), S. 305.

[123] Zu einer spiel- und attributionstheoretischen Analyse interpersonellen Vertrauens vgl. beispielsweise Eberl (2004b).

der beobachtbaren Entscheidung zu kooperieren auf Vertrauen und die damit einhergehende fehlende Messung des Vertrauenskonstrukts.[124] Möllering weist darauf hin, dass die meisten spieltheoretischen Untersuchungen zu Vertrauen im Grunde Kooperation untersuchen und beide Begriffe recht liberal austauschen.[125] Gambetta stellt fest: „Clearly, the higher the level of trust the higher the likelihood of cooperation, but cooperative behaviour does not depend on trust alone, and the optimal threshold of trust will vary according to the occasion."[126] Gambetta konstatiert, dass die Wahl, nicht zu kooperieren, meist nicht aus einem Mangel an Motiven bzw. rationalen Gründen zu kooperieren entspringt, sondern aus der bloßen Erwartung, dass andere Personen nicht kooperieren werden.[127] Rousseau et al. formulieren daher den Zusammenhang zwischen Vertrauen und Kooperation in spieltheoretischen Situationen vorsichtig: „High trust, perhaps based on previous experience with a partner in a repeated game, tends to result in the decision to cooperate, which can lead to access to economic gains, as in the classic Prisoner's Dilemma."[128]

Zusammenfassend lässt sich festhalten, dass eine Analyse des Vertrauensphänomens in spieltheoretisch-basierten Situationen voraussetzt, dass die Wahl zu kooperieren nicht durch extrinsische Anreize motiviert wird. Um herauszufinden, ob die Kooperationswahl in einer Situation, wie sie Deutsch modellierte, tatsächlich durch Vertrauen initiiert wird, bedarf es der separaten Erhebung des Vertrauens in den Interaktionspartner.

2.2 Die Prozessmodelle von Zand

2.2.1 Vertrauen in Problemlösesituationen

Zand analysiert Anfang der 1970er Jahre die Effektivität des Problemlöseverhaltens von Führungskräften und stellt fest: „Trust affects both how leaders make decisions and the quality of their decisions."[129] Zur Erklärung der unterschiedlichen Problemlöseeffektivität zwischen Gruppen mit einem hohen bzw. niedrigen

---

[124] Vgl. Lewicki et al. (2006), S. 1014.

[125] Vgl. Möllering (2003), S. 37.

[126] Gambetta (1988), S. 223.

[127] Vgl. Gambetta (1988), S. 216 f.

[128] Rousseau et al. (1998), S. 39.

[129] Zand (1997), S. 104.

anfänglichen Vertrauensniveau präsentiert Zand zwei dynamische Vertrauensmodelle, die das Verhalten auf der Basis von Vertrauen konkretisieren.[130] Sie gleichen sich in ihren Grundannahmen, jedoch weisen sie unterschiedliche Schwerpunkte auf. Das ‚Modell der Beziehung zwischen Vertrauen, Information, Einfluss und Kontrolle' erklärt vorrangig die Transformation von Vertrauen in Verhalten gegenüber Interaktionspartnern. Das ‚Modell der Interaktion von zwei Personen mit ähnlichen Absichten und Erwartungen bezüglich Vertrauen' hebt in höherem Maße die sich selbst verstärkende Dynamik von Vertrauen hervor. Das Vertrauensverständnis und die Modelle von Zand werden im Folgenden vorgestellt.

Zand konzeptualisiert Vertrauen als „the conscious regulation of one's dependence on another that will vary with the task, the situation, and the other person."[131] Er distanziert sich von der Auffassung, dass Vertrauen ein „global feeling of warmth and affection"[132] sei und betont die situations- bzw. aufgabenspezifische bewusste Entscheidung, sich bei Vertrauen in die Abhängigkeit einer anderen, identifizierbaren Person zu begeben.[133]

Um den Zusammenhang zwischen Vertrauen und dem Problemlöseverhalten zu modellieren, greift Zand Ergebnisse der Kleingruppenforschung auf, insbesondere die Werke von Gibb, die darauf hinweisen, dass Vertrauen gegenseitige Akzeptanz und offene Kommunikation erleichtert, während Misstrauen gegenseitige Ablehnung und defensives Verhalten hervorruft.[134] Zand konkretisiert in seinen Modellen vertrauendes Verhalten und postuliert, dass sich Vertrauen in einer

---

[130] Die Modelle finden sich in leicht abgewandelter Form in der Monografie Zands aus dem Jahr 1997 wieder und werden dort mit anschaulichen Beispielen untermauert. Im Folgenden werden die ursprünglichen Modelle aus dem Jahr 1972 vorgestellt, da dort die theoretische Fundierung stärker elaboriert wird.

[131] Zand (1972), S. 230.

[132] Zand (1972), S. 230.

[133] Ähnlich auch Deutsch (1960), S. 124.

[134] Vgl. Gibb (1964) bzw. die deutsche Übersetzung aus dem Jahr 1972. Gibb zeigt, dass es Mitgliedern von Kleingruppen, die ein defensives Arbeitsklima entwickeln, schwer fällt, sich auf Mitteilungen zu konzentrieren. Überdies nehmen sie die Motive, Werte und Emotionen anderer weniger akkurat wahr und verzerren die Mitteilungen. Vgl. Gibb (1972), 311 ff.

Problemlösesituation in dem Informationsfluss, der Akzeptanz von Einflussnahme und dem Kontrollverhalten manifestiert:[135]

• Vertrauen führt dazu, mehr akkurate, relevante und vollständige Information zu einem Problem offenzulegen sowie Gedanken und Gefühle mitzuteilen.

• Vertrauen zeigt sich in einer höheren Akzeptanz der Meinungen, Vorschläge und Ratschläge anderer Personen hinsichtlich der Zielformulierung, Methodenwahl und der Evaluation des Problemlösefortschritts.

• Personen, die vertrauen, akzeptieren in höherem Maße gegenseitige Abhängigkeit und sind weniger bestrebt, andere zu kontrollieren, zu überwachen und nach ihrem Verhalten zu sehen. Zudem besteht eine größere Zuversicht, dass die Interaktionspartner ihre Vereinbarungen einhalten, und gleichzeitig auch eine höhere Bindung (commitment) an die eigenen Zusagen.

Zand formuliert drei Zusammenhänge, die im Modell dargestellt und nachfolgend erläutert werden (siehe Abb. 3).[136]

Zusammenhang 1: Informations-, Einfluss- und Kontrollverhalten werden durch anfängliche Vorstellungen (predisposing beliefs) des Vertrauensgebers bestimmt. „These beliefs come from the leader's view of whether the other people have strong opposing interests, her past experiences with the other people, and what she has heard about the reputation of the other people."[137]

Zusammenhang 2: Die Reaktionen anderer auf das Verhalten verändern das ursprüngliche Vertrauen des Vertrauensgebers. Im Verlauf der Interaktion werden Eindrücke gesammelt, wodurch die anfänglichen Vorstellungen bestätigt oder widerlegt werden. Wenn Gruppenmitglieder Verhaltensweisen erkennen, die auf ein niedriges Vertrauen hindeuten, werden sie zögern, Informationen offenzulegen, die Einflussnahme des anderen ablehnen und der Kontrolle ausweichen. Durch diese Rückkopplung (short-cycle feedback) wird das anfängliche Vertrauen modifiziert, so dass niedriges bzw. hohes Vertrauen verstärkt wird.

---

[135] Vgl. Zand (1972), S. 231.

[136] Vgl. zu der Darstellung der Zusammenhänge Zand (1972), S. 231 ff.; Zand (1997), S. 93 ff.

[137] Zand (1997), S. 94.

34

Zusammenhang 3: Die Pfeile im Uhrzeigersinn weisen auf die sich weiter fortsetzende Beziehung zwischen Vertrauen, Information, Einfluss und Kontrolle hin, die nach Zand in jeder weiteren Interaktionsrunde an Stabilität gewinnt. Falls keine Veränderungen im Verhalten der involvierten Parteien auftreten, wird sich die Beziehung entweder auf einem hohen oder niedrigen Vertrauensniveau stabilisieren (equilibrium).

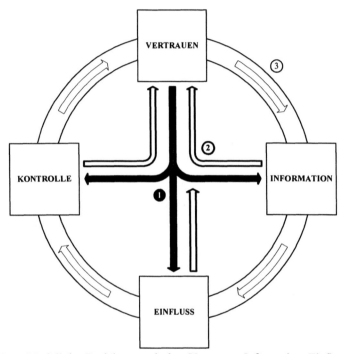

Abb. 3:   ‚Modell der Beziehung zwischen Vertrauen, Information, Einfluss und Kontrolle' nach Zand[138]

Auf das zweite Modell, welches Zand im Rahmen seiner Ausführungen zur Wirkung von Vertrauen auf das Problemlöseverhalten präsentiert, wird in der Vertrauensliteratur unter der Bezeichnung ‚Spiral Reinforcement Model' Bezug genommen.[139] Zand verdeutlicht hier den destruktiven Feedback-Mechanismus,

---

[138] Originaltitel in Zand (1972), S. 231: „A Model of the Relationship of Trust to Information, Influence, and Control". In einem jüngeren Beitrag wird es als „A Spiral Model of Trust" bezeichnet. Zand (1997), S. 93.

[139] Vgl. Möllering (2006a), S. 86.

der von fehlendem Vertrauen ausgelöst wird. Er weist jedoch darauf hin, dass dieses Muster der spiralförmigen Verstärkung eine konstruktive Wirkung hat, wenn die Interaktionspartner mit anfänglichem Vertrauen in die Beziehung treten.[140] Die im ersten Modell von Zand betrachteten Verhaltensweisen der Offenlegung von Informationen, Akzeptanz von Einflussnahme und Ausübung von Kontrolle gehen auch in dieses Modell als Vertrauenshandlungen ein. Das Erklärungsinteresse des nachfolgend abgebildeten Modells liegt jedoch auf den Verhaltensdeterminanten: den Absichten und Erwartungen sowie Wahrnehmungen der Akteure.

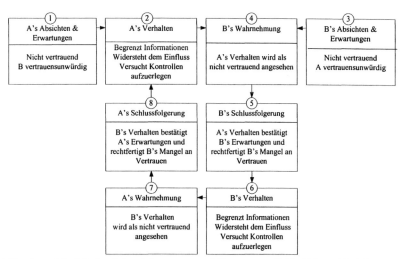

Abb. 4:   ‚Modell der Interaktion von zwei Personen mit ähnlichen Absichten und Erwartungen bezüglich Vertrauen' nach Zand[141]

Vertrauen oder fehlendes Vertrauen baut sich in einem Interaktionsprozess auf und verstärkt sich, bis schließlich ein Gleichgewicht erreicht wird. In dieser rückgekoppelten Beziehung führt eine hohe anfängliche Vertrauenserwartung und -absicht dazu, dass einer der beiden Interaktionspartner Informationen offenlegt, den Einfluss des Partners akzeptiert und die Kontrollintensität reduziert. Dieses Verhalten nimmt sein Gegenüber als Signal der Vertrauenswürdigkeit wahr. Es

---

[140] Vgl. Zand (1972), S. 233.

[141] Originaltitel in Zand (1972), S. 232: „A Model of the Interaction of Two Persons with Similar Intentions and Expectations regarding Trust".

bestätigt und rechtfertigt vorhandenes Vertrauen und führt zu ähnlich offenem Verhalten dem anderen gegenüber.

Entsprechend kann dies auch zur Verstärkung eines anfänglichen Mangels an Vertrauen führen, so wie es Zand visualisiert und beschreibt:[142] Wenn es Interaktionspartner A an Vertrauen mangelt (1), dann wird er wenig relevante oder akkurate Informationen offenlegen, keine Informationen teilen und versuchen, Interaktionspartner B zu kontrollieren (2). Wenn es diesem ebenfalls an Vertrauen mangelt (3), er das Verhalten von A als Signal fehlenden Vertrauens wahrnimmt (4) und daraus schließt, dass es richtig war zu erwarten, dass A vertrauensunwürdig ist (5), dann wird er sich in seinem Misstrauen A gegenüber gerechtfertigt sehen (6). Da Interaktionspartner A das Verhalten von B als nicht vertrauend wahrnimmt (7), wird er sich in seinen anfänglichen Erwartungen bestätigt finden, dass B nicht vertrauenswürdig ist (8) und mit weniger Vertrauen handeln als er ursprünglich in diese Situation einstieg (2). Dieser Interaktionsprozess wird sich fortsetzen, bis beide Partner ein Gleichgewicht an geringem Vertrauen erreichen, wobei jeder der beiden versucht, seine eigene Verwundbarkeit zu minimieren und gleichzeitig die Kontrolle über den anderen zu erlangen (siehe Abb. 4).

Die hier vorgestellten Modelle von Zand betonen, dass vergangene Erfahrungen mit dem Interaktionspartner das Vertrauen bei erneuter Begegnung beeinflussen. Insbesondere dem Verhalten als Ausdruck des Vertrauens kommt eine besondere Rolle zu. Zand konstatiert, dass sich Vertrauen in Handlungen zeigt, „that (a) increase one's vulnerability, (b) to another whose behavior is not under one's control, (c) in a situation in which the penalty (disutility) one suffers if the other abuses that vulnerability is greater than the benefit (utility) one gains if the other does not abuse that vulnerability."[143] Im Zentrum dieser Begriffsbestimmung stehen die Konzepte der Verwundbarkeit und Ungewissheit, die bereits im ersten Kapitel als zentrale Elemente einer Vertrauenssituation herausgestellt wurden. Handlungen auf der Basis von Vertrauen implizieren nach Zand eine Erhöhung der Verwundbarkeit des Vertrauensgebers in ungewissen Situationen.

Zand unterscheidet in seinen Ausführungen zwischen der objektiven Ungewissheit und der sozialen Ungewissheit, mit der die Interaktionspartner konfrontiert

---

[142] Vgl. zu der Darstellung der Zusammenhänge Zand (1972), S. 232 ff.

[143] Zand (1972), S. 230. Zand veranschaulicht diese Begriffsbestimmung an dem bereits dargestellten Beispiel des Vertrauens in einen Babysitter von Deutsch (1962).

sind.[144] Die objektive Ungewissheit ist dem Entscheidungsproblem inhärent und ergibt sich vorrangig aus nicht verfügbaren Fakten und unbekannten kausalen Beziehungen zwischen Handlungen und Ergebnissen. Zu dieser objektiven Ungewissheit kommt in interdependenten Entscheidungssituationen die soziale Ungewissheit hinzu, die durch den Interaktionspartner hervorgerufen wird. In interpersonellen Beziehungen wird soziale Ungewissheit insbesondere durch die Besorgnis erzeugt, dass der Interaktionspartner relevante Informationen zurückhält oder verzerrt wiedergibt. Nach Zand wird soziale Ungewissheit durch geringes Vertrauen verstärkt. Er nimmt an, dass in Situationen mit hoher sozialer Ungewissheit der Fokus der Akteure auf Verhaltensweisen liegt, welche die Minimierung der eigenen Verwundbarkeit zum Ziel haben. In Gruppen, die sich durch hohes Vertrauen auszeichnen, besteht eine geringere sozial erzeugte Ungewissheit, so dass Probleme effektiver gelöst werden können.

Zand konstatiert, dass sich fehlendes Vertrauen schädlich auf die Effektivität gemeinsamer Problemlösebemühungen auswirkt und zeigte dies empirisch an einer Stichprobe von 64 Managern, die im Rahmen eines Trainingsprogramms in Gruppen von jeweils acht Personen ein komplexes betriebliches Entscheidungsproblem bearbeiteten.[145] Abhängig davon, ob vertrauendes Verhalten von anderen erwartet wurde oder nicht, bestanden signifikante Unterschiede bezüglich der gemeinsamen Zielklärung, Akkuratheit des Informationsaustauschs, dem Umfang der Alternativensuche und der Bindung daran, die gefundenen Lösungen auch umzusetzen. Obwohl eine Prüfung des sogenannten ‚spiralen Verstärkungsmodells' in der Untersuchung nicht im Forschungsfokus stand, konnte der Anstieg eines anfänglich hohen bzw. niedrigen Vertrauensniveaus generell, jedoch nicht bei allen Gruppenmitgliedern beobachtet werden.[146] Zand stellt angesichts der empirischen Ergebnisse heraus: „It appears that when a group works on a problem, there are two concerns: one is the problem itself, the second is how the members relate to each other to work on the problem."[147]

---

[144] Vgl. Zand (1972), S. 230.

[145] Vgl. Zand (1972), S. 233 ff.

[146] Vgl. die Ausführungen zum ‚Modell der Interaktion von zwei Personen mit ähnlichen Absichten und Erwartungen bezüglich Vertrauen' von Zand (1972).

[147] Zand (1972), S. 238.

2.2.2 Kritische Würdigung

Zusammenfassend ist festzuhalten, dass Zand mit den hier vorgestellten Modellen entscheidend das Verständnis von Vertrauen als einen reflexiven Prozess geprägt hat. Er stellt die Dynamik von Vertrauen heraus und begründet damit eine prozessuale Sichtweise von Vertrauen. „The trust cycle suggests that when two people with similar levels of trust or mistrust get together, barring any changes, they go through a series of mutually reinforcing steps in the cycle, increasing their trust or destructively escalating their mistrust."[148] Die Modelle erklären jedoch nicht, was geschieht, wenn Personen mit einem unterschiedlichen anfänglichen Vertrauensniveau aufeinander treffen, wenn beispielsweise eine Person vertraut, die andere jedoch nicht. Unbefriedigend ist zudem die synonyme Verwendung des Begriffs Misstrauen mit einem Mangel an Vertrauen und infolgedessen auch die undifferenzierte Betrachtung der Konstrukte Vertrauen und Misstrauen. Die Beziehung zwischen Vertrauen und Misstrauen ist Gegenstand vielfältiger Diskurse. Ob es sich um zwei unterschiedliche Konstrukte, zwei Seiten einer Medaille oder die entgegengesetzten Enden eines Kontinuums handelt, ist in der Vertrauensliteratur umstritten.[149]

Golembiewski/McConkie heben hervor, dass sich das dynamische Interaktionsmodell von Zand insbesondere dadurch auszeichnet, dass es sechs bedeutende konzeptuelle Schwerpunkte des Vertrauensphänomens integriert: Es unterscheidet zwischen der Intention und dem tatsächlichen Verhalten, zwischen Wahrnehmung des Vertrauensnehmers sowie Erwartung des Vertrauensgebers und betont die Relevanz der Problemsituation sowie der Verhaltenswirkungen.[150] In Anbetracht des im ersten Kapitel dieser Arbeit formulierten Verständnisses von Vertrauen als spezifische Erwartungshaltung liefert die Konzeptualisierung des Vertrauensphänomens von Zand damit wertvolle Anhaltspunkte dafür, welche Einflussfaktoren und Konsequenzen von Vertrauen in einer Untersuchung besondere Beachtung finden sollten.[151]

---

[148] Zand (1997), S. 104.

[149] Vgl. zum Zusammenhang von Vertrauen und Misstrauen Boyle/Bonacich (1970); Sitkin/Roth (1993); Bies/Tripp (1996); Sitkin/Stickel (1996); Bigley/Pearce (1998); Lewicki et al. (1998); Kramer (1999); Searle/Ball (2004); Lewicki et al. (2006).

[150] Vgl. Golembiewski/McConkie (1975).

[151] Dies wird im Rahmen der Modellgenerierung in Kapitel 3 dieser Arbeit aufgegriffen.

Vertrauen geht bei Zand über die bloße Erwartung eines kooperativen Ergebnisses in einer ambiguenten Entscheidungssituation hinaus.[152] Zand sieht die individuelle Erwartung eines Vertrauensgebers und sein Verhalten als zwei verwandte Aspekte von Vertrauen: Vertrauen als positive Erwartungshaltung impliziert die Bereitschaft, die eigene Verwundbarkeit gegenüber einer Person, die man nicht kontrollieren kann oder will, zu erhöhen. Die Vertrauenshandlung bezeichnet das Verhalten, mit dem ein Vertrauensgeber seine Verwundbarkeit in einer Situation tatsächlich erhöht. Die Relevanz beobachtbaren Verhaltens auf der Basis von Vertrauen besteht darin, dass ein Interaktionspartner diese Verhaltensweisen wahrnimmt, seine Erwartungen bestätigt oder widerlegt sieht und entsprechend darauf reagiert.

Von besonderer Bedeutung für diese Arbeit ist die Spezifikation von Vertrauenshandlungen in einer betriebswirtschaftlich relevanten Situation. Zand konkretisiert im ‚Modell der Interaktion von zwei Personen mit ähnlichen Absichten und Erwartungen bezüglich Vertrauen', wie sich Vertrauen auf das Informations-Einfluss- und Kontrollverhalten in Problemlösesituationen auswirkt. Ein Vertrauensgeber macht sich verwundbar, wenn er Informationen offenlegt, Einfluss akzeptiert und die Kontrolle des Interaktionspartners reduziert. Ferner stellt Zand heraus, dass sich ein Mangel an Vertrauen in einem Verhalten äußert, das die Reduktion der Verwundbarkeit in einer ungewissen Situation zum Ziel hat: Es wird vermieden, Informationen preiszugeben, es wird angestrebt, sich der Einflussnahme des Interaktionspartners zu entziehen und es wird versucht, dessen Verhalten zu kontrollieren.

Boss konnte die empirischen Ergebnisse von Zand bestätigen: „Under conditions of high trust, problem solving tends to be creative and productive. Under conditions of low trust, problem solving tends to be degenerative and ineffective."[153] Er beobachtete zudem, dass sich ein hohes bzw. niedriges anfängliches Vertrauensniveau zu Beginn einer Problemlösesituation verstärkt und verselbständigt. Es ist jedoch kritisch anzumerken, dass sowohl in der Untersuchung von Zand als auch bei Boss das anfängliche Vertrauensniveau im Rahmen der Instruktionen der Fallsimulation vorgegeben wurde, d.h. die Einstellung der Probanden hinsichtlich der eigenen Intention zu vertrauen und der Erwartung von Vertrauen anderer wurden extern induziert.[154] Um zu prüfen, wie sich ein reales anfängliches Ver-

---

[152] Vgl. hierzu das bereits dargelegte Vertrauensverständnis von Deutsch (1960).

[153] Boss (1978), S. 342.

[154] Vgl. Zand (1972), S. 235; Boss (1978), S. 333.

trauensniveau auf das Verhalten in einer Problemlösesituation auswirkt, werden in der empirischen Untersuchung der vorliegenden Arbeit Probanden ausgewählt, die tatsächlich Erfahrungen in vergangenen Interaktionen miteinander gesammelt haben.

2.3 Das integrierende Modell von Mayer, Davis und Schoorman

2.3.1 Vertrauen in organisationalen Beziehungen

Mayer et al. haben mit ihrem Beitrag in der Academy of Management Review im Jahr 1995 maßgeblich das betriebswirtschaftliche Verständnis von Vertrauen geprägt.[155] Die Phrase ‚willingness to be vulnerable', die im Zentrum ihrer Vertrauensdefinition steht, wird inzwischen nahezu synonym zum Vertrauensbegriff verwendet und ihr Modell, das dyadisches Vertrauen in Organisationen erklärt, zieht auch ein Jahrzehnt nach der Publikation nicht nur das Interesse von Vertrauensforschern auf sich.[156] Mayer et al. betrachten Vertrauen zwischen Individuen und thematisieren Aspekte des Vertrauensgebers, des Vertrauensnehmers, Situationsspezifika und das Verhalten auf der Basis von Vertrauen. Das Modell integriert damit Determinanten, Wirkungen und den Feedbackmechanismus von Vertrauen. Dabei führen die Autoren Forschungsergebnisse unterschiedlicher Disziplinen zusammen und beleuchten diese in einem organisationalen Kontext.

Mayer et al. definieren Vertrauen als „the willingness to be vulnerable to the actions of another party based on the expectation that the other will perform a particular action important to the trustor, irrespective of the ability to monitor or control the other party."[157] Anwendbar ist dieses Vertrauensverständnis auf jede Beziehung mit einer anderen identifizierbaren Person, von der angenommen wird, dass sie willentlich agiert. Als konstituierend für Vertrauen wird die Tatsache hervorgehoben, dass der Vertrauensnehmer seine Reaktion frei wählen kann. Er hat immer die Möglichkeit, das in ihn gesetzte Vertrauen zu honorieren oder zu

---

[155] Vgl. Mayer et al. (1995).

[156] Der Aufsatz von Mayer et al. erhielt zum Jubiläum der Academy of Management Review (AMR) den ‚AMR Frame-Breaking, Innovative Theory Award' der zweiten Publikationsdekade. Vgl. Kilduff (2006), S. 792 f.

[157] Mayer et al. (1995), S. 712. Die Definition lehnt sich an die von Gambetta an, wobei die Verwundbarkeit als zentrales Element hinzugefügt worden ist. Vgl. Gambetta (1988). Der Satzbaustein der ‚willingness to be vulnerable' findet sich auch in der theorie- und modellübergreifenden Definition von Rousseau et al. wieder, die im Abschnitt 1.3 dieser Arbeit zugrunde gelegt wurde. Vgl. Rousseau et al. (1998).

enttäuschen.[158] Die zentralen Propositionen des Beitrags von Mayer et al. werden im Folgenden dargelegt und erläutert.

- Wenn keine Informationen über den Interaktionspartner verfügbar sind, dann determiniert die Vertrauensneigung (propensity to trust) eines Vertrauensgebers das Vertrauen. Vertrauensneigung bezeichnet nach Mayer et al. eine generalisierte Erwartungshaltung hinsichtlich der Vertrauenswürdigkeit anderer Menschen. Sie sehen darin eine Persönlichkeitseigenschaft, die über unterschiedliche Situationen hinweg stabil ist. Mayer et al. gehen davon aus, dass mit größerer Vertrauensneigung eines Vertrauensgebers, das Vertrauen in einen Vertrauensnehmer steigt, bevor Informationen über diesen vorliegen.[159]

- Wenn Informationen über den Interaktionspartner vorliegen, dann ist das Vertrauen sowohl von der wahrgenommenen Vertrauenswürdigkeit (perceived trustworthiness) des spezifischen Vertrauensnehmers als auch von der Vertrauensneigung des Vertrauensgebers abhängig. Mayer et al. nehmen an, dass Vertrauen durch eine Funktion aus der Wahrnehmung der Fähigkeit, des Wohlwollens und der Integrität des Vertrauensnehmers und der Vertrauensneigung des Vertrauensgebers erklärt werden kann.[160] Empfindet ein Vertrauensgeber, dass der potentielle Vertrauensnehmer hinsichtlich einer der drei Faktoren der Vertrauenswürdigkeit nur eine geringe Ausprägung besitzt, so beeinträchtigt dies das Vertrauen. In diesem Fall wird angenommen, dass die Vertrauensneigung des Vertrauensgebers an Einfluss gewinnt.[161]

- Die Manifestation von Vertrauen in Verhalten definieren Mayer et al. als „risk taking in relationship (RTR)"[162]. Sie sehen dieses Risikoübernahmeverhalten

---

[158] Vgl. auch Deutsch (1960); Zand (1972).

[159] Vgl. Mayer et al. (1995), S. 716. Zu einer detaillierten Beschreibung der Vertrauensneigung eines Vertrauensgebers nach Mayer et al. vgl. Abschnitt 3.4.1 dieser Arbeit.

[160] Vgl. Mayer et al. (1995), S. 720. Zu einer tiefergehenden Erklärung der Vertrauenswürdigkeit, insbesondere der Fähigkeit, des Wohlwollens und der Integrität eines Vertrauensnehmers nach Mayer et al. vgl. Abschnitt 3.4.2 dieser Arbeit.

[161] Vgl. Mayer et al. (1995), S. 722.

[162] Mayer et al. (1995), S. 725.

in einer Beziehung als eine Funktion des Vertrauens und der Wahrnehmung des Risikos (perceived risk).[163]

- Angesichts der Folgen seines vertrauenden Verhaltens modifiziert der Vertrauensgeber die wahrgenommene Vertrauenswürdigkeit des Vertrauensnehmers. Es wird herausgestellt, dass die Ergebnisse des Risikoübernahmeverhaltens innerhalb der Beziehung dazu führen werden, dass die ursprüngliche Einschätzung der Fähigkeit, des Wohlwollens und der Integrität des Vertrauensnehmers aktualisiert werden.[164] Negative oder positive Ergebnisse einer Interaktion wirken demzufolge indirekt auf das Vertrauen in einer nachfolgenden Interaktionssituation. Das nachfolgend abgebildete Modell visualisiert die beschriebenen Zusammenhänge und zeigt eine Feedbackschleife.

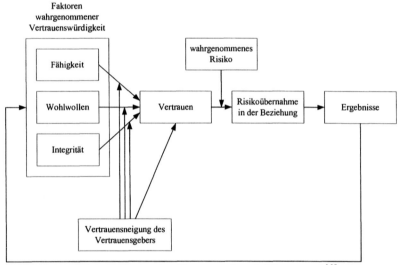

Abb. 5: ‚Modell organisationalen Vertrauens' nach Mayer et al.[165]

Das Modell trennt eindeutig zwischen Vertrauen und den Ergebnissen von Vertrauen. Während Vertrauen lediglich die Bereitschaft darstellt, ein Risiko zu

[163] Vgl. Mayer et al. (1995), S. 726. Vgl. hierzu die nachfolgende kritische Würdigung des Erklärungsansatzes in Abschnitt 2.3.2 dieser Arbeit.

[164] Vgl. Mayer at al. (1995), S. 728.

[165] Vgl. Mayer et al. (1995), S. 715. Originaltitel in Mayer et al., S. 709: „An Integrative Model of Organizational Trust".

übernehmen, kann die tatsächliche Risikoübernahme in der Vertrauenshandlung beobachtet werden.[166] Mayer et al. betonen: „There is no risk taken in the *willingness* to be vulnerable (i.e., to trust), but risk is inherent in the *behavioral manifestation* of the willingness to be vulnerable."[167] Die Höhe des Vertrauens bestimmt dabei das Ausmaß der Risikoübernahme. Allerdings ist nicht jegliche Risikoübernahme in Vertrauen begründet. Mayer et al. betonen den Unterschied zwischen einer generellen Übernahme von Risiken und der Übernahme von Risiken in einer Vertrauensbeziehung. Letzteres tritt nur im Kontext einer spezifischen, identifizierbaren Beziehung mit einer anderen Partei auf. Ob das Vertrauen, d.h. die Bereitschaft des Vertrauensgebers, verwundbar zu sein, in ein Verhalten umgesetzt wird, ist nach Mayer et al. abhängig von der Wahrnehmung des Risikos, welches das Verhalten impliziert. Die Einschätzung des Risikos schließt die Beachtung des Kontexts ein, d.h. der möglichen Gewinne und Verluste, welche die Situation in sich birgt. Die Autoren nehmen an, dass der Vertrauensgeber die Höhe seines Vertrauens mit der Höhe des wahrgenommenen Risikos in einer Situation vergleicht und wenn das Vertrauen einen individuellen Schwellenwert überschreitet, dann führt dies zu einer Umsetzung von Vertrauen in ein konkretes Verhalten.[168]

Zur Prüfung der theoretischen Annahmen entwickelten die Autoren ein Instrument, das Vertrauen als die Bereitschaft erhebt, gegenüber einem spezifischen Vertrauensnehmer verwundbar zu sein. Sie untersuchten insbesondere den im Modell postulierten Zusammenhang zwischen den Faktoren der Vertrauenswürdigkeit und Vertrauen:

In einem Quasi-Experiment erforschten Mayer/Davis über einen Zeitraum von 14 Monaten in drei Erhebungswellen den Einfluss eines Systems zur Leistungsbeurteilung auf das Vertrauen der Angestellten in das Top-Management.[169] Die Ergebnisse dieser Untersuchung in der Fertigungsindustrie zeigten, dass die Einführung eines akzeptableren Leistungsbeurteilungssystems das Vertrauen in die Vorgesetzten steigerte. Zudem konnte die Annahme bestätigt werden, dass die Vertrauenswürdigkeit der Führungskraft, d.h. seine Fähigkeit, sein Wohlwollen

---

[166] Ähnlich auch Zand (1972), allerdings verwendet Zand nicht den Risikobegriff.

[167] Mayer et al. (1995), S. 724. Hervorhebung im Original.

[168] Vgl. Mayer et al. (1995), S. 724 ff.

[169] Vgl. Mayer/Davis (1999).

und seine Integrität, den Zusammenhang zwischen der Wahrnehmung des Leistungsbeurteilungssystems und dem Vertrauen vermittelt.

In zwei Feldstudien untersuchten Davis et al. in neun Restaurants das Vertrauen der Angestellten in die Geschäftsführung.[170] Die Annahme, dass sich die Wahrnehmung der Fähigkeit, des Wohlwollens und der Integrität einer Führungskraft auf das Vertrauensniveau der Angestellten auswirkt, fand auch in dieser Untersuchung Bestätigung. Die Erhebungen, die im Abstand von drei Jahren erfolgten, zeigten zudem, dass ein signifikanter Zusammenhang zwischen dem Vertrauen und der Unternehmensleistung, insbesondere dem Umsatz, dem Gewinn sowie der Fluktuation besteht. Davis et al. merken an, dass auf der Basis der Befunde zwar angenommen werden kann, dass das Vertrauen der Angestellten durch die Beziehung zur Führungskraft determiniert wird, allerdings kann nicht ausgeschlossen werden, dass möglicherweise die vergangenen Unternehmensergebnisse letztlich Ursache für ein höheres oder niedrigeres Vertrauensniveau in die Geschäftsleitung waren.[171]

Obwohl die Ergebnisse der Untersuchungen zentrale Zusammenhänge des Modells von Mayer et al. empirisch bestätigen, sollte auf die nicht zufriedenstellende Zuverlässigkeit des Instruments zur Messung von Vertrauen hingewiesen werden.[172] Aufgrund der stark variierenden Reliabilität der vier-Item Skala in den Untersuchungen verweisen die Autoren in ihrer jüngsten Publikation zum einen auf das um drei Fragen erweiterte ursprüngliche Instrumentarium.[173] Zum anderen empfehlen Schoorman et al. das in der vorliegenden Arbeit eingesetzte Messinstrument von Gillespie: „Gillespie (2003) developed and validated a measure of trust based on the willingness to be vulnerable definition. This ten-item Behavioral Trust Inventory has good psychometric properties and shows promise for future research based on this conceptual definition."[174]

---

[170] Vgl. Davis et al. (2000).

[171] Vgl. Davis et al. (2000), S. 574.

[172] Zu einer kritischen Betrachtung des von den Autoren entwickelten Instruments vgl. Schoorman et al. (2007), S. 347 f.

[173] Vgl. Schoorman et al. (2007) S. 352.

[174] Schoorman et al. (2007), S. 348. Zum ‚Behavioral Trust Inventory' vgl. Gillespie (2003b) sowie Abschnitt 4.3.1 dieser Arbeit.

2.3.2 Kritische Würdigung

Der theoretische Erklärungsansatz von Mayer et al. erweitert bedeutende Erkenntnisse der Vertrauensforschung zu einem dynamischen Modell interpersonellen Vertrauens. Die Autoren konzeptualisieren Vertrauen als einen psychologischen Zustand und grenzen diesen eindeutig von seinen direkten Determinanten und Wirkungen ab. Sie haben mit der in den 1980er Jahren vorherrschenden Sichtweise gebrochen, dass Vertrauen eine stabile Persönlichkeitseigenschaft darstellt und stattdessen Aspekte der beteiligten Akteure in den Vordergrund gerückt.[175] Seit dem Beitrag von Mayer et al. hat es sich etabliert, Vertrauen auf die Vertrauensneigung eines Vertrauensgebers und die Vertrauenswürdigkeit eines Vertrauensnehmers zurückzuführen. Damit verbinden sich psychologische Ursachen von Vertrauen mit rationalen Gründen zu vertrauen. Das Modell wird jedoch aufgrund der detaillierten Analyse der Vertrauenswürdigkeit des Vertrauensnehmers häufig den rationalen Erklärungsansätzen von Vertrauen zugeordnet.

Mayer et al. postulieren, dass Vertrauen die Übernahme von Risiken in einer Beziehung begründet. Synonym zur ‚willingness to be vulnerable' bezeichnen sie Vertrauen als ‚willingness to assume a risk'.[176] Wie auch Zand grenzen die Autoren in ihrem Erklärungsansatz eindeutig Vertrauen als eine Bereitschaft, ein Risiko einzugehen, von vertrauendem Verhalten ab, durch das der Vertrauensgeber tatsächlich ein Risiko eingeht. Sie argumentieren, dass Vertrauen an sich kein Risiko beinhalte. Die Autoren stellen heraus, dass in empirischen Untersuchungen die Risikoübernahme in einer Beziehung als tatsächliches Verhalten gemessen werden müsse und es nicht ausreiche, die Bereitschaft für ein bestimmtes Verhalten abzufragen.[177] Die Ausgestaltung der Risikoübernahme wird in ihrem Modell jedoch nicht weiter spezifiziert. Allerdings verweisen sie darauf, dass „such behaviors as monitoring are examples of a lack of risk taking in relationship."[178]

Die Autoren nennen zwei Faktoren, welche die Einschätzung des Risikos beeinflussen: Die Beziehung zum Vertrauensnehmer und Aspekte außerhalb der Beziehung. Damit trennen sie analytisch personelle Determinanten von Vertrauen

---

[175] Schoorman et al. stellen retrospektiv fest: „One of the difficult conceptual decisions that we faced as we developed our definition of trust was to break with the widely accepted approach, to that point, that trust was dispositional and ‚trait-like' and to argue that trust was an aspect of relationships." Schoorman et al. (2007), S. 344.

[176] Vgl. Mayer et al. (1995).

[177] Vgl. Mayer et al. (1995), S. 729.

[178] Mayer et al. (1995), S. 729.

von situativen Faktoren, die Vertrauen erforderlich machen.[179] Mayer et al. weisen darauf hin, dass das Risikoverständnis in ihrem Modell in seiner Bedeutung über das der Risikoverhaltensforschung hinausgeht:[180] „In our model, the perception of risk involves the trustor's belief about likelihoods of gains and losses *outside of considerations that involve the relationship with the particular trustee*."[181] Sie fokussieren damit auf das aufgabeninhärente Risiko, d.h. die möglichen Gewinne und Verluste in einer spezifischen Situation, die unabhängig vom Vertrauensnehmer bestehen.

Die intensive Diskussion der Risikovariablen in den theoretischen Ausführungen und die Integration der Wahrnehmung von Risiko in ein Vertrauensmodell sind positiv hervorzuheben. Kritisch ist allerdings die Position der Risikovariablen in dem Modell zu betrachten. Risiko hat demnach keinen Einfluss auf das Vertrauen in den Interaktionspartner. Es bestimmt jedoch die Umsetzung von Vertrauen in Verhalten: Vertrauen und Risikowahrnehmung werden als Determinanten des Risikoübernahmeverhaltens in einer Beziehung modelliert. Es kann jedoch angenommen werden, dass die Bereitschaft einer Person, sich in einer bestimmten Situation gegenüber einer spezifischen Person verwundbar zu machen, bereits eine Beurteilung des situativen Risikos voraussetzt. Der Position der Risikovariablen in einem organisationalen Vertrauensmodell soll in dieser Arbeit daher besondere Aufmerksamkeit geschenkt werden.[182]

Von besonderer Relevanz für diese Arbeit ist es auch, dass Mayer et al. zwischen Situationen differenzieren, in denen der Vertrauensgeber die Vertrauenswürdigkeit des Vertrauensnehmers auf der Basis von Informationen einschätzen kann und Situationen, in denen keine Informationen über das Vertrauensobjekt vorliegen. Sie stellen heraus, dass die Fähigkeit, das Wohlwollen und die Integrität eines Vertrauensnehmers keine Relevanz für Vertrauen in Situationen besitzen, in denen der Vertrauensnehmer gänzlich unbekannt ist. In solchen Situationen wird nach Mayer et al. das Ausmaß an Vertrauen durch die Vertrauensneigung des Vertrauensgebers determiniert. Erfahrungen aus vergangenen Interaktionsprozes-

---

[179] Hier ist eine gewisse Ähnlichkeit zu der im vorangehenden Abschnitt beschriebenen Unterscheidung von sozialer Ungewissheit und objektiver Ungewissheit bei Zand zu erkennen. Vgl. Zand (1972) und die Ausführungen in Abschnitt 2.2 dieser Arbeit.

[180] Vgl. zu der ‚Risky Decision-Making Theory' Sitkin/Pablo (1992); Sitkin/Weingart (1995); Pablo (1997) sowie die Ausführungen in Abschnitt 3.3.1 dieser Arbeit.

[181] Mayer et al. (1995), S. 726. Hervorhebung im Original.

[182] Vgl. dazu die Ausführungen in Abschnitt 3.3.1 dieser Arbeit.

sen verändern somit die Determinanten von Vertrauen in nachfolgenden Interaktionssituationen. Die Relation zwischen Vertrauensgeber und Vertrauensnehmer, insbesondere die Bekanntheit des Interaktionspartners, erlangt damit eine besondere Bedeutung, die im Verlauf dieser Arbeit näher spezifiziert werden soll.

2.4 Erklärungsbeitrag der Modelle und Spezifikation des Forschungsdefizits

Die Vertrauensmodelle von Deutsch, Zand und Mayer et al. haben die Vertrauensforschung deutlich geprägt.[183] Sie dokumentieren anschaulich den wissenschaftlichen Erklärungsfortschritt der Vertrauensforschung in der zweiten Hälfte des 20. Jahrhunderts.

Die beschriebenen theoretischen Ansätze legen aus unterschiedlichen Perspektiven dar, in welchem betriebswirtschaftlich relevanten Verhalten sich interpersonelles Vertrauen zeigt und wodurch dieses Verhalten determiniert wird. Zur Integration der gewonnenen Erkenntnisse werden im Folgenden die Erklärungsbeiträge der dargestellten Modelle zunächst hinsichtlich ihrer Aussagen zu den Verhaltenswirkungen von Vertrauen zusammengefasst und im Anschluss werden die postulierten Vertrauens- bzw. Verhaltensdeterminanten verglichen. Dabei erweist sich eine Differenzierung nach personenbedingten und situationsbedingten Einflussfaktoren als sinnvoll.

Gemeinsam ist den Ansätzen, dass Manifestationen von Vertrauen nicht mit Vertrauen gleichgesetzt werden. Die Autoren unterscheiden zwischen Vertrauen als Erwartungshaltung und einem Verhalten als Folge dieser Erwartungshaltung. Bezüglich des Verhaltens steht in dem Ansatz von Deutsch die Initiation von Kooperation in ambiguenten Entscheidungssituationen im Zentrum des Interesses.[184] Zand verweist auf den offenen Informationsaustausch, die Akzeptanz von Einflussnahme und die Reduktion der Kontrollintensität in Problemlösesituationen,[185] Mayer et al. dagegen auf die Risikoübernahme in einer organisationalen Beziehung, die sich in Abhängigkeit des konkreten Problems in unterschiedlichen Verhaltensweisen äußern kann.[186]

---

[183] Vgl. insbesondere Deutsch (1958) und (1960); Zand (1972); Mayer et al. (1995).

[184] Vgl. insbesondere Deutsch (1960), S. 124.

[185] Vgl. Zand (1972), S. 231 ff.

[186] Vgl. Mayer et al. (1995), S. 724 ff.

Die Ausführungen dieses Kapitels zeigen, dass Vertrauen sowohl durch generelle Verhaltenstendenzen eines Vertrauensgebers als auch durch Merkmale des Vertrauensnehmers beeinflusst wird. Das Modell von Mayer et al. erweist sich hinsichtlich der Präzision personenspezifischer Determinanten von Vertrauen den Modellen von Deutsch und Zand überlegen. Es zeichnet sich dadurch aus, dass es sowohl die Vertrauensneigung des Vertrauensgebers als auch Aspekte der Vertrauenswürdigkeit des Vertrauensnehmers integriert und spezifiziert.[187]

Das Konstrukt der Vertrauensneigung besitzt hingegen für Deutsch in ökonomischen Entscheidungssituationen keine Relevanz. Die Tendenz einer Person zu vertrauen, ohne die Charakteristika der Situation zu beachten, bezeichnet Deutsch als eine ‚Pathologie des Vertrauens'.[188] Deutsch hebt allerdings auf die motivationale Orientierung eines Entscheidungsträgers ab: die Tendenz, sich in einer Entscheidungssituation kooperativ, individualistisch oder kompetitiv zu verhalten. Er setzt diese Persönlichkeitsvariable jedoch nicht in Bezug zu Vertrauen, sondern untersucht ihren Effekt auf das Wahlverhalten eines Entscheidungsträgers. Das Konzept der Vertrauenswürdigkeit wird von Deutsch nur am Rande angesprochen und bleibt recht vage: „In its most general sense, one could say that anything which can be trusted is ‚trustworthy'."[189] Deutsch zieht zur Charakterisierung eines Vertrauensnehmers den Begriff der Verantwortlichkeit dem der Vertrauenswürdigkeit vor, da ersterer impliziert, dass die vertrauenswürdige Person sich darüber bewusst ist, dass ihr vertraut wird und sich in irgendeiner Form an das Vertrauen gebunden sieht. Die Motivation, sich verantwortlich zu fühlen, kann nach Deutsch sowohl situationsspezifische Gründe haben, wie das Wissen um eine Bestrafung, aber auch als Persönlichkeits-Charakteristikum tief im Vertrauensobjekt verwurzelt, d.h. generalisiert, sein.[190]

Die Konstrukte der Vertrauensneigung und der Vertrauenswürdigkeit als personenbedingte Einflussfaktoren von Vertrauen finden in den Modellen von Zand ebenfalls keinen expliziten Eingang. Zand verweist zwar auf ‚predisposing beliefs' der Akteure, die als anfängliche Vertrauenserwartungen eine Verstrauensspirale begründen. Eine generelle Neigung von Menschen, anderen zu vertrauen, wird von Zand jedoch nicht thematisiert. Hinsichtlich des Begriffs der Vertrau-

---

[187] Vgl. Mayer et al. (1995).

[188] Vgl. Deutsch (1958), S. 279.

[189] Deutsch (1958), S. 268.

[190] Vgl. Deutsch (1958), S. 268.

enswürdigkeit verweist Zand darauf, dass das Verhalten des Vertrauensnehmers in vergangenen Interaktionsprozessen als Indikator für die Einschätzung der Vertrauenswürdigkeit bei erneuter Begegnung dient. Als ein Signal der Vertrauenswürdigkeit sieht Zand die Vertrauenshandlung.[191]

Geringe Übereinkunft besteht hinsichtlich der Spezifikation situativer Einflussfaktoren. Deutsch nennt als zentrale Elemente einer Vertrauenssituation die Konfrontation eines Vertrauensgebers mit einem ambiguenten Pfad und sieht die Entstehung von Vertrauen in Abhängigkeit der Wertigkeit der Konsequenzen und der subjektiven Wahrscheinlichkeit ihres Eintritts.[192] Zand stellt die objektive und soziale Ungewissheit einer Situation in den Vordergrund und vermutet, dass sie letztlich die Bereitschaft eines Vertrauensgebers determiniert, sich verwundbar zu machen.[193] Mayer et al. nehmen hingegen an, dass das aufgabeninhärente Risiko, d.h. die möglichen Gewinne und Verluste in einer konkreten Situation, zwar keinen Einfluss auf Vertrauen besitzt, jedoch die Umsetzung von Vertrauen in Verhalten bestimmt.[194]

In der nachfolgenden Tabelle 1 werden die Modelle hinsichtlich ihres Analysekontexts, des spezifischen Verhaltens sowie der personen- und situationsbedingten Einflussfaktoren einander gegenübergestellt. Die vorgestellten theoretischen Ansätze demonstrieren, dass sich Vertrauen in Verhaltensweisen manifestiert, durch die sich ein Vertrauensgeber in einer ungewissen Situation gegenüber dem Vertrauensnehmer verwundbar macht. Zudem verdeutlichen die Modelle, dass Vertrauen durch Merkmale des Vertrauensgebers, des Vertrauensnehmers sowie der Situation determiniert wird. Diese Erkenntnisse weisen darauf hin, dass Vertrauen die Funktion eines Mediators besitzt, d.h. einer Variablen, die den Einfluss personen- und situationsbedingter Faktoren auf das Verhalten vermittelt.[195] Obwohl in empirischen Untersuchungen eine vermittelnde Rolle von Vertrauen auf das Verhalten vereinzelt nachgewiesen werden konnte, so unterblieb bislang eine systematische Analyse der Mediationsfunktion von Vertrauen. Einen Beitrag zur Reduktion dieses Forschungsdefizits soll die vorliegende Arbeit leisten.

---

[191] Vgl. Zand (1972).

[192] Vgl. Deutsch (1976), S. 142.

[193] Vgl. Zand (1972), S. 230.

[194] Vgl. Mayer et al. (1995), S. 724 f.

[195] Vgl. Baron/Kenny (1986).

Autor und Analysekontext	Verhaltenswirkungen	Personenbedingte Einflussfaktoren	Situationsbedingte Einflussfaktoren
Deutsch (1958, 1960) Individuelle Kooperationsentscheidungen	Initiation von Kooperation	Motivationale Orientierung des Entscheidungsträgers: kooperativ, kompetitiv, individualistisch Fähigkeit und Intention des Interaktionspartners	Wert der Konsequenzen Subjektive Wahrscheinlichkeit ihres Eintritts $Va+ \times S.W.+ >$ $Va- \times S.W.- + K$
Zand (1972) Problemlöseverhalten in Gruppen	Informationsaustausch Akzeptanz von Einflussnahme Kontrollintensität	Prädispositionen des Vertrauensgebers Intentionen und Motive des Vertrauensnehmers	Objektive und soziale Ungewissheit
Mayer et al. (1995) Beziehungen zwischen Organisationsmitgliedern	Risikoübernahmeverhalten in der Beziehung	Vertrauensneigung des Vertrauensgebers Vertrauenswürdigkeit, d.h. Fähigkeit, Wohlwollen und Integrität, des Vertrauensnehmers	Risiko bzw. Gewinne und Verluste

Tab. 1: Vergleich der Modelle von Deutsch, Zand und Mayer et al.

Zu diesem Zweck wird im dritten Kapitel der Arbeit ein Kausalmodell entwickelt, das theoretisch postulierte Determinanten und Verhaltenswirkungen von Vertrauen integriert und eine empirische Analyse von Vertrauen als Ursache, Wirkung und vermittelnde Variable ermöglicht. Im Rahmen einer schrittweisen Modellgenerierung werden zentrale Elemente der dargelegten Erklärungsmodelle aufgegriffen und unter Hinzunahme aktueller Forschungsergebnisse präzisiert.

Während der Einfluss von Vertrauen auf das Verhalten eines Vertrauensgebers im zentralen Forschungsinteresse organisationswissenschaftlicher Studien steht, zeigt sich ein beachtlicher Forschungsbedarf bezüglich der direkten Determinanten von Vertrauen. Obwohl das Modell von Mayer et al. einen bedeutenden Erklärungsbeitrag hinsichtlich personenbedingter Einflussfaktoren leistet,[196] wird in der Literatur die Relevanz der Vertrauensneigung als Determinante des Vertrauens in Situationen angezweifelt, in denen Informationen über den Vertrauens-

---

[196] Vgl. Mayer et al. (1995).

nehmer vorliegen. Ferner ist umstritten, welche Merkmale eines potentiellen Vertrauensnehmers letztlich ausschlaggebend dafür sind, dass diese Person als vertrauenswürdig wahrgenommen wird. Diese Aspekte werden im Rahmen der Analyse personenspezifischer Vertrauensdeterminanten aufgegriffen und einer empirischen Prüfung unterzogen.

Ein nachhaltiges Forschungsdefizit lässt sich hinsichtlich des Einflusses situativer Faktoren auf Vertrauen konstatieren. Die dargestellten theoretischen Erklärungsansätze zeigen auf, dass zum einen die möglichen Gewinne und Verluste bzw. ihr Wert für den Vertrauensgeber einen bedeutenden Einfluss auf Vertrauen besitzen.[197] Zum anderen weisen die Modelle darauf hin, dass das Ausmaß an Ungewissheit einer Situation die Entstehung und Höhe des Vertrauens determiniert.[198] Die Erforschung situationsspezifischer Vertrauensdeterminanten hat allerdings bislang wenig Beachtung in theoretischen und empirischen Studien gefunden. Im Rahmen einer strukturierten Analyse situationsbedingter Einflussfaktoren wird in dieser Arbeit insbesondere der Zusammenhang zwischen den Phasen einer Vertrauensbeziehung und der Ungewissheit einer Vertrauenssituation betrachtet und analysiert, welche Bedeutung das Ausmaß an Verwundbarkeit für die Entstehung von Vertrauen besitzt.

Um die Beziehungen zwischen situations- und personenbedingten Einflussfaktoren von Vertrauen und dem Verhalten im Detail zu untersuchen und damit die dargelegten Forschungsdefizite anzugehen, bedarf es der Konkretisierung des Forschungskontextes. Es gilt, eine Situation zu spezifizieren, die Ungewissheit und Verwundbarkeit als Entstehungsbedingungen interpersonellen Vertrauens impliziert und von der angenommen werden kann, dass sich Vertrauen in einem betriebswirtschaftlich relevanten Verhalten niederschlägt. Wie nachfolgend gezeigt wird, weisen betriebliche Entscheidungsprobleme zentrale Merkmale einer Situation auf, in der Vertrauen Relevanz besitzen kann. Sie bilden den Analyserahmen der vorliegenden Untersuchung.

---

[197] Vgl. die Modelle von Mayer et al. (1995); Deutsch (1958) und (1960).

[198] Vgl. die Modelle von Deutsch (1958) und (1960); Zand (1972).

3 Analyse der Verhaltensdeterminanten und Hypothesenbildung

3.1 Vertrauen im Kontext verhaltenswissenschaftlicher Entscheidungs-forschung

Die Bereichsspezifität interpersonellen Vertrauens wurde bereits im Rahmen der Begriffsbestimmung hervorgehoben: Es wird einem Vertrauensnehmer in einer bestimmten Situation hinsichtlich spezifischer Aspekte vertraut.[199] Zur Analyse der Ursachen und Wirkungen interpersonellen Vertrauens in Organisationen bedarf es daher einer Spezifikation der Problemstellung, mit der Vertrauensgeber und Vertrauensnehmer konfrontiert sind. Eine Ausrichtung auf betriebliche Entscheidungsprobleme bietet sich in dieser betriebswirtschaftlich orientierten Arbeit in mehrfacher Hinsicht an. Zunächst ist auf die hohe personelle, institutionelle und strategische Bedeutung von Entscheidungen in Organisationen hinzuweisen.[200] Überdies implizieren Entscheidungen auf unternehmens- oder geschäftspolitischer Ebene zentrale Merkmale einer Situation, in der das Vertrauensphänomen Relevanz besitzt. Schließlich liefert die Entscheidungsforschung eine Systematik, um das Vertrauensphänomen in Entscheidungssituationen theoretisch und empirisch zu untersuchen. Auf Erkenntnisse und Methoden der verhaltenswissenschaftlichen Entscheidungsforschung wird in dem vorliegenden dritten Kapitel insbesondere zurückgegriffen,

- um ein Analyseraster zu entwickeln, an dem sich der Aufbau dieses Kapitels und die Ableitung von Hypothesen orientieren kann,

- für eine differenzierte Betrachtung situativer Einflussfaktoren und Identifikation zentraler Merkmale einer Entscheidungssituation, von denen anzunehmen ist, dass sie Vertrauen beeinflussen,

- für eine abschließende Zusammenführung der Aussagen in ein Mediationsmodell, welches situations- und personenbedingte Einflussfaktoren von Vertrauen

---

[199] Vgl. Nooteboom (2002) und die Ausführungen in Abschnitt 1.3 dieser Arbeit.

[200] Entscheidungen steuern das Verhalten von Personen und die Aktionen bzw. Reaktionen von Unternehmen als soziale Systeme. In ihrer Konsequenz binden Entscheidungen nicht nur das Verhalten des Entscheidungsträgers und betroffener Drittparteien sondern auch erhebliche Ressourcen. Vgl. Bronner (1999), S. 1 ff.

und das Verhalten auf der Basis von Vertrauen in Entscheidungssituationen integriert.[201]

Bevor das Analyseraster zur Untersuchung der Verhaltensdeterminanten in Entscheidungssituationen dargelegt wird, soll zunächst begründet werden, warum sich betriebliche Entscheidungssituationen zur Untersuchung interpersonellen Vertrauens eignen und unter welchen Voraussetzungen das Entscheidungsverhalten als Vertrauenshandlung gewertet werden kann.

(1) Betriebliche Entscheidungssituationen als Analysekontext

Das Fällen von Entscheidungen kann als eine zentrale Führungsaufgabe herausgestellt werden.[202] Während des Entwicklungsverlaufs eines Unternehmens müssen kontinuierlich Entscheidungen getroffen werden, angefangen von grundlegenden Gründungsentscheidungen über Entscheidungen zum Wachstum, zur Bewältigung von Krisen, zur Sanierung bis hin zur eventuellen Auflösung eines Unternehmens.[203] Diese bereichsübergreifenden Entscheidungen betreffen die Unternehmung als Ganzes und besitzen weit reichende Konsequenzen.[204] Fehlentscheidungen bleiben auf dieser Ebene nur in den seltensten Fällen bedeutungs- und folgenlos, sei es für den Entscheidungsträger selbst, betroffene Organisationsmitglieder oder involvierte Drittparteien. Insbesondere aufgrund ihrer hohen Bedeutung und Komplexität weisen strategische Entscheidungsprobleme auf unternehmens- oder geschäftspolitischer Ebene Aspekte auf, die notwendige Rahmenbedingungen einer Vertrauenssituation darstellen, nämlich Verwundbarkeit und Ungewissheit.[205] Dies soll im Folgenden begründet werden.

Die Bedeutung eines betrieblichen Entscheidungsproblems steigt mit seinem ökonomischen Wertvolumen, der zeitlichen Reichweite der Konsequenzen, der instrumentellen Reversibilität der Aktionen sowie der persönlichen Betroffenheit des Entscheidungsträgers und der involvierten Personen.[206] Diese von Bronner genannten Dimensionen der Problembedeutung bestimmen in erheblichem Maße

---

[201] Vgl. hierzu Abschnitt 3.5 dieser Arbeit.

[202] Vgl. Staehle (1999), S. 532 f. und S. 518 sowie die dort aufgeführte Literatur.

[203] Vgl. Bronner (2005).

[204] Zu den Merkmalen von Führungsentscheidungen vgl. Macharzina (2003), S. 43 f.

[205] Zur Bedeutung von Ungewissheit und Verwundbarkeit in Vertrauenssituationen vgl. die Ausführungen in Abschnitt 1.3 dieser Arbeit.

[206] Vgl. Bronner (1993), S. 718.

die Verwundbarkeit in einer Entscheidungssituation, die eine konstitutive Bedingung für Vertrauen darstellt. Je höher die probleminhärente Verlustgefahr, je länger der Wirkungshorizont der gefällten Entscheidung, je unwiderruflicher das Handeln und je größer die persönliche Relevanz der Konsequenzen ist, desto mehr steht für einen Vertrauensgeber in einer Entscheidungssituation auf dem Spiel, d.h. desto größer ist seine Verwundbarkeit.

Zu der Bedeutung kommt als charakteristisches Merkmal von Führungsentscheidungen die Komplexität des Problems hinzu. Nach Bronner steigt die Komplexität mit den involvierten organisatorischen Einheiten, der Neuartigkeit der Entscheidungsaufgabe, der Unsicherheit der Informationsgrundlage und dem Problemvolumen.[207] Jede dieser Komplexitätsdimensionen trägt in erheblichem Maße zu der objektiven Ungewissheit bei, mit der ein Vertrauensgeber in einer betrieblichen Entscheidungssituation konfrontiert ist.[208] Ein Zustand vollkommener Informationen ist im Kontext betriebswirtschaftlicher Entscheidungen realitätsfern. Eine unvollständige Informationslage kann daher nicht nur als Charakteristikum betrieblicher Entscheidungsprobleme genannt werden, sondern stellt auch ein Spezifikum von Vertrauenssituationen dar. Entscheidungen bei Sicherheit sind für eine Untersuchung von Vertrauen irrelevant, da Vertrauen bei vollkommener Information keine Bedeutung besitzt.

Entscheidungen auf unternehmens- und geschäftspolitischer Ebene werden in der Regel durch Personenmehrheiten gefällt. Individualentscheidungen besitzen eine vergleichsweise geringe Bedeutung in der Entscheidungspraxis von Unternehmen.[209] Als weiteres Merkmal betrieblicher Entscheidungen ist daher die Interdependenz der an der Entscheidung beteiligten Akteure zu nennen.[210] Interdependente Entscheidungssituationen können zum einen dadurch gekennzeichnet sein, dass die Informationen zur Problemlösung asymmetrisch zwischen den Entscheidungspersonen verteilt sind. Zum anderen können sie implizieren, dass der Erfolg oder Misserfolg des Entscheidens und/oder Handelns von dem Verhalten der anderen Akteure abhängig ist. Beide Aspekte erhöhen die soziale Ungewissheit

---

[207] Vgl. Bronner (1993), S. 721. Vgl. zu Komplexität ausführlich Bronner (1992), Sp. 1121 ff.

[208] Zur objektiven Ungewissheit vgl. Zand (1972), S. 230 und die Ausführungen in Abschnitt 2.3 dieser Arbeit.

[209] Vgl. Bronner (1993), S. 725; Bronner (1999), S. 22.

[210] Zu einer detaillierten Analyse der Bedeutung und Wirkungen von Interdependenz in einem organisationalen Kontext vgl. Röder (2001), S. 113 ff.

als Merkmal einer Vertrauenssituation:[211] Informationsasymmetrie erzeugt Informationsunsicherheit und Abhängigkeit von den Aktionen des Interaktionspartners erzeugt Verhaltensunsicherheit.

Wie aus den obigen Darstellungen ersichtlich ist, weisen betriebliche Entscheidungen zentrale Merkmale einer Situation auf, in der das Vertrauensphänomen Relevanz besitzt. Im Sinne dieser Ausführungen stellt Meifert heraus, dass Verlustgefahr, persönliche Relevanz der Konsequenzen und Verhaltensunsicherheit aufgrund von Informationsasymmetrie zwar notwendige, jedoch keine hinreichenden Bedingungen für Vertrauen darstellen.[212] Sie erzeugen den Bedarf an Vertrauen, erzwingen jedoch kein Vertrauen. Es wurde bereits im ersten Kapitel dieser Arbeit herausgestellt, dass erst die Entscheidungsfreiheit der Akteure, Vertrauen zu vergeben und Vertrauen zu honorieren, eine Vertrauenssituation konstituiert. „Hat ein Akteur keine Wahl, so ist er einem Zwang ausgesetzt und anderen ausgeliefert. Solche Situationen generieren keinen Vertrauensbedarf, sondern eine Aufforderung zur Unterordnung."[213]

Da Entscheidungsverhalten auf der Basis von Abschreckung und Zwang im Rahmen dieser Arbeit nicht von Interesse ist, wird im Folgenden Vertrauen im Kontext interdependenter Entscheidungen unter gleichrangigen Entscheidungsträgern untersucht. Die hier angestrebte Einschränkung auf gleichrangige Interaktionspartner grenzt bewusst einen möglichen Einfluss asymmetrisch verteilter Machtverhältnisse zwischen Vertrauensgeber und Vertrauensnehmer aus. Im Mittelpunkt dieser Arbeit stehen damit komplexe Entscheidungsprobleme mit hoher Relevanz, bei denen entscheidungsrelevante Informationen asymmetrisch zwischen den Entscheidungsträgern verteilt sind und das Ergebnis der Problemlösung von dem Verhalten der beteiligten Akteure abhängig ist. Ergebnisabhängigkeit ist zwar keine notwendige Voraussetzung für Vertrauen, allerdings intensiviert sie einen bereits existierenden Bedarf an Vertrauen.[214] Damit sind die klassischen Bedingungen gegeben, in denen interpersonelles Vertrauen an Einfluss gewinnt und sich auf das Entscheidungsverhalten auswirken kann.

---

[211] Zur sozialen Ungewissheit vgl. Zand (1972), S. 230 und die Ausführungen in Abschnitt 2.2.1 dieser Arbeit.

[212] Vgl. Meifert (2003), S. 33 ff.

[213] Meifert (2003), S. 37.

[214] Vgl. Meifert (2003), S. 33.

(2) Entscheidungsverhalten als Vertrauenshandlung

Nachdem begründet worden ist, dass betriebliche Entscheidungssituationen sich dazu eignen, Vertrauen zu analysieren, soll im Folgenden geklärt werden, unter welchen Bedingungen das Entscheidungsverhalten mit einer Vertrauenshandlung gleichgesetzt werden kann.

Aus einer soziologischen Perspektive besteht weitgehende Einigkeit, dass der Begriff der Handlung sowohl Entscheidung als auch Verhalten impliziert, Verhalten jedoch keine Entscheidung voraussetzt.[215] Um Handeln von Entscheiden abzugrenzen wird in der soziologisch geprägten Argumentationslinie der Entscheidungsforschung hervorgehoben, dass im Vergleich zur Handlung eine Entscheidung die Wahl zwischen Alternativen auf der Basis von Beurteilungskriterien bedingt.[216] Dies resultiert jedoch in einer ambivalenten Verwendung des Entscheidungsbegriffs: Zum einen bezeichnet Entscheidung das Ereignis, vor einer Wahlmöglichkeit zu stehen, zum anderen wird mit Entscheidung auch das Ergebnis der Wahl benannt.

Luhmann sieht in der Entscheidung, wie auch in der Handlung, ein Ereignis und stellt die Erwartungen einer Entscheidungsperson in den Vordergrund seiner Begriffsbestimmung. Er löst damit die Ambivalenz auf, indem er Entscheiden als „ein auf Erwartungen reagierendes Verhalten"[217] definiert. Angesichts der Konzeptualisierung von Vertrauen als positive Erwartungshaltung im ersten Kapitel dieser Arbeit ist der Ansatz Luhmanns geeignet, das Verhalten als Reaktion dieser Erwartungshaltung zu spezifizieren. Luhmann argumentiert, dass sich jede Handlung an Erwartungen orientiert, seien es Fremderwartungen oder eigene Erwartungen, erwartete Resultate oder erwartete Reaktionen.[218] „Zur Entscheidung wird dies erst, wenn die Handlung selbst unter Erwartungsdruck gesetzt wird"[219], d.h. wenn die Möglichkeit besteht, sich auch anders zu verhalten und ein Entscheidungsträger entscheiden muss, den Erwartungen zu entsprechen oder nicht. Angesichts dieses Entscheidungsverständnisses wird ersichtlich, wie

---

[215] Luhmann verweist auf das Grundverständnis in der Soziologie und konstatiert, dass „im Begriff des Handelns (im Unterschied zu bloßem Verhalten) Entscheiden schon mitgedacht ist." Luhmann (1984), S. 591.

[216] Vgl. Luhmann (1984), S. 591.

[217] Luhmann (1984), S. 591.

[218] Vgl. Luhmann (1984).

[219] Luhmann (1984), S. 594.

schmal der Grat zwischen der Definition von Vertrauen als psychologischem Zustand und Vertrauen als Entscheidungsverhalten ist.

Da in dieser Arbeit die Entscheidungssituation den Kontext bildet, in dem Vertrauen untersucht wird, nimmt der Vertrauensgeber die Rolle des Entscheidungsträgers ein, der mit einem interdependenten Entscheidungsproblem konfrontiert ist. Mit dem Begriff Entscheidungsverhalten soll im Folgenden das Handeln dieser Person bezeichnet werden, das auf die Lösung des Entscheidungsproblems gerichtet ist.[220] Bronner stellt fest: „Selbst spontanes Verhalten ist noch gerichtet, insofern als es der Handhabung einer lösungsbedürftigen Situation entspricht."[221] Somit ist das Entscheidungsverhalten mit einer Vertrauenshandlung gleichzusetzen, wenn es auf der positiven Erwartungshaltung des Vertrauens beruht.[222] Entsprechend wird die Entscheidungsperson erst zu einem Vertrauensgeber, wenn sie bereit ist, sich gegenüber einem Interaktionspartner verwundbar zu machen.

(3) Verhaltensdeterminanten in Entscheidungssituationen

In der verhaltenswissenschaftlichen Entscheidungsforschung hat es sich zur Untersuchung des Entscheidungsverhaltens als nützlich erwiesen, zwischen der Entscheidungsperson und dem Entscheidungsproblem als Grunddeterminanten des Verhaltens zu unterscheiden.[223] Beach/Mitchell weisen darauf hin, dass es zwar nicht möglich ist, „to entirely disentangle task characteristics and decision maker characteristics."[224] Sie stellen jedoch heraus, dass Merkmale des Problems

---

[220] Vgl. Bronner (1993), S. 715.

[221] Bronner (1993), S. 715.

[222] Synonym zum Begriff der Vertrauenshandlung kann auch von Entscheiden und Verhalten auf der Basis von Vertrauen gesprochen werden.

[223] Vgl. Beach/Mitchell (1978); ähnlich auch Bronner, der als weitere Verhaltensderminante den Entscheidungsprozess hinzufügt. Der Prozess bildet die Handhabung des Entscheidungsproblems durch die Entscheidungsträger ab. Vgl. Bronner (1993), S. 715.

[224] Beach/Mitchell (1978), S. 444. Bei Beach/Mitchell ist die ‚decision task' dem ‚decision problem' und der ‚decision environment' übergeordnet. Eine wörtliche Übersetzung der Begriffe ‚task' als Aufgabe und ‚problem' als Problem führt an dieser Stelle zu Verwirrung, da die Begriffe Aufgabe und Problem sowohl in der englischen als auch deutschen entscheidungstheoretischen Literatur uneinheitlich gebraucht werden. In der deutschen Sprache besteht eine weitgehende Einigkeit darüber, dass ein Problem eine Aufgabe in seiner Komplexität übersteigt, so dass hier in der deutschen Übersetzung der Terminologie Bronners gefolgt wird und als Verhaltensdeterminanten das Entscheidungsproblem und die Entscheidungsperson herausgestellt werden. Vgl. insbesondere Bronner (1993) und (1999).

und der Person analytisch voneinander getrennt werden können „by defining task characteristics as the decision maker's interpretations of the demands and constraints of the specific task at hand and by defining decision maker characteristics as enduring aspects of the decision maker that are not tasks specific."[225] Unter den situativen Einflussfaktoren auf das Entscheidungsverhalten werden daher nicht nur objektive Merkmale des Entscheidungsproblems, sondern auch die subjektive Wahrnehmung und Interpretation der spezifischen Problemstellung durch den Entscheidungsträger subsummiert. Als personelle Einflussfaktoren auf das Entscheidungsverhalten sind Eigenschaften der Entscheidungsträger zu zählen, die unabhängig von einer spezifischen Entscheidungssituation bestehen.[226]

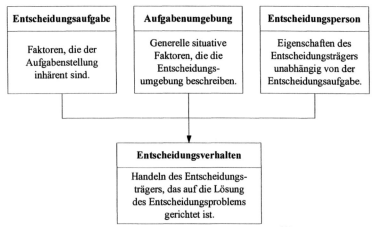

Abb. 6:   Kontingenzfaktoren des Entscheidungsverhaltens[227]

Das Entscheidungsproblem selbst kann weiter unterteilt werden in Aspekte, die der Entscheidungsaufgabe inhärent sind, und Aspekte, welche die Entscheidungsumgebung beschreiben, d.h. generelle situative Faktoren.[228] Diese analytische Unterscheidung zwischen Entscheidungsaufgabe und Aufgabenumgebung eignet sich, um Situationsmerkmale zu präzisieren, von denen angenommen wird, dass sie das Vertrauen und das Verhalten in Entscheidungssituationen beeinflussen.

---

[225] Beach/Mitchell (1978), S. 444.

[226] Vgl. Beach/Mitchell (1978), S. 445.

[227] Vgl. zu den Kontingenzfaktoren Beach/Mitchell (1978), S. 444-447. Abbildung in Anlehnung an Schwaab (2004), S. 68.

[228] Vgl. Beach/Mitchell (1978).

Die Kontingenzfaktoren des Entscheidungsverhaltens werden in der obigen Abbildung 6 dargestellt.[229]

Beach/Mitchell liefern ein allgemeines Analyseraster zur Untersuchung von Verhaltensdeterminanten und zur Modellentwicklung, dem hier gefolgt werden soll.[230] Um personelle und situative Merkmale zu identifizieren, die für eine Varianz des interessierenden Verhaltens verantwortlich sind, schlagen die Autoren vier Arbeitsschritte vor: „First, the specific behavior of interest must be identified (…). Second, a taxonomy of the task environment must be developed (…). Third, personal characteristics of the people who engage in the behavior must be identified (…). Fourth, links must be devised to relate the task characteristics and the personal characteristics to the behavior of interest."[231] In Anlehnung an die dargelegten Schritte werden im weiteren Verlauf dieses Kapitels die Modellelemente präzisiert und Hypothesen aufgestellt.

- In einem ersten Schritt wird in Abschnitt 3.2 das Verhalten, das im Forschungsinteresse steht, konkretisiert. Dabei handelt es sich um Manifestationen von Vertrauen als Bereitschaft eines Vertrauensgebers, sich in einer ungewissen Situation gegenüber einem Vertrauensnehmer verwundbar zu machen.

- Der zweite Arbeitschritt umfasst in Abschnitt 3.3 die Spezifikation von Merkmalen der Entscheidungsaufgabe und der Aufgabenumgebung, von denen angenommen werden kann, dass sie das Vertrauen in Entscheidungssituationen determinieren.

- In einem dritten Schritt werden in Abschnitt 3.4 Charakteristika der involvierten Personen präzisiert, insbesondere die Vertrauensneigung des Vertrauensgebers und Aspekte der Vertrauenswürdigkeit des Vertrauensnehmers.

- Schließlich werden in Abschnitt 3.5 Verbindungen zwischen den Elementen hergeleitet.

Vertrauen als positive Erwartungshaltung nimmt in diesem schrittweise entwickelten Modell die Funktion einer vermittelnden Variable zwischen den personel-

---

[229] Mit dem Begriff Kontingenz, d.h. Bedingtheit, bringen Beach/Mitchell (1978) zum Ausdruck, dass die Unterschiede im Entscheidungsverhalten abhängig von personellen und situativen Faktoren sind.

[230] Vgl. Beach/Mitchell (1978), S. 440.

[231] Beach/Mitchell (1978), S. 440.

len und situativen Einflussfaktoren und dem Verhalten in der Entscheidungssituation ein. Die Abbildung 7 präsentiert den sich daraus ergebenden Forschungsrahmen der vorliegenden Arbeit. Eine detaillierte Ausgestaltung der einzelnen Modellelemente erfolgt im Verlauf dieses Kapitels.

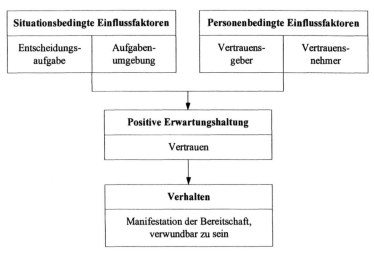

Abb. 7:   Forschungsrahmen der Arbeit

3.2 Verhaltenswirkungen von Vertrauen

Die Bezeichnungen für Manifestationen von Vertrauen sind äußerst vielfältig. In der angloamerikanischen Literatur werden dafür die Begriffe ‚trust behaviour', ‚trusting behaviour', ‚trusting action' aber auch ‚risk taking in relationship' verwendet.[232] Eine systematische Unterscheidung zwischen den Begriffen ‚behaviour' und ‚action' und eine entsprechende Differenzierung zwischen nichtintentionalem Verhalten und intentionalem Handeln sind in der Vertrauensliteratur nicht zu finden.[233] Im Zentrum dieses Abschnitts stehen Verhaltensweisen, mit

---

[232] Entsprechend weit gefasst sind die deutschen Übersetzungen, nämlich vertrauendes oder vertrauensvolles Verhalten, Vertrauenshandlung, Risikoübernahmeverhalten in Beziehungen oder allgemein Verhalten auf der Basis von Vertrauen. Der auf Mayer et al. (1995) zurückgehende Terminus des Risikoübernahmeverhaltens für die Manifestation von Vertrauen ist allerdings ein Spezifikum. Der Begriff deutet darauf hin, dass das Verhalten gegenüber dem Vertrauensnehmer in hohem Grade davon abhängt, wie ein Vertrauensgeber das Risiko einer Situation einschätzt. Hierauf wird im Rahmen der Ausführungen zu den situationsbedingten Einflussfaktoren in Abschnitt 3.3.1 dieser Arbeit im Detail eingegangen.

[233] Vgl. zu dieser Unterscheidung Zimbardo (1988), S. 1.

denen sich ein Vertrauensgeber in einer ungewissen Situation gegenüber einem Vertrauensnehmer verwundbar macht. Diese Manifestationen einer positiven Erwartungshaltung, seien sie bewusst oder unbewusst, sollen im Weiteren als Verhalten auf der Basis von Vertrauen oder vertrauendes Verhalten bezeichnet werden. Wenn allerdings die Intentionalität betont werden soll, wird der Begriff der Vertrauenshandlung verwendet.

Im Folgenden wird zunächst ein Überblick zu den in der aktuellen Literatur diskutierten Dimensionen vertrauenden Verhaltens gegeben. Anschließend werden die Aspekte näher beleuchtet, von denen angenommen werden kann, dass sie in interdependenten betrieblichen Entscheidungssituationen besondere Relevanz besitzen. Die theoretischen Überlegungen des zweiten Kapitels, die bereits wichtige Hinweise auf Vertrauenshandlungen lieferten, werden in diesem Kapitel aufgegriffen und mit Befunden empirischer Studien untermauert.

3.2.1 Dimensionen des Verhaltens

Gillespie stellt als zentralen theoretischen Beitrag ihrer Forschungsarbeit zu Vertrauen in Arbeitsbeziehungen heraus, dass „trust in work relationships is predominantly manifested through two distinct behaviors; relying on others and disclosing personal or sensitive information to others."[234] Sie unterscheidet damit zwei Dimensionen des Vertrauenskonstrukts, die sich direkt auf das Verhalten eines Vertrauensgebers auswirken:[235]

● ‚reliance', d.h. sich auf den Vertrauensnehmer zu verlassen und

● ‚disclosure', d.h. sich diesem gegenüber zu öffnen.

Die Bereitschaft, in einem Arbeitskontext sensible Informationen zu teilen oder offenzulegen, ist nach Gillespie eher emotional und relational begründet, während die Bereitschaft, sich in einem Arbeitskontext auf den Interaktionspartner zu verlassen, vorrangig auf professionelleren Gründen beruht, wie beispielsweise rationaler Kalkulation.[236] Diese Dimensionierung ist konsistent mit der Annahme, dass Menschen hinsichtlich einiger Aspekte vertrauen, hinsichtlich anderer jedoch nicht. Es ist durchaus möglich, dass ein Vertrauensgeber bereit ist, sich in

---

[234] Gillespie (2003b), S. 35.

[235] Vgl. Gillespie (2003a) und (2003b).

[236] Vgl. Gillespie (2003b), S. 36.

einer bestimmten Situation dem Vertrauensnehmer gegenüber zu öffnen, jedoch nicht willens ist, sich auf den Vertrauensnehmer zu verlassen. Gillespie stellt fest, dass „[t]he significant association between reliance and disclosure indicates, however, that people are typically more willing to disclose to others whom they feel they can also rely, and vice versa."[237]

Die Vertrauensliteratur liefert ein breites Spektrum an konkreten Verhaltensweisen, von denen angenommen wird, dass sie durch Vertrauen beeinflusst werden. Je nachdem in welchem Kontext und auf welcher Analyse-Ebene Vertrauen untersucht wird, weist das Verhalten auf der Basis von Vertrauen unterschiedliche Ausprägungen auf. Nachfolgend werden die von Curral/Judge und Costa identifizierten Verhaltensdimensionen vorgestellt, da sie sich speziell auf laterale Beziehungen in Organisationen beziehen und damit hinsichtlich Analyse-Ebene und Kontext für diese Arbeit von Bedeutung sind.[238] Die Ausführungen weisen darauf hin, dass nicht nur Vertrauen, sondern auch vertrauendes Verhalten multiple Dimensionen besitzt.

Als Manifestationen vertrauenden Verhaltens, speziell für Personen an organisationalen Schnittstellen, identifizieren Curral/Judge vier korrelierte, jedoch unterscheidbare Dimensionen:[239]

- Offener und ehrlicher Informationsaustausch: Das Ausmaß, zu dem Vertrauensgeber Informationen offenlegen, die potentiell zum Nachteil für den Vertrauensgeber genutzt werden können sowie die Akkuratheit bei der Kommunikation, d.h. der Verzicht auf Informationsfilterung oder -verzerrung.

- Eingehen informeller Vereinbarungen mit dem Interaktionspartner: Das Ausmaß, zu dem ein Vertrauensgeber darauf verzichtet, schriftlich Sanktionen gegen die Person festzulegen, die ihre Pflichten nicht erfüllt.

- Überwachung des Interaktionspartners: Das Ausmaß, zu dem darauf verzichtet wird, das Verhalten des Vertrauensnehmers zu kontrollieren.

---

[237] Gillespie (2003b), S. 35.

[238] Vgl. Curral/Judge (1995); Costa (2000).

[239] Vgl. Curral/Judge (1995), S. 153 f. Curral/Judge definieren Personen an Schnittstellen (boundary role persons) als „individuals who provide the linking mechanism across organizational boundaries". Curral/Judge (1995), S. 151.

• Aufgabenkoordination mit dem Interaktionspartner. Das Ausmaß gemeinsamer Koordination der Aufgabenverteilung, der komplementären Ressourcen, Informationen oder Fähigkeiten.

Eine ähnliche Auflistung der Dimensionen vertrauenden Verhaltens liefert Costa in ihrer Arbeit zu Vertrauen in organisationalen Teams.[240] Sie kategorisiert die in empirischen Untersuchungen am häufigsten genannten Handlungen, die als Indikator für Vertrauen in Organisationen dienen und verweist auf vier Verhaltensweisen, die typischerweise simultan auftreten und einen komplementären Charakter haben:[241]

• Offene Kommunikation: Das Ausmaß, zu dem Individuen Informationen hinsichtlich Plänen, Programmen, Erwartungen, Zielen und Evaluationskriterien teilen.

• Akzeptanz von Einfluss: Das Ausmaß, zu dem Individuen freiwillig ihre Strategien ändern, um die Wünsche anderer einzubeziehen.

• Unterlassen opportunistischer Handlungen: Das Ausmaß, zu dem Individuen kooperativ handeln, ohne zu betrügen oder wertvolle Informationen bewusst zurückzuhalten.

• Kontrollreduktion: Das Ausmaß, zu dem Individuen von Kontroll- und Überwachungsaktivitäten absehen.

Costa ordnet die beschriebenen Indikatoren zwei Gruppen zu: kooperativem und kontrollierendem Verhalten.[242] Diese Unterscheidung steht im Einklang mit den zwei zuvor genannten Dimensionen interpersonellen Vertrauens, die Gillespie vertritt.[243] Die Bereitschaft, sich einer anderen Person gegenüber zu öffnen, impliziert offene und ehrliche Kommunikation, Akzeptanz von Einfluss und das Unterlassen opportunistischer Handlungen. Die Bereitschaft, sich auf eine andere Person zu verlassen, impliziert, den Vertrauensnehmer nicht kontrollieren zu müssen. Der Differenzierung zwischen kooperativem Verhalten und kontrollierendem Verhalten soll im Weiteren gefolgt werden.

---

[240] Vgl. Costa (2000).

[241] Vgl. Costa (2000), S. 54; ähnlich auch Smith/Barclay (1997).

[242] Vgl. Costa (2000), S. 54 f.

[243] Vgl. Gillespie (2003a) und (2003b).

Empirische Studien, die den Zusammenhang zwischen Vertrauen und den oben dargelegten Verhaltensweisen prüfen, erheben vielfach nicht das tatsächliche Verhalten des Vertrauensgebers, sondern seine Bereitschaft, sich in einer bestimmten Weise vertrauensvoll zu verhalten, d.h. die Intention. Zum Beispiel untersuchen Curral/Judge die „willingness to engage in trusting behavior"[244] zwischen Personen an organisationalen Schnittstellen. Sie verwenden dafür Fragen zur Verhaltenseinschätzung, von denen angenommen werden kann, dass sie in hohem Maße das tatsächliche Verhalten vorhersagen. Der Vertrauensgeber schätzt hierbei die Wahrscheinlichkeit ein, zu der er vertrauendes Verhalten gegenüber dem Interaktionspartner ausführen würde. Obwohl eine Erhebung der Intention, bestimmte Handlungen zu vollziehen, dem tatsächlichen Verhalten sehr nahekommt, so ist diese Vorgehensweise angesichts der Zielsetzung der vorliegenden Arbeit ungeeignet. Um die Ursachen und Wirkungen interpersonellen Vertrauens zu analysieren, ist eine klare Trennung von Vertrauen als psychologischem Zustand und dem tatsächlichen Verhalten des Vertrauensgebers erforderlich. Diese Vorgehensweise ermöglicht es zu untersuchen, ob die Faktoren, die Vertrauen determinieren, auch einen direkten Einfluss auf das Verhalten haben.[245]

Zur folgenden Erläuterung der Wirkungsbeziehung zwischen Vertrauen und dem Verhalten werden vorrangig Befunde aus Laboruntersuchungen herangezogen, da die in dieser Forschungsumgebung einsetzbaren Untersuchungsmethoden es ermöglichen, durch Dokumentenanalyse oder Beobachtung das tatsächliche Verhalten eines Vertrauensgebers zu erheben.[246] Zunächst gilt das Interesse dem kooperativen Verhalten, insbesondere der offenen Kommunikation eines Vertrauensgebers. Im Anschluss wird auf das Kontrollverhalten Bezug genommen. Abschließend werden Hypothesen zum Zusammenhang zwischen Vertrauen und Verhalten in Entscheidungssituationen abgeleitet.

(1) Kooperatives Verhalten
Kooperation bedeutet im weitesten Sinne, dass Akteure, seien es Individuen oder Unternehmen, zusammen arbeiten und sich dabei über Regeln und Ziele einig sind. Es wird ein impliziter oder expliziter Vertrag zwischen den Akteuren einge-

---

[244] Curral/Judge (1995), S. 152.

[245] Vgl. dazu die Ausführungen in Abschnitt 3.5 dieser Arbeit.

[246] Vgl. zu Forschungsumgebung, Untersuchungsmethoden und Datenerhebungsverfahren der Vertrauensforschung Kapitel 4 dieser Arbeit.

gangen, dessen Ausmaß und Einhaltung sich im Verlauf von Interaktionsprozessen offenbart.[247]

Die Wahl, mit einem Interaktionspartner zu kooperieren, wurde als Manifestation von Vertrauen bereits im zweiten Kapitel der Arbeit im Rahmen der Darstellung des Modells von Deutsch herausgestellt. An dieser Stelle wurde auch hervorgehoben, dass ein Rückschluss von Kooperation auf Vertrauen nicht zulässig ist. Vertrauen führt zwar in vielen Situationen zu kooperativem Verhalten, es ist jedoch keine notwendige Bedingung für Kooperation. Rousseau et al. stellen fest, dass „[t]his blurring of the distinction between trust and cooperation has led to a fuzziness in the treatment of behavior-based trust and the construct of trust itself."[248] Kooperation kann unterschiedlich begründet sein, nämlich durch Zwang, externe Kontrollmechanismen, die unkooperatives Verhalten bestrafen, oder das Fehlen von Alternativen. Auch wenn der Sachverhalt nur eine geringe Bedeutung für den Kooperierenden hat, kann, trotz Abwesenheit von Vertrauen, Kooperation in einer Interaktionsbeziehung beobachtet werden. In diesen Fällen ist die Verwundbarkeit des Vertrauernsgebers minimal oder gar nicht gegeben, denn „*cooperation does not necessarily put a party at risk.*"[249] Wenn sich der Vertrauensgeber jedoch durch seine Wahl, in einer interdependenten Entscheidungssituation zu kooperieren, gegenüber einer anderen Person verwundbar macht, dann kann angenommen werden, dass die Kooperationsentscheidung auf Vertrauen basiert.[250]

Die bereits referierten empirischen Ergebnisse von Deutsch beruhen auf einer Wahlentscheidung zwischen der Strategie ‚Kooperation' oder ‚Wettbewerb'. Deutsch verweist darauf, dass mit dieser strategischen Wahl bedeutende Prozesse in einer Interaktionsbeziehung einhergehen: Ein kooperativer Prozess erhöht die Sensitivität der Interaktionspartner bezüglich der Wahrnehmung ihrer Ähnlichkeit und gemeinsamer Interessen, er führt zu einer freundlichen Einstellung der Interaktionspartner zueinander und senkt die Bereitschaft, den Interaktionspartner auszunutzen. Er führt weiterhin dazu, dass konfligierende Interessen als gemeinsames Problem definiert werden, welches gemeinschaftlich gelöst werden muss, und er wirkt sich positiv auf die Kommunikation zwischen den Interaktionspart-

---

[247] Vgl. Gambetta (1988), S. 213 f.

[248] Rousseau et al. (1998).

[249] Mayer et al. (1995), S. 712. Hervorhebung im Original.

[250] Vgl. Mayer et al. (1995), S. 713.

nern aus.[251] Diese Auflistung zeigt, dass Kooperation in strategischen Entscheidungssituationen viele Facetten besitzt. Der Fokus der folgenden Ausführungen liegt auf der offenen Kommunikation zwischen Interaktionspartnern. Sie reflektiert die Vertrauensdimension der ,disclosure' nach Gillespie, d.h. die Bereitschaft eines Vertrauensgebers, sich dem Vertrauensnehmer gegenüber zu öffnen und sich dadurch verwundbar zu machen.

Deutsch stellt fest, dass „a cooperative process is characterized by open and honest communication of relevant information between the participants. Each is interested in informing, and being informed by the other. In contrast, a competitive process is characterized by either lack of communication or misleading communication."[252] Kommunikation kann im weitesten Sinne als Austausch und Transfer von Informationen jeglicher Art definiert werden.[253] In der betriebswirtschaftlichen Literatur wird Kommunikation zumeist als zwischenmenschlicher Interaktionsprozess verstanden, bei dem Informationen zum Zwecke der aufgabenbezogenen Verständigung ausgetauscht werden.[254]

Eine Untersuchung von Kommunikation bedarf der Klärung, in welchem Kontext und auf welcher Ebene sie analysiert wird. Roberts et al. unterscheiden zum einen zwischen Kommunikation unabhängig von der Organisation, innerhalb der Organisation und außerhalb der Organisation, zum anderen zwischen Kommunikation zwischen Menschen, zwischen organisatorischen Einheiten, zwischen Organisationen sowie zwischen der Organisation und ihrer Umwelt.[255] Sie konstatieren, dass „communication operates somewhat differently at various levels of organizational analysis."[256] Abhängig von der Konstellation, d.h. dem Kontext und der Ebene der Analyse, ergeben sich unterschiedliche Einflussfaktoren auf die Kommunikation und damit auch unterschiedliche Fragestellungen. Auf interpersoneller Ebene innerhalb von Organisationen ist nach Roberts et al. vor allem die Akkuratheit der Kommunikation bzw. das Ausmaß der Verzerrung von Informationen

---

[251] Vgl. Deutsch (1990), S. 241 f.

[252] Deutsch (1990), S. 241.

[253] Vgl. Luhmann (1973), Sp. 831 f.; Roberts et al. (1974), S. 501.

[254] Vgl. Daft et al. (1987), S. 356; Reichwald (1993), Sp. 2175. Hauschildt bezeichnet dies als Informations-Lieferung. Vgl. Hauschildt (1983), S. 5.

[255] Vgl. Roberts et al. (1974).

[256] Roberts et al. (1974), S. 514.

von Bedeutung (accuracy und distortion).[257] Auf diese Aspekte soll im Folgenden näher eingegangen werden.

Der Zusammenhang zwischen Vertrauen und der Kommunikation zwischen Interaktionspartnern konnte in einem betriebswirtschaftlichen Kontext sowohl im Labor als auch im Feld empirisch bestätigt werden.[258] Die im Folgenden dokumentierten Laboruntersuchungen zeichnen sich dadurch aus, dass das tatsächliche Informationsverhalten eines Vertrauensgebers bei der Bearbeitung von Fallsimulationen erhoben wurde und nicht, wie in den Feldstudien von Curral/Judge oder Smith/Barcley, die Bereitschaft erfragt wurde, wie man sich in einer bestimmten Weise verhalten würde.[259]

Zand und Boss überprüften in zwei unterschiedlichen Rollenspielen, jedoch mit gleichen Variablen, die Annahme, dass Vertrauen sich positiv auf den Austausch akkurater, umfassender und zeitnaher Informationen in Problemlösesituationen auswirkt.[260] In beiden Studien konnte dies bestätigt und zudem Vertrauen als bedeutende Determinante der Problemlöseeffektivität identifiziert werden. Problemlösegruppen mit hohem Vertrauen tauschten relevante Ideen und Gefühle offener aus als Gruppen mit niedrigem Vertrauen. Boss stellte darüber hinaus fest, dass das Teilen von Informationen in Gruppen mit niedrigem Vertrauen als Manipulationsversuch gewertet wurde und Gruppenmitglieder, die offen und ehrlich kommunizierten, als verdächtig bzw. suspekt wahrgenommen wurden.[261]

---

[257] Zu weiteren Variablen bzw. Elementen der Kommunikation vgl. Roberts et al. (1974), S. 516.

[258] Zu Studien, die offenen Informationsaustausch als Ausdruck des Vertrauens betrachten vgl. Gabarro (1978); Rempel et al. (1985); Cummings/Bromiley (1994); Curall/Judge (1995); McAllister (1995); Clark /Payne (1997); Jones/George (1998); Weber (1998).

[259] Zu Untersuchungen, die zur Messung des Verhaltens die Bereitschaft einer Person erheben, offen und ehrlich zu kommunizieren vgl. Curral/Judge (1995); Smith/Barcley (1997). Smith/Barclay verweisen neben offener Kommunikation (communication openness) zudem auf die Unterlassung von opportunistischen Handlungen (forbearance from opportunism) als Indikator für Vertrauen, die in engem Zusammenhang mit einer ehrlichen Kommunikation in organisationalen Austauschbeziehungen steht. Vgl. Smith/Barcley (1997), S. 103.

[260] Vgl. Zand (1972); Boss (1978).

[261] Vgl. Boss (1978), S. 338. Zum positiven Einfluss von Vertrauen auf eine offene Kommunikation von Meinungen vgl. auch die Laboruntersuchung von Mellinger (1956).

O'Reilly III/Roberts untersuchten den Einfluss von Vertrauen auf vertikale und laterale Kommunikation.[262] Ihre Befunde zeigten, dass insgesamt mehr Informationen, mehr unvorteilhafte und mehr bedeutende Informationen übermittelt wurden, wenn der Sender dem Empfänger vertraute. Bei der Übermittlung unbedeutender Informationen beobachteten sie, dass Personen mit hohem Vertrauen mehr für sie selbst unvorteilhafte Informationen weitergaben und Personen mit niedrigem Vertrauen mehr für sie selbst vorteilhafte Informationen transferierten. O'Reilly III/Roberts stellten fest, dass vor allem die aufwärtsgerichtete Informationsfilterung durch Vertrauen beeinflusst wurde, weniger der abwärtsgerichtete Informationsfluss oder der auf lateraler Ebene.[263]

O'Reilly III analysierte in weiteren Studien zur Kommunikation in Organisationen die Verzerrung von Informationen, die aufwärts in der Hierarchie weitergegeben werden. Mit Informationsverzerrung (information distortion) bezeichnet er die inkorrekte Wiedergabe objektiv korrekter Information, die entweder in bewusster Manipulation oder unbewusster Veränderung der Information begründet ist.[264] Die Ergebnisse der Laboruntersuchungen und die externe Validierung der Befunde im Feld zeigten, dass ein Mangel an Vertrauen eines Untergebenen in den Vorgesetzten zu einer Blockade oder Nivellierung unvorteilhafter Informationen und einer Herausstellung vorteilhafter Informationen führte.[265]

Die Weitergabe und Verzerrung von Informationen stand auch im Zentrum der Laboruntersuchung von Gaines.[266] Als Verzerrung bezeichnet sie irreführende, ungenaue und unvollständige Nachrichten und unterscheidet dabei zwischen drei Subtypen: (1) dem Aufbauschen, d.h. Hervorhebung, Erweiterung oder Übertreibung von Aspekten, (2) dem Aussieben, d.h. selektive Filterung von Details, und (3) dem Vorenthalten, d.h. Auslassung oder Unterdrückung von Details. Die Ergebnisse von Gaines zeigten einen signifikant negativen Zusammenhang zwischen Vertrauen und dem Vorenthalten von Informationen, jedoch keine statistisch bedeutenden Zusammenhänge zwischen Vertrauen und dem Aufbauschen oder Aussieben von Informationen.

---

[262] Vgl. O'Reilly III/Roberts (1974).

[263] Vgl. O'Reilly III/Roberts (1974), S. 262.

[264] Als spezifische Mechanismen verweist O'Reilly III auf: „(1) the blockage or omision of information, (2) summarization or condensation, (3) changing the form of the message, and (4) expanding or emphasizing certain details." O'Reilly III (1978), S. 175.

[265] Vgl. O'Reilly III (1978), S. 189.

[266] Vgl. Gaines (1980), S. 929 ff.

Im Rahmen der Untersuchung des Zusammenhangs zwischen Vertrauen, der Quantität des Informationsaustauschs und der Effektivität von Verhandlungen überprüfte Butler einen Teilaspekt des dynamischen Interaktionsmodells von Zand.[267] Butler nahm an, dass „expectations of trust between two negotiators prior to a negotiation might encourage the sharing of information, and expectations of mistrust might stifle it during the negotiation."[268] Anfängliche positive Vertrauenserwartungen sollten eine Vertrauensspirale in Gang setzen und dazu führen, dass Informationen geteilt werden, wobei dies wiederum das Vertrauensklima verstärken sollte. Befunde der Laboruntersuchung von Butler bestätigten die Annahme, dass sich eine anfängliche Vertrauenserwartung positiv auf die Menge geteilter Informationen auswirkt.[269] Allerdings konnte Butler keine vollständige Mediation zwischen der anfänglichen Vertrauenserwartung und dem Vertrauensklima nachweisen. Das Teilen von Informationen vermittelte die Beziehung zwischen den Vertrauenserwartungen und einem Vertrauensklima nicht vollständig. Auch die Effektivität der Verhandlung konnte nur auf die Menge der ausgetauschten Informationen zurückgeführt werden, jedoch nicht auf Vertrauen.

In den oben genannten Studien von Zand, O'Reilly III/Roberts, Boss und Butler wurden Gruppen mit hohem Vertrauen und Gruppen mit niedrigem Vertrauen miteinander verglichen.[270] Die Manipulation von Vertrauen erfolgte durch Einreichen von sogenannten ‚mental sets' in der Aufgabenstellung, d.h. durch einen Absatz in den Instruktionen des Rollenspiels, der auf vergangene Erfahrungen mit Vertrauen in der Gruppe verweist. Solche experimentellen Manipulationen können entweder recht unauffällig in den Aufgabentext einfließen, zum Beispiel durch Verweise auf Merkmale der Mitspieler, die sie als vertrauenswürdig oder unwürdig charakterisieren. Sie können jedoch auch recht direkt erfolgen, wie beispielsweise bei Boss: „You have learned from your experience that you can trust the other members of this management team" bzw. „You have learned from your experience that you cannot trust the other members of this management team."[271] In der Untersuchung der vorliegenden Arbeit wird bewusst vermieden,

---

[267] Vgl. Butler (1999). Zum ‚Modell der Interaktion von zwei Personen mit ähnlichen Absichten und Erwartungen bezüglich Vertrauen' vgl. Zand (1972) und die Ausführungen in Abschnitt 2.2.1 dieser Arbeit.

[268] Butler (1999), S. 220.

[269] Vgl. Butler (1999), S. 227.

[270] Vgl. Zand (1972); O'Reilly III/Roberts (1974); Boss (1978); Butler (1999).

[271] Boss (1978), S. 336.

das Vertrauensniveau durch eine Instruktion im Rahmen der Aufgabenstellung künstlich zu erzeugen. Stattdessen wird die Wirkung von realem Vertrauen zwischen den Interaktionspartnern auf das Verhalten untersucht. Auf eine künstliche Dichotomisierung in hohes und niedriges Vertrauen kann daher verzichtet werden.[272]

Nachdem bislang erläutert wurde, wie sich Vertrauen auf kooperative Verhaltensweisen, insbesondere die offene und ehrliche Kommunikation, auswirkt, soll nun betrachtet werden, welche Wirkungen Vertrauen auf kontrollierendes Verhalten besitzt.

(2) Kontrollierendes Verhalten

Im Gegensatz zur weithin angenommenen und empirisch bestätigten positiven Beziehung zwischen Vertrauen und kooperativem Verhalten ist der Zusammenhang zwischen Vertrauen und Kontrolle noch nicht geklärt. Bijlsma-Frankema/Costa stellen fest: „Among the matters adressed in studying trust, the relation with control is one of the most controversial."[273]

Das/Teng unterscheiden zwei Perspektiven, die in der Literatur vorherrschen: die einer substitutiven Beziehung und die einer komplementären Beziehung zwischen Vertrauen und Kontrolle.[274] Obwohl Das/Teng Vertrauen auf interorganisationaler Ebene im Kontext Strategischer Allianzen analysieren, so hat ihre Differenzierung der möglichen Relationen zwischen Vertrauen und Kontrolle auch die intraorganisationale Vertrauensforschung beeinflusst. Wird Vertrauen als Substitut hierarchischer Kontrolle konzeptualisiert, so stellt Vertrauen einen alternativen Mechanismus zu Kontrolle dar. Kontrolle wird dann relevant, wenn kein Vertrauen vorhanden ist bzw. Vertrauen rückt in den Vordergrund, wenn Kontrolle nicht möglich ist.[275] Die Autoren stellen fest: „Although not clearly spelled out, the following logic seems to be implied in this substitutive conception. Because trust involves a positive attitude about others' motivations, conceptionally, it is not about influencing and affecting others' behavior but is about believing that others will perform whatever serves the trustor's best interests, even in the absence of

---

[272] Vgl. zur Untersuchungskonzeption Kapitel 4 dieser Arbeit.

[273] Bijlsma-Frankema/Costa (2005), S. 260.

[274] Vgl. Das/Teng (1998) und (2001).

[275] Vgl. Das/Teng (1998), S. 495.

control."[276] Die Annahme einer komplementären Beziehung zwischen Vertrauen und Kontrolle impliziert hingegen, dass hohes Vertrauen von geringer Kontrolle begleitet wird und geringes Vertrauen mit hoher Kontrolle einhergeht, d.h. Vertrauen und Kontrolle schließen sich nicht grundsätzlich gegenseitig aus.

Das/Teng sehen beide Ansätze als wenig realistisch an und postulieren eine supplementäre Beziehung zwischen Vertrauen und Kontrolle: Vertrauen und Kontrolle können als parallel existierende Konzepte angesehen werden.[277] Sowohl das Vertrauensniveau als auch das Kontrollniveau tragen gemeinsam und unabhängig voneinander zu dem Ausmaß an Zuversicht hinsichtlich kooperativer Verhaltensweisen des Vertrauensnehmers bei.[278]

Auch Möllering lehnt es ab, Vertrauen und Kontrolle als zwei sich gegenseitig ausschließende Konzepte anzusehen.[279] Er sieht sie als in einer Wechselbeziehung stehend an und schlägt daher vor, Vertrauen und Kontrolle als eine Dualität zu verstehen und nicht als einen Dualismus. Möllering weist darauf hin, dass die Unterscheidung zwar subtil, jedoch von Bedeutung ist und erläutert dies anhand der philosophischen Debatte über den Zusammenhang von Körper und Geist: „[P]hilosophers have debated whether body and mind form a dualism (human beings have a body on the one hand and a mind on the other) or a duality (to be human, the body needs a mind and the mind needs a body)."[280] Ausgehend von der grundlegenden Frage, wie Menschen positive Erwartungshaltungen hinsichtlich des Verhaltens anderer formen, kommt Möllering zu dem Schluss, dass dies sowohl über Vertrauen als auch durch Kontrolle zu erreichen ist. Da Kontrolle in den wenigsten Situationen vollkommen sein kann und dadurch immer ein Rest an Ungewissheit und Verwundbarkeit besteht, wird Vertrauen benötigt.[281]

Auf einer analytischen Ebene ist es jedoch möglich, Vertrauen von Kontrolle zu trennen, da es sich um Vertrauen handelt, wenn die positiven Erwartungen auf dem Wohlwollen des Vertrauensnehmers basieren und nicht auf strukturellen

---

[276] Das/Teng (1998), S. 495.

[277] Vgl. Das/Teng (1998), S. 492.

[278] Vgl. Das/Teng (1998), S. 496.

[279] Vgl. Möllering (2005) und (2006a).

[280] Möllering (2006a) S. 194.

[281] Vgl. Möllering (2005a), S. 283.

Gegebenheiten bzw. technokratischen Mechanismen.[282] Im Vergleich zu Kontrolle besitzt Vertrauen folgende abweichende Charakteristika:[283]

- Vertrauen basiert nicht auf strikter Kodifikation und Spezifikation formaler Vereinbarungen ex ante. Allerdings bedarf Vertrauen, ähnlich der Kontrolle, eines Abgleichs von Erwartetem und Erreichtem.

- Der Aufbau von Vertrauen bedarf, ähnlich der Überwachungsfunktion formaler Verhaltenskontrolle, enger und wiederholter Interaktion.

- Obwohl Vertrauen nicht auf der expliziten Androhung oder Durchsetzung einer Vereinbarung durch rechtmäßige Sanktionen basiert, impliziert Vertrauen soziale Sanktionen, falls ein Vertrauensbruch beobachtet wird.

Bijlsma-Frankema/Klein Woolthuis stellen fest, dass die Etablierung sowohl von Vertrauen als auch formaler Kontrolle durch organisationale Rahmenbedingungen erschwert wird, die insbesondere mit der Internationalisierung von Unternehmen einhergehen: „Lack of shared formal and informal institutions, different cultural backgrounds, large geographical distance, intangible resources, fast moving technologies and markets, and virtual relationships, all reduce both the bases for formal control and trust."[284] Führungskräfte sind mit den Problemen unvollständiger Information und Kontrolle konfrontiert, so dass strategische Entscheidungen zunehmend unter Ungewissheit gefällt werden müssen.[285]

Im Rahmen einer Darstellung des empirischen Forschungsstandes zum Zusammenhang zwischen Vertrauen und Kontrolle stellen Bijlsma-Frankema/Costa heraus, dass in der Empirie sowohl ein negativer als auch ein positiver Zusammenhang zwischen Vertrauen und Kontrolle beobachtet werden kann: „So far, empirical research has not yielded decisive support for one stance over another."[286]

---

[282] Zu strukturellen und technokratischen Kontrollmechanismen vgl. Hoffmann (1980), S. 338 ff.

[283] Vgl. Bijlsma-Frankema/Klein Woolthuis (2005), S. 4 f.

[284] Bijlsma-Frankema/Klein Woolthuis (2005), S. 6.

[285] Vgl. Bijlsma-Frankema/Koopman (2004), S. 205.

[286] Bijlsma-Frankema/Costa (2005), S. 270.

Die Annahme, dass hohes Vertrauen mit einer hohen Kontrollintensität einhergehen kann, wurde insbesondere in hierarchischen Beziehungen innerhalb von
Organisationen empirisch nachgewiesen.[287] Theoretisch kann dies folgendermaßen begründet werden: Wenn Kontrolle als Interesse interpretiert wird oder derart
institutionalisiert ist, dass ihr Einsatz nicht dem mangelnden Vertrauen eines
Vorgesetzten zugesprochen wird, dann stehen Vertrauen und Kontrolle in einem
positiven Zusammenhang. Formale Instrumente der Verhaltenskontrolle geben
dem Vorgesetzten eine objektive Rückmeldung über das Arbeitsverhalten des
Mitarbeiters. Je stärker dies formalisiert ist, desto weniger assoziiert der Mitarbeiter die Kontrolle mit mangelndem Vertrauen des Vorgesetzten. Die Richtung
des Zusammenhangs ist daher stark von der situativen Wahrnehmung und Interpretation der Kontrolle durch den Kontrollierten abhängig. „Monitoring can be
interpreted as a sign of involvement, care and concern, rather than as a check on
opportunism or inability, that is a sign of distrust."[288] Da der Schwerpunkt der
vorliegenden Arbeit auf lateralen Beziehungen liegt, wird das Spezifikum hohen
Vertrauens mit hoher Kontrollintensität, wie sie in hierarchischen Beziehungen
beobachtet worden ist, nicht weiter verfolgt.

Die Annahme, dass geringes Vertrauen zu einem größeren Ausmaß an Kontrolle
und Überwachung von Arbeitsprozessen führt, geht u.a. auf Strickland zurück.[289]
Die experimentellen Untersuchungen von Strickland gehören zu den ersten Studien, die eine gegenläufige Beziehung zwischen Vertrauen und formaler Kontrolle
bestätigt fanden. Strickland analysierte die Rolle der Überwachung bei der Entwicklung interpersonellen Vertrauens und überprüfte, ob die unterschiedliche
Intensität der Überwachung eines Vorgesetzten von zwei Untergebenen auf ein
unterschiedliches Vertrauensniveau zurückzuführen ist. Seine empirischen Ergebnisse zeigten, dass Vorgesetzte „showed less trust of the more highly surveyed
subordinate than of the infrequently surveyed subordinate."[290]

In der Vertrauensliteratur dominiert bis heute die Ansicht, dass Überwachung
dann eine Rolle spielt, wenn kein Vertrauen vorhanden ist, d.h. dass interpersonelles Vertrauen eine bewusste Kontrolle des Verhaltens anderer ausschließt.

---

[287] Vgl. Bijlsma-Frankema/van de Bunt (2003); Bijlsma-Frankema et al. (2005). Eine positive
Beziehung zwischen Vertrauen und Kontrolle in Joint Ventures konnten auch Ink-
pen/Curral (1997) beobachten.

[288] Bijlsma-Frankema/Klein Woolthuis (2005), S. 5.

[289] Vgl. Strickland (1958).

[290] Strickland (1958), S. 215.

Costa stellt heraus, dass Kooperation und Kontrolle jedoch Phänomene sind, die zur gleichen Zeit auftreten können und die gemeinsam den Verlauf einer Interaktionsbeziehung bestimmen.[291] Dieser Auffassung soll hier gefolgt werden. Es wird davon ausgegangen, dass Vertrauen in einem positiven Zusammenhang mit kooperativen Verhalten und einem negativen Zusammenhang mit kontrollierendem Verhalten steht und beide Verhaltensweisen sich nicht gegenseitig ausschließen, sondern simultan auftreten können.[292] Dies entspricht auch dem diesem Kapitel einleitend vorgestellten Verständnis der Multidimensionalität vertrauenden Verhaltens.

3.2.2 Vertrauenshandlungen in Entscheidungssituationen

Nachdem der Stand der theoretischen und empirischen Forschung zum Einfluss von Vertrauen auf das Kooperations- und Kontrollverhalten referiert worden ist, werden im Folgenden Annahmen getroffen, die sich konkret auf das Verhalten in einer Entscheidungssituation beziehen. Es soll untersucht werden, welchen Einfluss das Vertrauen eines Entscheidungsträgers auf die Kommunikation von Informationen und die Kontrolle des Interaktionspartners in einer interdependenten betrieblichen Entscheidungssituation besitzt. Insbesondere wird analysiert, wie sich Vertrauen auswirkt auf

- das Ausmaß, zu dem ein Entscheidungsträger dem Interaktionspartner Informationen verschweigt,

- das Ausmaß, zu dem ein Entscheidungsträger dem Interaktionspartner Informationen verzerrt weitergibt und

- das Ausmaß, zu dem ein Entscheidungsträger das Informationsverhalten des Interaktionspartners kontrolliert.

Informationen stellen „zweckgerichtetes, speziell entscheidungssteuerndes Wissen"[293] dar. Sie gehören zu den zentralen Elementen einer jeden Entscheidung und als ‚Werkzeuge' der Entscheidungsfindung erzeugen, verändern und zerstö-

---

[291] Vgl. Costa (2000), S. 55.

[292] Zu empirischen Untersuchungen, die darauf hinweisen, dass Vertrauen sich in einer Reduktion der Kontrollausübung, Überwachung oder Verhaltensbeobachtung niederschlägt vgl. Gabarro (1978); Cummings/Bromiley (1994); Currall/Judge (1995); Mayer/Davis (1999).

[293] Bronner (1999), S. 29.

ren sie Entscheidungsalternativen.[294] Die Quantität und Qualität des Informationsaustauschs zwischen Interaktionspartnern in Entscheidungssituationen bestimmt in hohem Maße die Güte einer Entscheidung, so dass fehlende Informationen und das Vorliegen falscher Informationen zu weit reichenden Konsequenzen führen. Kemp/Smith weisen darauf hin, dass ein Mangel an Informationsaustausch in einer Verhandlungssituation durchaus strategisch begründet sein kann.[295] Das Preisgeben von Informationen ist riskant, da es möglich ist, dass der Interaktionspartner diese Offenheit ausnutzt.[296] Der Entscheidungsträger macht sich durch die Weitergabe von Informationen verwundbar.

Die dargelegten empirischen Befunde lassen darauf schließen, dass ein Entscheidungsträger, der vertraut, zum einen offen und ehrlich Informationen kommuniziert und zum anderen sich darauf verlässt, dass die Informationen, die er von dem Interaktionspartner erhält, vollständig und korrekt sind. Die theoretische Begründung für diese Annahmen wird im Folgenden in knapper Form rekapituliert.[297] Zand beschreibt den Zusammenhang zwischen Vertrauen und Verhalten in Problemlösesituationen und geht explizit auf die Wirkungen von Vertrauen auf den Informationsfluss und den Kontrollverzicht ein. Seine Ausführungen sollen als Grundlage zur Ableitung der Hypothesen zum Entscheidungsverhalten dienen.

Zand konstatiert, dass Vertrauen dazu führt, mehr akkurate, relevante und vollständige Informationen zu einem Problem dem Interaktionspartner offenzulegen.[298] Er stellt fest: „[O]ne who does not trust will conceal or distort relevant information, and avoid stating or will disguise facts, ideas, conclusions and feelings that he believes will increase his exposure to others, so that the information he provides will be low in accuracy, comprehensiveness, and timeliness; and therefore have low congruence with reality."[299] Zand bezieht sich in diesem Zitat auf eine Person, die nicht vertraut. Entsprechend kann jedoch angenommen

---

[294] Vgl. Bronner (1999), S. 24.

[295] Vgl. Kemp/Smith (1999), S. 230.

[296] Vgl. Butler (1999), S. 219.

[297] Der Einfluss von Vertrauen auf das Informations- und Kontrollverhalten wurde bereits in Abschnitt 2.2.1 dieser Arbeit im Rahmen der Darstellung zentraler Vertrauensmodelle herausgestellt.

[298] Vgl. Zand (1972), S. 231 ff.; Zand (1997), S. 93 ff.

[299] Zand (1972), S. 230.

werden, dass eine Person, die vertraut, Fakten, Ideen, Schlussfolgerungen und Gefühle offenlegt und keine Informationen verschweigt und verzerrt.

Um den theoretisch und empirisch postulierten positiven Einfluss von Vertrauen auf den offenen und ehrlichen Informationsaustausch zu überprüfen, sollen die folgenden Hypothesen getestet werden:

Hypothese 1a: **Je höher das Vertrauen ist, desto weniger Informationen verschweigt der Vertrauensgeber dem Interaktionspartner.**

Hypothese 1b: **Je höher das Vertrauen ist, desto weniger Informationen gibt der Vertrauensgeber verzerrt an den Interaktionspartner weiter.**

Während die Kommunikation von Informationen die Bereitschaft des Entscheidungsträgers reflektiert, sich dem Interaktionspartner gegenüber zu öffnen (disclosure), spiegelt der Verzicht auf Kontrolle die Bereitschaft wider, sich auf den Interaktionspartner zu verlassen (reliance). Es wurde bereits herausgestellt, dass diese zwei Dimensionen des Vertrauenskonstrukts nach Gillespie unabhängig voneinander variieren können.[300]

In dem ,Modell der Beziehung zwischen Vertrauen, Information, Einfluss und Kontrolle' visualisiert Zand, dass eine hohe anfängliche Vertrauenserwartung und -absicht in einer Problemlösesituation dazu führt, dass Kontrolle reduziert wird.[301] Er konstatiert, dass Personen, die vertrauen, in höherem Maße gegenseitige Abhängigkeit akzeptieren und weniger bestrebt sind, andere zu kontrollieren, zu überwachen und nach ihrem Verhalten zu sehen. In Anlehnung an diese im zweiten Kapitel vorgestellte Argumentation von Zand und die referierten Studien in dem vorangehenden Abschnitt wird angenommen, dass hohes Vertrauen mit einer geringen Kontrollintensität einhergeht.[302] Der Verzicht auf den Einsatz formaler Instrumente zur Verhaltenskontrolle kann als eine Handlung angesehen werden, durch die sich ein Entscheidungsträger bewusst verwundbar macht. Die folgende Hypothese soll der Prüfung unterzogen werden:

---

[300] Vgl. Gillespie (2003a).

[301] Vgl. Zand (1972), S. 231.

[302] Vgl. Strickland (1958); Costa (2000).

Hypothese 1c: Je höher das Vertrauen ist, desto weniger kontrolliert der Vertrauensgeber das Verhalten des Interaktionspartners.

Der im Forschungsrahmen dieser Arbeit zur Anschauung gebrachte Zusammenhang zwischen Vertrauen und Verhalten in interdependenten Entscheidungssituationen kann auf der Basis der vorangehenden Ausführungen nun präzisiert werden (siehe Abb. 8).

Abb. 8:   Verhaltenswirkungen von Vertrauen

Nachdem das im Forschungsinteresse stehende Verhalten konkretisiert und Hypothesen zum Einfluss von Vertrauen auf kooperatives und kontrollierendes Verhalten eines Vertrauensgebers abgeleitet worden sind, erfolgt im nachfolgenden Abschnitt der zweite Schritt der Modellgenerierung nach Beach/Mitchell: die Spezifikation situationsbedingter Einflussfaktoren.[303]

3.3 Situationsbedingte Einflussfaktoren von Vertrauen

Bislang hat man sich in der Vertrauensliteratur dem Einfluss situativer Faktoren auf Vertrauen wenig systematisch genähert, so dass auf kein bestehendes Analyseraster zur Präzisierung situationsbedingter Einflussfaktoren zugegriffen werden kann. Da in dieser Arbeit Vertrauen im Kontext betrieblicher Entscheidungen untersucht wird, bietet es sich zur Strukturierung des vorliegenden Unterkapitels an, eine Differenzierung aus der verhaltenswissenschaftlichen Entscheidungsfor-

---

[303] Vgl. Beach/Mitchell (1978), S. 440.

schung zugrunde zu legen. Gemäß dem bereits vorgestellten Modell von Beach/Mitchell lässt sich ein Entscheidungsproblem durch Merkmale, die der Entscheidungsaufgabe inhärent sind, und Merkmale der Aufgabenumgebung, d.h. generelle situative Faktoren, präzisieren.[304] Dieser analytischen Unterscheidung wird hier gefolgt und es werden in den anschließenden Ausführungen zwei situative Faktoren näher beleuchtet, von denen angenommen werden kann, dass sie das Vertrauen in einer interdependenten betrieblichen Entscheidungssituation beeinflussen:

- Das Risiko des Entscheidungsträgers – als Merkmal der Entscheidungsaufgabe bestimmt es die Verwundbarkeit in einer Vertrauenssituation,

- die Bekanntheit des Interaktionspartners – als Merkmal der Aufgabenumgebung bestimmt sie die Ungewissheit in einer Vertrauenssituation.

Übertragen auf das im ersten Kapitel dargelegte Bild Möllerings, in dem Vertrauen als ein mentaler Sprung über eine Kluft gedeutet wird,[305] heißt dies, dass Merkmale der Entscheidungsaufgabe und der Aufgabenumgebung die Kluft spezifizieren, die in einer betrieblichen Entscheidungssituation überwunden werden muss: Je höher die Verwundbarkeit, desto tiefer ist der Abgrund und je größer die Ungewissheit, desto breiter ist die Kluft.

3.3.1 Risiko des Vertrauensgebers

Zielsetzung des vorliegenden Abschnitts ist es, theoretisch zu begründen, dass die Verwundbarkeit in einer Vertrauenssituation maßgeblich durch das Risiko bestimmt wird, welches mit einer konkreten Aufgabenstellung verbunden ist. Insbesondere wird analysiert, welchen Einfluss die Wahrnehmung des Risikos durch den Vertrauensgeber auf das Vertrauen in den Interaktionspartner besitzt.[306]

McEvily et al. konstatieren, dass „[a]lthough vulnerability is central to many organizational theories of trust, little systematic research exists that specifically

---

[304] Vgl. Beach/Mitchell (1978).

[305] Vgl. Möllering (2001), S. 412; Möllering (2006a), S. 120 f.

[306] „In der Wahrnehmung eines Akteurs beinhaltet eine Entscheidungssituation ein Risiko, wenn er oder sie zwischen Handlungsalternativen zu wählen hat (z.B. Geld investieren oder nicht), deren Konsequenzen subjektiv unsicher sind, aber entweder einen Nutzen stiften oder einen Verlust bescheren können." Meifert (2003), S. 33.

examines the relationship between vulnerability and trust."[307] Die Autoren untersuchten auf interorganisatorischer Ebene den Einfluss der Verwundbarkeit auf Vertrauen. Sie fanden in einer Feldstudie ihre Annahme empirisch bestätigt, dass mit steigender Verwundbarkeit das Vertrauen in den Austauschpartner sinkt.[308] Dieser Effekt soll im Folgenden auf interpersoneller Ebene analysiert werden.

(1) Verwundbarkeit in einer Vertrauenssituation

Die Verwundbarkeit eines Vertrauensgebers ergibt sich aus den positiven und negativen Konsequenzen bzw. aus den potenziellen Gewinnen und Verlusten, die einer spezifischen Entscheidungsaufgabe inhärent sind. Köszegi stellt fest: „Art und Höhe der Konsequenzen von vertrauensvollem Verhalten sind in der Regel situationsbedingt und kaum durch das Vertrauensobjekt beeinflussbar."[309] In Anlehnung an die Vertrauensmodellierung von Deutsch wird angenommen, dass Vertrauen und in Folge auch das Verhalten eines Vertrauensgebers dadurch geprägt sind, welchen Wert ein Vertrauensgeber den Konsequenzen der Entscheidung beimisst.[310] Der Fokus der nachfolgenden Ausführungen liegt daher nicht auf der objektiven Verwundbarkeit, sondern auf der wahrgenommenen Verwundbarkeit, deren Ausmaß sich aus der persönlichen Bedeutung der möglichen Gewinne und Verluste für den Vertrauensgeber in einer Entscheidungssituation ergibt.

In dem Modell von Mayer et al. wird die Wahrnehmung dieser aufgabeninhärenten Verwundbarkeit als Risikowahrnehmung bezeichnet.[311] Die Autoren spezifizieren die Wahrnehmung des Risikos als Einschätzung der Gewinne und Verluste durch den Vertrauensgeber, die außerhalb von Überlegungen liegen, welche die Beziehung mit einem bestimmten Vertrauensnehmer betreffen.[312] Boon/Holmes hingegen sehen das wahrgenommene Risiko in einer Vertrauenssituation sowohl durch die Verwundbarkeit als auch durch die Ungewissheit bestimmt: „The extent of risk involved in a course of action is reflected in the subjective value or mean-

---

[307] McEvily et al. (2003), S. 1.

[308] Vgl. McEvily et al. (2003), S. 22; McEvily/Zaheer (2006).

[309] Köszegi (2001), S. 69. Köszegi bezeichnet die Verwundbarkeit, die sich aus einer spezifischen Aufgabenstellung ergibt, als situatives Risiko. Es ist kontextbezogen und liegt außerhalb der Beziehung zum Vertrauensnehmer. Vgl. Köszegi (2001), S. 68.

[310] Vgl. Deutsch (1976), S. 142.

[311] Vgl. Mayer et al. (1995).

[312] Vgl. Mayer et al. (1995), S. 726.

ing of the outcome to the individual, and the probability or likelihood that the other will facilitate the particular outcome."[313] Die Autoren postulieren, dass das wahrgenommene Risiko mit der Bedeutung der Konsequenzen für den Entscheidungsträger steigt und sinkt, je wahrscheinlicher das Verhalten des Interaktionspartners vorausgesagt werden kann.[314] Sowohl Merkmale der Aufgabe als auch der Aufgabenumgebung tragen in diesem Verständnis zur Höhe des wahrgenommenen Risikos bei.

Die theoretischen Ausführungen von Mayer et al. und Boon/Holmes weisen auf die Relevanz hin, das Konstrukt der Risikowahrnehmung genauer zu betrachten. Allerdings hat die Risikowahrnehmung als Vertrauensdeterminante in der empirischen Vertrauensforschung bislang kaum Beachtung gefunden. Um die Bedeutung der Variablen in interdependenten Entscheidungssituationen darzulegen, wird nun auf Forschungsergebnisse der Risikoverhaltensforschung zurückgegriffen.[315]

(2) Einfluss der Risikowahrnehmung auf Vertrauen in Entscheidungssituationen

Risikowahrnehmung wird in der Risikoverhaltensforschung als die Einschätzung einer Entscheidungsperson konzeptualisiert, wie riskant eine Situation hinsichtlich der wahrgenommenen Unsicherheit, Kontrollierbarkeit und Zuversicht ist.[316] Nach Erkenntnissen der Risikoverhaltensforschung ist die Risikowahrnehmung als eine direkte Determinante des Verhaltens in risikobehafteten Entscheidungssituationen zu sehen.[317] Der empirisch bestätigte Zusammenhang zwischen der Risikowahrnehmung und dem Entscheidungsverhalten ist für die vorliegende Arbeit insofern von Bedeutung als es das methodische Vorgehen bestätigt, Risikowahrnehmung als Determinante in ein Modell aufzunehmen, das Vertrauen im Kontext betrieblicher Entscheidungen untersucht. Da das Verhalten auf der Basis

---

[313] Boon/Holmes (1991), S. 191.

[314] Vgl. Boon/Holmes (1991).

[315] Die Risikoverhaltensforschung ist ein Teilgebiet der verhaltenswissenschaftlichen Entscheidungsforschung, in dessen Forschungsfokus komplexe Modelle zur Erklärung des Risikoverhaltens in strategischen Entscheidungssituationen stehen.

[316] Vgl. Sitkin/Weingart (1995), S. 1575. Ähnlich auch Koller: „An individual perceives a situation as bearing risk if entering this situation might lead to negative consequences and if the individual is not able to control the occurrence of these consequences." Koller (1988), S. 267.

[317] Vgl. Sitkin/Pablo (1992); Sitkin/Weingart (1995); Pablo (1997); Wiemann (1998).

von Vertrauen nach Mayer et al. als Risikoübernahmeverhalten bezeichnet wird, sollte geprüft werden, welche Bedeutung die Risikowahrnehmung eines Vertrauensgebers in einer Entscheidungssituation besitzt.[318]

Boon/Holmes nehmen an, dass das wahrgenommene Risiko einen Schlüsselparameter darstellt, der bestimmt, ob und wann die Dynamik von Vertrauen in Erscheinung tritt.[319] Die Autoren heben in ihrem theoretischen Beitrag die Risikowahrnehmung als eine zentrale Determinante interpersonellen Vertrauens heraus: „The key dimension is the amount of risk involved in choosing to trust as a consequence of the specific contextual features inherent in the situation."[320] Wie bereits im zweiten Kapitel dieser Arbeit dargelegt wurde, zeichnet sich auch der Erklärungsansatz von Mayer et al. dadurch aus, dass die Autoren das wahrgenommene Risiko in ihr Modell integrieren. Im Gegensatz zu Boon/Holmes sehen Mayer et al. Risikowahrnehmung jedoch nicht als Determinante von Vertrauen an. Die Autoren postulieren, dass die Wahrnehmung des Risikos bestimmt, ob das Vertrauen in einen Interaktionspartner in ein Verhalten umgesetzt wird. Obwohl sich, wie weiter oben ausgeführt, die Risikoverständnisse von Mayer et al. und Boon/Holmes unterscheiden, erklärt dies nicht die unterschiedliche Stellung der Variablen in den Erklärungsansätzen. Die folgende Abbildung 9 verdeutlicht die beiden Sichtweisen.

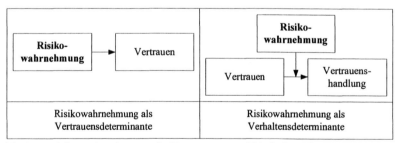

Abb. 9:   Risikowahrnehmung als Vertrauens- und Verhaltensdeterminante

Zur Klärung der Position der Variablen in einem Vertrauensmodell wird in dieser Arbeit auf die im ersten Kapitel dargelegte Semantik Nootebooms Bezug genommen, in der postuliert wird, dass einem Vertrauensnehmer nicht ausnahmslos vertraut wird, sondern hinsichtlich bestimmter verhaltensrelevanter Aspekte unter

---

[318] Vgl. die Ausführungen zu ‚risk taking in relationship' in Abschnitt 2.3.1 dieser Arbeit.

[319] Vgl. Boon/Holmes (1991), S. 194.

[320] Boon/Holmes (1991), S. 198.

bestimmten Bedingungen.[321] Da Vertrauen situationsspezifisch ist, erscheint es plausibel, dass die Situationswahrnehmung dem Vertrauen kausal vorangestellt ist. In Anlehnung an die theoretischen Ausführungen von Boon/Holmes zur Risikowahrnehmung[322] und die empirischen Ergebnisse von McEvily et al. zur Verwundbarkeit[323] wird angenommen, dass die Wahrnehmung des Risikos das Vertrauen in einen Interaktionspartner determiniert und nicht, wie in dem Modell von Mayer et al., die Umsetzung von Vertrauen in Verhalten moderiert.[324] Die folgende Hypothese soll daher zur Prüfung gestellt werden:

Hypothese 2: **Je höher der Vertrauensgeber das Risiko einer Entscheidungssituation wahrnimmt, desto geringer ist sein Vertrauen in den Interaktionspartner.**

3.3.2 Bekanntheit des Vertrauensnehmers

In der Regel sind Interaktionspartner in Unternehmen nicht frei wählbar, sondern durch die Aufbau- oder Ablauforganisation vorgegeben. Entsprechend sind auch Interaktionspartner in betrieblichen Entscheidungssituationen generell nicht durch die Entscheidungsträger frei zu bestimmen, sondern sie werden durch die spezifische Problemstellung determiniert. Die Bekanntheit eines Vertrauensnehmers soll in diesem Abschnitt als ein objektives Merkmal der Aufgabenumgebung näher beleuchtet und ihr Einfluss auf das Vertrauen im Kontext betrieblicher Entscheidungsprobleme analysiert werden. Dieses Ziel verfolgend, wird zunächst geprüft, welche Bedeutung die Vertrauensliteratur der Beziehung zwischen Vertrauensgeber und -nehmer als Rahmenbedingung der Interaktion beimisst.

Hinweise auf die Bedeutung der Beziehung zwischen Vertrauensgeber und Vertrauensnehmer liefern Erklärungsansätze, welche die Dynamik und Prozessualität von Vertrauen hervorheben.[325] Vertrauen ist nicht statisch, sondern Ergebnis eines (Lern-)Prozesses. Das im zweiten Kapitel der Arbeit dargestellte ‚Modell der Interaktion zweier Personen mit ähnlichen Absichten und Erwartungen' von Zand zeigt den Feedback-Mechanismus von Vertrauen und verweist darauf, dass

---

[321] Vgl. Nooteboom (2002), S. 8.

[322] Vgl. Boon/Holmes (1991).

[323] Vgl. McEvily et al. (2003); siehe auch McEvily/Zaheer (2006).

[324] Vgl. Mayer et al. (1995).

[325] Vgl. zum Beispiel die Modelle von Zand (1972), Lewicki/Bunker (1995) und Mayer et al. (1995).

sich Vertrauen, ausgehend von einer anfänglichen Vertrauenserwartung, in einem Interaktionsprozess aufbaut und verstärkt.[326] Vergangene positive und negative Erfahrungen mit Menschen im Allgemeinen und mit dem Interaktionspartner im Speziellen determinieren das Vertrauen in neuen Situationen. Diese Erfahrungen liefern dem Vertrauensgeber Informationen, die ihn entweder bestärken oder davon abhalten, einer Person in einer spezifischen Situation hinsichtlich eines bestimmten Aspekts zu vertrauen.

Der im zweiten Kapitel vorgestellte theoretische Ansatz von Mayer et al. liefert implizit eine Erklärung für Vertrauen in einen bis dato unbekannten Interaktionspartner.[327] Mayer et al. erklären die Entstehung von Vertrauen vor der Existenz einer Beziehung zum Interaktionspartner durch die Vertrauensneigung des Vertrauensgebers. Ist eine Einschätzung des potentiellen Vertrauensnehmers möglich, so tritt die Vertrauenswürdigkeit als Vertrauensdeterminante hinzu. Die Autoren nehmen an, dass sich durch die Entwicklung einer Beziehung die Basis des Vertrauens verändert und im Zeitverlauf die relative Bedeutung einzelner Faktoren der Vertrauenswürdigkeit variiert: Während das Wohlwollen eines Vertrauensnehmers mit zunehmender Beziehungsdauer an Relevanz gewinnt, ist die Integrität des Vertrauensnehmers bereits in den Anfängen einer Beziehung als bedeutende Vertrauensdeterminante zu sehen, da Informationen über die Integrität einer Person nicht unbedingt aus direkter Erfahrung stammen müssen, sondern auch von Drittparteien geliefert werden können.[328]

Zucker bezeichnet Vertrauen, das sich entweder auf eine gemeinsame Beziehungshistorie oder auf formalisierte Mechanismen stützt, wie beispielsweise die Reputation eines Interaktionspartners, als prozessbasiertes Vertrauen.[329] Sie stellt heraus, dass beides eine Datenbasis bereitstellt, die für künftige Austauschprozesse genutzt werden kann. Häufiger direkter Kontakt mit einer Person erzeugt Vertrautheit und liefert Informationen über ihre Präferenzen und Interessen. Die Reputation eines Vertrauensnehmers repräsentiert hingegen eine kumulierte Aufzeichnung vergangenen Verhaltens aus zweiter Hand.[330] „By extrapolating a

---

[326] Vgl. Zand (1972), S. 232.

[327] Vgl. Mayer et. al. (1995).

[328] Vgl. Mayer et al. (1995), S. 722.

[329] Vgl. Zucker (1986).

[330] Auf Unternehmensebene ist beispielsweise der Markenname ein konstruiertes stellvertretendes Merkmal für die Reputation einer Unternehmung. Vgl. Zucker (1986), S. 62.

past record into the future, third parties can make vicarious inferences about likely future behaviour."[331] Wenn es jedoch keine gemeinsamen Hintergrunderwartungen und oft wechselnde oder gar anonyme Interaktionspartner gibt, dann steht dies dem Vertrauen entgegen.

Während die Erklärungsansätze von Zand, Mayer et al. und Zucker lediglich Rückschlüsse auf den Einfluss der Bekanntheit eines Vertrauensnehmers auf das Vertrauen zulassen, weisen Lewicki/Bunker explizit auf die Entwicklung von Vertrauen in Abhängigkeit von der Beziehungsdauer hin:[332] Sie nehmen an, dass Vertrauen in Arbeitsbeziehungen nicht einfach kontinuierlich mit der Zeit ansteigt, sondern dass sich mit der Qualität der Beziehung der Rahmen verändert, in dem die Interaktion stattfindet und in dem eine Vertrauensvergabe erwogen wird. Die Annahmen von Lewicki/Bunker sollen in ihren Grundzügen dargestellt werden, da sie differenziert auf Interaktionskonstellationen eingehen, die als objektive Merkmale der Aufgabenumgebung das Vertrauen beeinflussen.

(1) Entwicklungsstufen von Vertrauensbeziehungen in Organisationen
In Anlehnung an das Konzept von Shapiro et al. identifizieren Lewicki/Bunker drei Stufen der Vertrauensentwicklung in organisationalen Beziehungen.[333] Ausgangspunkt für Vertrauen ist eine Situation, in der Vertrauensgeber und Vertrauensnehmer keine Informationen über einander besitzen. Entscheidungen des Vertrauensgebers zu vertrauen und des Vertrauensnehmers, dieses zu honorieren, basieren jeweils auf ökonomischer bzw. rationaler Kalkulation. Der Vertrauensgeber geht davon aus, dass der Vertrauensnehmer sich in erwarteter Weise verhält, da dieser die Konsequenzen seines möglichen Vertrauensbruchs fürchtet. Dies setzt entweder voraus, dass der Vertrauensgeber entsprechende Bestrafungsmacht besitzt oder dass der Vertrauensnehmer eine Belohnung erwartet, die aus der Aufrechterhaltung der Beziehung zum Vertrauensgeber resultiert. „In this view, trust is an ongoing, market-oriented, economic calculation whose value is derived by determining the outcomes resulting from creating and sustaining the relationship relative to the costs of maintaining or severing it."[334] Die Autoren nehmen an, dass in diesem frühen Stadium einer Beziehung Abschreckung für den Vertrauensnehmer ein wirkungsvollerer Anreiz ist als eine angekündigte

---

[331] Parkhe (1998), S. 421.

[332] Vgl. Lewicki/Bunker (1995) und (1996).

[333] Vgl. Shapiro et al. (1992); Lewicki/Bunker (1995) und (1996); Lewicki et al. (2006).

[334] Lewicki/Bunker (1996), S. 120.

Belohnung oder die Erlangung einer positiven Reputation der Vertrauenswürdigkeit.[335] Damit dieses ‚Vertrauenskalkül' in Erstbegegnungen wirksam ist, bedarf es nach Lewicki/Bunker folgender Situationsbedingungen:[336]

• Der potentielle Verlust zukünftiger Interaktionen mit dem Partner muss als höher eingeschätzt werden als der Gewinn durch Treuebruch und Verletzung der Erwartungen des Vertrauensgebers.

• Um festzustellen, ob das Vertrauen verletzt wird, muss es dem Vertrauensgeber möglich sein, den Vertrauensnehmer zu überwachen.

• Der Vertrauensgeber muss bereit sein, im Falle eines Vertrauensbruchs für den Vertrauensnehmer nachteilige Konsequenzen herbeizuführen.

Die zweite Stufe des Vertrauens, sogenanntes wissensbasiertes Vertrauen, entwickelt sich im Laufe der Zeit. Es gründet auf einer Vorhersagbarkeit des Verhaltens der jeweils anderen Partei. „In relationships, the parties cultivate their knowledge of each other by gathering data, seeing each other in different contexts, and noticing reactions to different situations."[337] Im Gegensatz zum oben beschriebenen kalkülbasierten Vertrauen beruht es auf Informationen und nicht auf Kontrolle. Häufige Interaktion in der Vergangenheit und regelmäßige Kommunikation führen zu der Erwartung, dass zukünftiges Verhalten der anderen Person prognostiziert werden kann. Selbst vertrauensunwürdiges Verhalten kann demnach antizipiert werden: „[P]redictability enhances trust – even if the other is predictably untrustworthy – because the ways that the other will violate the trust can be predicted."[338]

Die höchste Stufe des Vertrauens charakterisieren Lewicki/Bunker als identifikationsbasiertes Vertrauen. Es folgt aus gegenseitigem Verständnis, Wertschätzung sowie einer Identifikation mit den Wünschen und Absichten der anderen Person, d.h. Empathie. Diese Stufe kann gemäß der Autoren nur durch länger andauernde Zusammenarbeit erreicht werden. Das Vertrauen entwickelt sich, da die Partner die Bedürfnisse, Wahlmöglichkeiten und Präferenzen der anderen Person kennen,

---

[335] Vgl. Lewicki/Bunker (1995), S. 146; Lewicki/Bunker (1996), S. 120; Lewicki et al. (1997), S. 10.

[336] Vgl. Lewicki/Bunker (1996), S. 120.

[337] Lewicki/Bunker (1996), S. 122.

[338] Lewicki/Bunker (1996), S. 121.

im Voraus erahnen und diese mitunter sogar teilen.[339] Im Unterschied zu den beiden anderen Formen beruht das identifikationsbasierte Vertrauen nicht auf einem Erwartungsnutzenkalkül oder einer Wissensbasis, sondern auf gemeinsamen Normen und Werten, die zu einer emotionalen Bindung führen.[340] „The other can be confident that his or her interests will be fully protected and that no surveillance or monitoring of the actor is necessary."[341]

(2) Einfluss der Bekanntheit auf Vertrauen in Entscheidungssituationen

Lewicki et al. heben hervor, dass identifikationsbasiertes Vertrauen in Organisationen nur selten zu finden und aufgrund der empathischen Komponente eher privaten Beziehungen vorbehalten ist.[342] Vertrauen in Arbeitsbeziehungen ist vor allem kalkül- oder wissensbasiert, je nachdem ob es sich um eine Erstbegegnung oder eine wiederholte Begegnung der Organisationsmitglieder handelt. Für die vorliegende Arbeit sind daher die ersten beiden Stufen der Vertrauensentwicklung nach Lewicki/Bunker relevant. Damit geht eine grundsätzliche Unterscheidung zwischen Unbekanntheit und Bekanntheit des Vertrauensnehmers bzw. zwischen Erstbegegnungen und wiederholten Begegnungen in Organisationen einher. Jede bestehende Beziehung hat ihren Ursprung in einer erstmaligen Begegnung und durch wiederholte Interaktion zwischen den Partnern entwickelt sich unweigerlich eine Beziehungshistorie: „Relationships mature with interaction frequency, duration, and the diversity of challenges that relationship partners encounter and face together."[343]

Im Kontext interdependenter Entscheidungsprobleme kann die Bekanntheit eines Interaktionspartners als ein objektives Merkmal der Aufgabenumgebung herausgestellt werden, welches maßgeblich die Ungewissheit bestimmt, mit der ein Entscheidungsträger konfron-tiert ist.[344] In Anlehnung an das Modell von Lewi-

---

[339] Vgl. Lewicki/Bunker (1996), S. 123.

[340] Vgl. Lewicki et al. (1997), S. 9.

[341] Lewicki/Bunker (1996), S. 122.

[342] Vgl. Lewicki et al. (1997).

[343] Lewicki et al. (1998), S. 443.

[344] Wie bereits im Rahmen der Begriffsbestimmung dargelegt wurde, basiert die Ungewissheit primär in dem Unvermögen eines Vertrauensgebers, Entscheidungen und Handlungen des Interaktionspartners vorherzusagen. Dies liegt zum einen in der mangelnden Kenntnis anderer Organisationsmitglieder und zum anderen in der kognitiven Begrenztheit von Menschen, alle vorhandenen Informationen zu verarbeiten und diese optimal zu nutzen. Vgl. Meifert (2003), S. 34.

cki/Bunker wird angenommen, dass das Vertrauen in Erstbegegnungen geringer ist als das in wiederholten Begegnungen, in denen zu dem Kalkül einer Vertrauensvergabe zusätzliches Wissen über den Interaktionspartner hinzutritt. Diese Annahme soll durch einen zusammenfassenden Rückblick auf die vorangehende Argumentation gestützt werden. In Erstbegegnungen liegen keine Informationen über den Interaktionspartner aus persönlicher Erfahrung vor. Rollenerwartungen oder Berichte aus dritter Hand prägen die Erwartungshaltung. Besteht eine Beziehungshistorie, so besitzen Vertrauensgeber und Vertrauensnehmer Informationen über einander. Diese Informationen aus vergangenen und laufenden Interaktionen reduzieren die Ungewissheit in einer Vertrauenssituation, da sie der Einschätzung der Fähigkeiten und Motive des Interaktionspartners zugrunde gelegt werden können. Erstmalige Begegnungen implizieren aufgrund des Informationsdefizits a priori eine höhere Ungewissheit für den Vertrauensgeber im Vergleich zu wiederholten Begegnungen. Es ist daher anzunehmen, dass bei Konfrontation mit einer identischen betrieblichen Entscheidungsaufgabe Personen, die mit einem bekannten Interaktionspartner agieren, diesem größeres Vertrauen entgegenbringen als Personen, die mit einem ihnen unbekannten Interaktionspartner agieren. Aus diesen Überlegungen heraus soll die folgende Hypothese zur Prüfung gestellt werden:

Hypothese 3: **Das Vertrauen ist in Situationen höher, in denen der Interaktionspartner bekannt ist, als in Situationen, in denen dieser unbekannt ist.**

Die in diesem Abschnitt dargelegten situationsbedingten Einflussfaktoren werden abschließend grafisch zusammengefasst (siehe Abb.10).

SITUATIONSBEDINGTE EINFLUSSFAKTOREN	
Entscheidungsaufgabe (Verwundbarkeit)	**Aufgabenumgebung** (Ungewissheit)
Risiko	Bekanntheit des Interaktionspartners
(-)	(+)

POSITIVE ERWARTUNGSHALTUNG
Vertrauen

Abb. 10: Situationsbedingte Einflussfaktoren von Vertrauen

3.4 Personenbedingte Einflussfaktoren von Vertrauen

Nachdem in den vorangehenden Ausführungen situationsbedingte Faktoren als Determinanten von Vertrauen diskutiert worden sind, werden nun die personenbedingten Einflussfaktoren von Vertrauen analysiert. Hierunter fallen Merkmale der beteiligten Akteure, die unabhängig von einer spezifischen Entscheidungssituation bestehen.[345] Eine Untersuchung der personellen Determinanten von Vertrauen erfordert daher eine separate Betrachtung von Aspekten des Vertrauensgebers und denen des Vertrauensnehmers.

Die hier vorgenommene Differenzierung zwischen Charakteristika des Vertrauensnehmers und denen des Vertrauensgebers reflektiert die unterschiedlichen disziplinären Ansätze in der Vertrauensforschung. Während soziologische und ökonomische Erklärungen sich vorrangig mit Aspekten des Vertrauensnehmers beschäftigen, die rationale, zumindest jedoch vernünftige Gründe für Vertrauen liefern, richten sich psychologische Erklärungen auf den Einfluss individueller Merkmale eines Vertrauensgebers. Nicht zuletzt hat das im zweiten Kapitel dieser Arbeit vorgestellte Modell organisationalen Vertrauens von Mayer et al. weite Anerkennung erlangt, da es Erklärungsansätze der unterschiedlichen Disziplinen integriert und Aspekte beider Vertrauensparteien als Einflussfaktoren konkretisiert.[346] Es bildet die Basis für die folgenden Ausführungen zu den Merkmalen der beteiligten Akteure und die sich anschließende Ableitung von Hypothesen.[347]

3.4.1 Vertrauensneigung des Vertrauensgebers

Ein charakteristisches Merkmal des Vertrauensgebers, von dem angenommen wird, dass es das Vertrauen in einen bestimmten Interaktionspartner in einer spezifischen Situation beeinflusst, ist seine Vertrauensneigung. Der Begriff der

---

[345] Vgl. Beach/Mitchell (1978), S. 445.

[346] Die Auszeichnung des Aufsatzes von Mayer et al. als bester Artikel der zweiten Dekade der Academy of Management Review wurde u.a. mit folgendem Kommentar begründet: „The cross-disciplinary impact of this paper can be seen by the number of citations it draws from experimental economists, marketing scholars, and social psychologists." Kilduff (2006), S. 793.

[347] Die Gegenüberstellung der theoretischen Vertrauensmodelle in Abschnitt 2.4 dieser Arbeit zeigte, dass auch Deutsch und Zand personenspezifische Determinanten von Vertrauen ansprechen, allerdings geschieht dies nicht in der Klarheit, mit der Mayer et al. zwischen Charakteristika des Vertrauensgebers und des Vertrauensnehmers trennen. Vgl. Deutsch (1958), (1960) und (1973); Zand (1972); Mayer et al. (1995).

Vertrauensneigung soll zunächst näher erläutert und von Vertrauen eindeutig abgegrenzt werden, bevor die Bedeutung der Variablen als Determinante von Vertrauen untersucht wird.

(1) Vertrauensneigung als Persönlichkeitseigenschaft

Vertrauensneigung bezeichnet die generelle Bereitschaft einer Person, anderen zu vertrauen.[348] Mayer et al. sehen darin eine situationsübergreifende, stabile Persönlichkeitseigenschaft, die aufgrund unterschiedlicher Erfahrungen, Persönlichkeitstypen, kultureller Hintergründe, Bildungswege und anderer sozioökonomischer Faktoren interindividuell variiert. „Propensity to trust is proposed to be a stable within-party factor that will affect the likelihood the party will trust."[349]

Die Vorstellung einer im Laufe des Lebens erworbenen individuellen grundlegenden Bereitschaft, anderen Personen oder Systemen zu vertrauen, geht auf den Tiefenpsychologen Erikson[350] und den Lerntheoretiker Rotter[351] zurück. Im Gegensatz zu dem Verständnis von Vertrauen als situative Variable, nämlich Vertrauen, das aus einer konkreten Situation heraus resultiert, konzeptualisieren diese Autoren Vertrauen als eine personale Variable im Sinne einer stabilen Persönlichkeitseigenschaft.[352] Vertrauen wird in der vorliegenden Arbeit jedoch als eine situationsspezifische positive Erwartungshaltung beschrieben und ist daher eindeutig von Vertrauen als einer rein personalen Variable abzugrenzen.[353]

---

[348] Vgl. Mayer et al. (1995); Costa (2000).

[349] Mayer et al. (1995), S. 715.

[350] Vertrauen ist nach Erikson tief in der Persönlichkeit verwurzelt und hat den Ursprung in der frühkindlichen psychischen Entwicklung. Vgl. Erikson (1950) und (1999).

[351] Nach Rotter entwickeln Menschen auf des Basis vergangener Erfahrungen und Generalisierungen von anderen Situationen generelle Erwartungen bezüglich des Verhaltens anderer Individuen und Gruppen. Vgl. Rotter (1967), S. 651; Rotter (1980), S. 35.

[352] Vgl. zu einem Überblick Schweer/Thies (2003), S. 4 ff. Sie halten fest: „Die Fokussierung auf entweder personale oder situative Variablen hat sich als zu eingeschränkt erwiesen, von daher hat in der Vertrauensforschung ein Paradigmenwechsel hin zu interaktionistischen Ansätzen stattgefunden", die Vertrauen als eine Beziehungsvariable konzeptualisieren. Schweer/Thies (2003), S. 7.

[353] Vgl. Nooteboom (2002), S. 8 und die Ausführungen hierzu in Kapitel 1.3.1.

Eine grundsätzliche Vertrauensbereitschaft von Menschen wird in der Vertrauensliteratur auch als generalisiertes oder globales Vertrauen bezeichnet.[354] Meifert beschreibt dies als „die *prinzipielle Bereitschaft*, Fremden, den Menschen an sich oder bestimmten Personengruppen (z.b. ManagerInnen) *unabhängig von situativen Spezifika* vertrauensvoll oder eher mißtrauisch zu begegnen."[355] Globales Vertrauen steht zwar in einem engen Zusammenhang mit dem hier zugrunde gelegten Konzept der Vertrauensneigung, konzeptuell unterscheidet es sich jedoch dahingehend, dass Vertreter dieses Ansatzes globales Vertrauen und spezifisches Vertrauen als zwei konstituierende Komponenten des Vertrauenskonstrukts ansehen.[356]

Wie die obigen Ausführungen darlegen, ähnelt das Konstrukt der Vertrauensneigung sowohl dem Verständnis von Vertrauen als personale Variable als auch dem Konzept des generalisierten bzw. globalen Vertrauens. Der grundlegende Unterschied zu diesen Vertrauensverständnissen besteht jedoch darin, dass die Vertrauensneigung als Persönlichkeitseigenschaft des Vertrauensgebers eine Determinante von Vertrauen darstellt und nicht Vertrauen an sich[357] oder eine Dimension bzw. Komponente von Vertrauen.[358]

(2) Der Einfluss der Vertrauensneigung auf Vertrauen in Entscheidungssituationen

Nach Mayer et al. erhöht die Vertrauensneigung als stabiler dispositiver Faktor eines Vertrauensgebers die Wahrscheinlichkeit für Vertrauen.[359] Mayer et al. nehmen an, dass eine höhere Vertrauensneigung eines Vertrauensgebers zu einem höheren Vertrauen in eine spezifische Person führt.[360] Ein positiver Zusammenhang zwischen der Vertrauensneigung und dem Vertrauen wurde in empirischen Untersuchungen nachgewiesen: Die Bereitschaft, in einer spezifischen Situation

---

[354] Zu einer detaillierten Erklärung generalisierten Vertrauens vgl. Meifert (2003), S. 21-25.

[355] Meifert (2003), S. 21 f. Hervorhebung im Original.

[356] Vgl. hierzu Meifert (2003), S. 24.

[357] Vgl. zu diesem Verständnis Erikson (1950) und (1999); Wrightsman (1964); Rotter (1967).

[358] Vgl. zu diesem Verständnis Butler (1991), S. 643; Ripperger (1998), S. 110; Meifert (2003), S. 24.

[359] Vgl. Mayer et al. (1995), S. 715.

[360] Vgl. Mayer et al. (1995), S. 716.

zu vertrauen, ist höher bei Personen mit einer hohen Vertrauensneigung als bei Personen mit einer geringen Vertrauensneigung.[361]

Allerdings ist ein Einfluss der Vertrauensneigung auf das Vertrauen in einer konkreten Situation nicht unumstritten. Meifert postuliert, dass, abgesehen von dem „Spezialfall des Erstvertrauens"[362], eine generelle Vertrauensbereitschaft keinen Einfluss auf das Vertrauen in eine Person besitzt.[363] Vertreter dieser Argumentationslinie nehmen an, dass in Situationen, in denen Informationen über den Vertrauensnehmer vorliegen, die Einschätzung der Vertrauenswürdigkeit das Ausmaß an Vertrauen bestimmt und die Vertrauensneigung eines Vertrauensgebers keine Relevanz besitzt: Nur „[e]rfahrungsloses Erstvertrauen basiert auf der generellen Vertrauensbereitschaft und damit weniger auf situativen Gründen, als vielmehr auf dem Mangel an Gegenbeweisen."[364]

Mayer et al. gehen davon aus, dass nicht nur im Falle des Erstvertrauens die Vertrauensneigung einen Einfluss besitzt. Sie postulieren, dass auch in Situationen, in denen Informationen über den Vertrauensnehmer vorliegen, die Vertrauensneigung das Vertrauen beeinflusst und eine Einschätzung der Vertrauenswürdigkeit additiv hinzutritt.[365] Um die Modellannahmen von Mayer et al. empirisch zu untermauern soll die folgende Hypothese geprüft werden:

Hypothese 4a: **Je höher die Vertrauensneigung des Vertrauensgebers ist, desto höher ist sein Vertrauen in den Interaktionspartner.**

Bezogen auf den hier im Fokus stehenden Untersuchungskontext bedeutet dies, dass die Vertrauensneigung einer Entscheidungsperson das Vertrauen in den Interaktionspartner unabhängig von der Aufgabenumgebung, d.h. der Bekanntheit des Vertrauensnehmers, positiv beeinflusst. Sowohl in Erstbegegnungen als auch in bestehenden Beziehungen ist davon auszugehen, dass eine höhere Vertrauensneigung zu höherem Vertrauen führt. Die Einwände bezüglich der Relevanz einer Persönlichkeitsvariable in Situationen, in denen Informationen über den Vertrauensnehmer vorliegen, führen zu der Annahme, dass die Vertrauensneigung jedoch

---

[361] Vgl. die empirischen Studien von Curral/Judge (1995) und Costa (2000).

[362] Meifert (2003), S. 24.

[363] Vgl. auch Driscoll (1978), S. 50; Stack (1978), S. 564; Bierhoff (1992) S. 425; Petermann (1996), S. 28.

[364] Meifert (2003), S. 24.

[365] Vgl. Mayer et al. (1995), S. 720.

einen größeren Einfluss auf Vertrauen in Erstbegegnungen besitzt als in wiederholten Begegnungen. Aus dieser Überlegung heraus soll die folgende Hypothese
zur Prüfung gestellt werden:

Hypothese 4b: **Der Einfluss der Vertrauensneigung auf Vertrauen ist
größer, wenn der Interaktionspartner unbekannt ist, als
wenn er bekannt ist.**

Nachdem die Vertrauensneigung als charakteristisches Merkmal des Vertrauensgebers dargestellt worden ist, werden nun die Merkmale des Vertrauensnehmers
betrachtet, von denen angenommen wird, dass sie das Vertrauen in einer spezifischen Situation beeinflussen.

3.4.2 Vertrauenswürdigkeit des Vertrauensnehmers

Charaktereigenschaften und Handlungen einer Person bestimmen in erheblichem
Maße, ob ihr Vertrauen entgegengebracht wird oder nicht. Auf der Basis der
Informationen, die einem Vertrauensgeber über einen potentiellen Vertrauens-
nehmer vorliegen, formt dieser eine positive oder negative Erwartungshaltung
bezüglich des Verhaltens des Vertrauensnehmers in einer neuen Situation. Diese
Informationen können aus persönlichen Erfahrungen im Rahmen vergangener
Interaktionsprozesse stammen oder dem Vertrauensgeber von Dritten herangetra-
gen worden sein.[366]

Costa identifiziert auf der Basis der Studien von Butler und Smith/Barcley drei
Bereiche, hinsichtlich derer ein Vertrauensnehmer in einem organisationalen
Kontext evaluiert wird:[367]

- Der Charakter des Vertrauensnehmers, d.h. seine Integrität, Loyalität und
  Diskretion.

- Die Motive und Intentionen des Vertrauensnehmers, insbesondere, ob die
  Absichten hinter den Handlungen fair und gerecht sind.

- Die Rollenkompetenz des Vertrauensnehmers, d.h. die Fertigkeit, Fähigkeiten
  und das Wissen, eine Aufgabe zu erfüllen.

---

[366] Vgl. Zucker (1986) und die Ausführungen zu prozessbasiertem Vertrauen in Abschnitt
3.3.2 dieser Arbeit.

[367] Vgl. Costa (2000), S. 53 f.; Butler (1991); Smith/Barcley (1997).

Zur Begründung von Vertrauen in einer Beziehung ist es jedoch nicht unbedingt von Bedeutung, ob eine Person hinsichtlich ihres Charakters, ihrer Motive bzw. Intentionen oder ihrer Rollenkompetenz tatsächlich vertrauenswürdig ist, sondern vielmehr, ob sie von anderen Personen in der Organisation als vertrauenswürdig wahrgenommen wird. „People trust on the basis of emotions and of cognitive processes that discriminate others as being trustworthy, untrustworthy, or unknown."[368] Vertrauensgeber streben es mehr oder minder bewusst an, ihr Vertrauen auf einer vernünftigen Basis zu bilden und suchen nach Indikatoren, die ihnen Hinweise auf die Vertrauenswürdigkeit eines Interaktionspartners liefern.

Interpretation und Evaluation der Informationen über einen potentiellen Vertrauensnehmer können jedoch emotionsgeladen sein und Wahrnehmungsverzerrungen unterliegen. Nooteboom unterscheidet daher zwischen rationalen Gründen und psychologischen Ursachen von Vertrauen. Vernunftmäßiges Vertrauen begründet Nooteboom in der rationalen Einschätzung der Vertrauenswürdigkeit eines Vertrauensnehmers durch den Vertrauensgeber. Diese Beurteilung beruht auf Wissen, welches aus eigener Erfahrung, Reputation, schriftlichen Unterlagen, Bewertungen, Publikationen oder etablierten Normen und Standards gefolgert wird.[369] Als psychologische Ursache von Vertrauen verweist Nooteboom auf Mechanismen, welche die Beurteilung des Vertrauensnehmers und entsprechend das Verhalten des Vertrauensgebers beeinflussen. Nooteboom nennt hier Liebe, Freundschaft, Empathie[370] und kognitive Heuristiken, die Menschen zur Einschätzung von Eintrittswahrscheinlichkeiten zukünftiger Ereignisse benutzen.[371] Sie dienen der Attributierung von Motiven und Eigenschaften des Vertrauensnehmers und beeinflussen die Erwartung des Vertrauensgebers hinsichtlich eines vertrauenswürdigen Verhaltens des Vertrauensnehmers.[372]

---

[368] Costa (2004), S. 49.

[369] Vgl. Nooteboom (2002), S. 63.

[370] Aufgrund der Identifikation mit dem Vertrauensnehmer können dessen Motive in die Überlegungen einbezogen werden.Vgl. Nooteboom (2002).

[371] Nooteboom verweist insbesondere auf die Verfügbarkeitsheuristik: Erwartungen hinsichtlich der Vertrauenswürdigkeit einer Person werden aufgrund von Normen und Erfahrungen gebildet, die der Vertrauensgeber kürzlich gemacht hat. Nooteboom merkt an, dass auch „behaviour that one can identify with is more 'available'." Nooteboom (2002), S. 81. Zu einer tiefergehenden Beschreibung von Entscheidungsverzerrungen auf Grund von Heuristiken vgl. Auer-Rizzi (1998), S. 130-142.

[372] Vgl. Nooteboom (2002), S. 77.

Der Ursprung des Ansatzes, Attribute des Vertrauensnehmers als Determinanten von Vertrauen heranzuziehen, liegt in den Yale-Studien zur Kommunikation und Einstellungsänderung von Hovland et al., nach denen sich die Glaubwürdigkeit eines Kommunikators aus dessen Sachkenntnis und Vertrauenswürdigkeit bestimmt.[373] In der Vertrauensforschung hat sich die Vertrauenswürdigkeit eines Vertrauensnehmers als eine zentrale Erklärungsvariable für Vertrauen etabliert, die in der Regel den Aspekt der Sachkenntnis des Vertrauensnehmers umfasst.[374] Insbesondere in betriebswirtschaftlichen Studien ist eine starke Fokussierung auf die Variable der Vertrauenswürdigkeit zu erkennen, die so weit geht, dass im Extremfall die wahrgenommene Vertrauenswürdigkeit mit Vertrauen gleichgesetzt wird. So konstatiert zum Beispiel Friedrich: „Die spezifische Vertrauenserwartung ist die subjektiv wahrgenommene Vertrauenswürdigkeit einer spezifischen Person (…)."[375]

Möllering bezeichnet die Erklärung, dass Vertrauen eine rationale, zumindest jedoch vernünftige Wahl ist, die auf der Wahrnehmung der Vertrauenswürdigkeit eines Vertrauensnehmers beruht, als „current mainstream of trust research".[376] Die Kausalkette, die dem Konzept der Vertrauenswürdigkeit zugrunde liegt, fasst er folgendermaßen zusammen: „[T]he more trustworthy others appear to us, the more likely we are to trust them at all, the stronger our trust will be and the more we will be prepared to enact this trust."[377] Entsprechend liegen zentrale Schwerpunkte der Vertrauensforschung in der Frage, was einen Vertrauensnehmer in den Augen des Vertrauensgebers vertrauenswürdig macht. Dies soll im Folgenden näher beleuchtet werden, bevor abschließend der Einfluss der wahrgenommenen Vertrauenswürdigkeit in Entscheidungssituationen betrachtet wird.

---

[373] In den Studien wurde experimentell untersucht, welche Merkmale eines kommunikativen Reizes unter welchen Bedingungen die Wirkung eines Reizes verstärken. Die Glaubwürdigkeit einer Quelle wurde als Einflussfaktor auf die Einstellungsänderung diskutiert. Vgl. Hovland et al. (1953).

[374] Vgl. hierzu die nachfolgende Diskussion zur Fähigkeit eines Vertrauensnehmers als Aspekt der Vertrauenswürdigkeit.

[375] Friedrich (2004), S. 179.

[376] Möllering (2006a), S. 13.

[377] Möllering (2006a), S. 13.

(1) Indikatoren der Vertrauenswürdigkeit

Es existieren unzählige Auflistungen für die Indikatoren der Vertrauenswürdigkeit und sich daran anschließende Versuche, die modellierten Indikatoren zu operationalisieren, zu messen und zu validieren.[378] Zu den umfassendsten Inventaren gehören die ‚Conditions of Trust' von Butler.[379] Er identifiziert insgesamt zehn Bedingungen bzw. Ursachen für Vertrauen in eine bestimmte Zielperson: Erreichbarkeit, Kompetenz, Konsistenz, Diskretion, Fairness, Integrität, Loyalität, Offenheit, Verlässlichkeit und Zugänglichkeit.[380] Die größte Popularität haben hingegen die drei Faktoren der Vertrauenswürdigkeit aus dem Modell von Mayer et al. erlangt.[381] Mayer et al. nehmen an, dass Fähigkeit (ability), Wohlwollen (benevolence) und Integrität (integrity) eines Vertrauensnehmers als Antezedenzbedingungen in ihrer Kombination einen großen Teil des Vertrauens in eine Person erklären.[382]

Die inhaltlichen Überschneidungen zwischen dem ‚Conditions of Trust Inventory' von Butler und den ‚Factors of Trustworthiness' von Mayer et al. werden in der folgenden Abbildung 11 aufgezeigt.[383] Es wird darauf verzichtet, die Vertrauensbedingungen nach Butler separat zu erläutern. Im Rahmen der Erläuterung der drei Faktoren von Mayer et al. wird jedoch auf sie Bezug genommen.

Der erste Faktor nach Mayer et al. benennt die aufgaben- und situationsspezifische Fähigkeit eines Vertrauensnehmers. Hierzu zählen sie Fertigkeiten, Fachkompetenz und Expertise. Friedrich präzisiert, dass der Faktor Fähigkeit als Aspekt der Vertrauenswürdigkeit „ein Bündel von funktionalen und extrafunktionalen Qualifikationen wie z.B. Durchsetzungsfähigkeiten, Erfahrungen mit Prozessen etc., die einen Einfluss des potentiellen Vertrauensnehmers in einem bestimmten Bereich ermöglichen"[384], umfasst.

---

[378] Zwei vielfach zitierte Übersichten dazu bieten Mayer et al. (1995), S. 718 und Meifert (2003), S. 62.

[379] Vgl. Butler (1991).

[380] Vgl. Butler (1991), S. 648. Butler erweiterte und validierte die Liste von Vertrauensbedingungen, die von Jennings und Gabarro in den 1970er Jahren identifiziert wurden. Vgl. Jennings (1971); Gabarro (1978).

[381] Vgl. Mayer et al. (1995).

[382] Vgl. Mayer et al. (1995), S. 717.

[383] Vgl. Butler (1991); Mayer et al. (1995).

[384] Friedrich (2004), S. 184.

Vertrauens- bedingungen nach Butler	Faktoren der Vertrauenswürdigkeit nach Mayer et al.
Kompetenz	Fähigkeit
Loyalität Offenheit Zugänglichkeit Erreichbarkeit	Wohlwollen
Integrität Diskretion Fairness Verlässlichkeit Konsistenz	Integrität

Abb. 11: Indikatoren der Vertrauenswürdigkeit nach Butler und Mayer et al.[385]

Das Wissen um die Fähigkeit einer Person allein begründet nach Mayer et al. jedoch nur ein Zutrauen und noch kein Vertrauen.[386] Diese Annahme konnte empirisch in einer Feldstudie von Davis et al. bestätigt werden:[387] Im Gegensatz zu den Faktoren Wohlwollen und Integrität, die bei separater Betrachtung einen positiven Einfluss auf Vertrauen ausübten, wurde kein signifikanter Zusammenhang zwischen der Fähigkeit und dem Vertrauen festgestellt. Butler/Cantrell konnten hingegen in zwei Experimenten zeigen, dass aus Sicht der Probanden die funktionale und soziale Kompetenz eines Vertrauensnehmers von herausragender Bedeutung für das Vertrauen in diese Person war.[388]

Widersprüchliche Befunde in diesem Zusammenhang haben in der Vertrauensforschung zu einer Debatte geführt, ob Fähigkeit als Faktor der Vertrauenswürdigkeit ausgeschlossen werden sollte.[389] Da Vertrauen nicht nur die Bereitschaft

---

[385] Vgl. zu der Zuordnung Mayer et al. (1995), S. 723. Eine andere Systematisierung findet sich bei Meifert, der die Vertrauensbedingungen von Butler den Hauptkomponenten Kompetenz, Integrität und Gesinnung zuordnet. Vgl. Meifert (2003), S. 62.

[386] Vgl. Mayer et al. (1995), S. 719.

[387] Vgl. Davis et al. (2000).

[388] Vgl. Butler/Cantrell (1984).

[389] Vgl. Schoorman et al. (1996), S. 339.

umfasst, sich einer Person gegenüber zu öffnen, sondern auch die Bereitschaft impliziert, sich auf eine Person zu verlassen, ist es theoretisch begründbar, dass die Wahrnehmung von Fähigkeit das Vertrauen positiv beeinflusst.[390] Davis et al. halten fest: „If a manager is perceived as able to get something done about a particular problem, he or she is likely to be more trusted than a manager who is perceived as impotent in the situation."[391] Die Wirkung der wahrgenommenen Fähigkeit auf das Vertrauen in einer interdependenten betrieblichen Entscheidungssituation soll mit der folgenden Hypothese überprüft werden:

Hypothese 5a: **Je höher der Vertrauensgeber die Fähigkeit des Interaktionspartners wahrnimmt, desto höher ist sein Vertrauen.**

Wohlwollen als zweiter Faktor der Vertrauenswürdigkeit nach Mayer et al. bezeichnet eine positive Einstellung bzw. Orientierung eines Vertrauensnehmers gegenüber dem Vertrauensgeber.[392] Die Autoren subsummieren unter Wohlwollen die Aspekte der Loyalität, Offenheit, Zugänglichkeit und Erreichbarkeit eines Vertrauensnehmers nach Butler.[393] Meifert konkretisiert Wohlwollen speziell in einem Arbeitskontext: „Ein Gradmesser für die Frage, ob ein Vorgesetzter seinen MitarbeiterInnen Wohlwollen entgegenbringt, ist für viele Beschäftigte auch die (Gesprächs-) Zeit, die er sich für Untergebene nimmt. Umgekehrt können Beschäftigte Wohlwollen gegenüber Vorgesetzten demonstrieren, indem sie zum Beispiel besonders offen sind, sich mit der Tätigkeit identifizieren, Verantwortung übernehmen und mitdenken, bei Bedarf freiwillig Überstunden leisten, ihre Arbeitsaufgaben zuverlässig erledigen und nicht immer für jede Vorleistung sofort eine Gegenleistung erwarten."[394]

Während sich in der experimentellen Untersuchung von Butler/Cantrell Loyalität und Offenheit für neue Ideen als weniger wichtige Determinanten von Vertrauen herausstellten,[395] so fanden Davis et al. im Feld die Annahme bestätigt, dass Vertrauen durch das wahrgenommene Wohlwollen determiniert wird.[396] Einen

---

[390] Zu den zwei Dimensionen der ‚reliance' und ‚disclosure' vgl. Gillespie (2003b).

[391] Davis et al. (2000), S. 566.

[392] Vgl. Mayer et al. (1995), S. 719; Davis et al. (2000), S. 566.

[393] Vgl. Mayer et al. (1995), S. 723; Butler (1991).

[394] Meifert (2003), S. 69.

[395] Vgl. Butler/Cantrell (1984).

[396] Vgl. Davis et al. (2000).

positiven Zusammenhang zwischen der Wahrnehmung, dass der Vertrauensnehmer generell eine positive Einstellung anderer Menschen gegenüber besitzt, und
dem Vertrauen in diese Person beobachteten Becerra/Gupta.[397]

Da der Aspekt des Wohlwollens nach Gambetta impliziert, dass ein Vertrauensnehmer einem Vertrauensgeber keinen Schaden zufügt, auch wenn der Anreiz
dazu bestünde,[398] ist anzunehmen, dass dieser Faktor insbesondere in interdependenten Entscheidungssituationen eine herausragende Bedeutung besitzt. Die
Bereitschaft eines Entscheidungsträgers, sich gegenüber einem wohlwollenden
Interaktionspartner verwundbar zu machen, sollte demnach stärker ausgeprägt
sein als gegenüber einem Interaktionspartner, dessen Wohlwollen ihm gegenüber
fraglich erscheint. Dies führt zu der folgenden Hypothese:

Hypothese 5b: **Je höher der Vertrauensgeber das Wohlwollen des Interaktionspartners wahrnimmt, desto höher ist sein Vertrau-
en.**

Die Wahrnehmung, dass der Vertrauensnehmer eine Reihe von Prinzipien verfolgt, die gleichzeitig die Akzeptanz des Vertrauensgebers finden, bestimmt die
Integrität eines Vertrauensnehmers. Dieser dritte Faktor der Vertrauenswürdigkeit
nach Mayer et al. wird vorrangig mit konsistentem Verhalten, Diskretion, Verlässlichkeit und Fairness bzw. einem starken Gerechtigkeitsempfinden in Verbindung gebracht.[399] Mayer et al. betonen, dass insbesondere das Ausmaß an subjektiv wahrgenommener Integrität wichtig ist und nicht unbedingt die einzelnen
Ursachen der Integrität. Davis et al. stellen fest, dass „managers can improve
their employees' trust by improving their employees' perceptions of their (…)
integrity."[400] Ist eine Person dafür bekannt, dass sie ihren Worten Taten folgen
lässt, Versprechen einhält und geltende Normen beachtet, so wird ihr eine hohe
Integrität zugesprochen. Im Gegensatz zum Wohlwollen müssen Informationen
über die Integrität eines potentiellen Vertrauensnehmers nicht unbedingt aus
direkter Erfahrung in der Vergangenheit stammen, sondern können auch durch

---

[397] Vgl. Becerra/Gupta (2003).

[398] Vgl. Gambetta (1988), S. 217. Nooteboom sieht in Wohlwollen sogar den direkten Gegensatz zu Opportunismus. Vgl. Nooteboom (2002), S. 51.

[399] Vgl. Mayer et al. (1995). Zum Zusammenhang der Fairness bzw. Verteilungs- und Verfah-
rensgerechtigkeit mit Vertrauen vgl. Folger/Konovsky (1989), S. 122 ff.; Butler (1991), S.
648; Brockner et al. (1997), S. 563-566.

[400] Davis et al. (2000), S. 571.

glaubwürdige Berichte über den Vertrauensnehmer von Drittparteien vermittelt werden.[401] Es konnte mehrfach empirisch belegt werden, dass sich die Fairness eines Vertrauensnehmers positiv auf das Vertrauen auswirkt.[402] Ebenso zeigte sich in unterschiedlichen Untersuchungen, dass unterstützendes und akzeptanzförderndes Führungsverhalten Vertrauen determiniert.[403] In den Studien von Butler/Cantrell erwiesen sich integres und konsistentes Verhalten eines Vertrauensnehmers, direkt nach der Fähigkeit dieser Person, als wichtigste Einflussfaktoren auf Vertrauen.[404]

Um zu prüfen, ob auch der dritte von Mayer et al. postulierte Faktor in einer interdependenten Entscheidungssituation das Vertrauen eines Entscheidungsträgers beeinflusst, wird die folgende Hypothese aufgestellt:

Hypothese 5c: **Je höher der Vertrauensgeber die Integrität des Interaktionspartners wahrnimmt, desto höher ist sein Vertrauen.**

(2) Einfluss der wahrgenommenen Vertrauenswürdigkeit auf Vertrauen

Die Faktoren Fähigkeit, Wohlwollen und Integrität bezeichnen drei Wahrnehmungsperspektiven, aus denen der Vertrauensgeber den Vertrauensnehmer heraus betrachtet. Sie stehen miteinander in Beziehung, können jedoch unabhängig voneinander variieren. Mayer et al. nehmen an, dass, wenn nur einer der drei Faktoren als ausgeprägt empfunden wird, dies noch kein Vertrauen in eine Person begründet.[405] Unbeantwortet bleibt die Frage, wie gering ein Faktor ausgeprägt sein kann, so dass trotzdem noch Vertrauen entsteht. In der Untersuchung von Davis et al. zur Prüfung der hier dargelegten theoretischen Annahmen zur Vertrauenswürdigkeit erklärten die drei Faktoren gemeinsam als additives Konstrukt 46 Prozent der Varianz des Vertrauens. Wurden jedoch die Interkorrelationen statistisch herausgerechnet, so erwiesen sich nur Wohlwollen und Integrität als statistisch signifikante Prädiktoren von Vertrauen, nicht jedoch die Fähigkeit.[406]

---

[401] Vgl. Mayer et al. (1995), S. 719.

[402] Vgl. Konovsky/Pugh (1994); Korsgaard et al. (1995); Aryee et al. (2002); Albrecht/Travaglione (2003); De Cremer et al. (2006).

[403] Vgl. Podsakoff et al. (1990); Butler et al. (1999); Pillai et al. (1999); Podsakoff et al. (1996); Jung/Avolio (2000).

[404] Vgl. Butler/Cantrell (1984).

[405] Vgl. Mayer et al. (1995), S. 721.

[406] Vgl. Davis et al. (2000).

Die vorangehenden Ausführungen lassen darauf schließen, dass die Bedeutung der Fähigkeit, des Wohlwollens und der Integrität eines Vertrauensnehmers im Einzelnen von der Situation abhängt, in der Vertrauensgeber und Vertrauensnehmer miteinander agieren. Je nach Entscheidungsproblem kann ein anderer Aspekt ausschlaggebend für das Vertrauen in den Interaktionspartner sein. Es ist davon auszugehen, dass sich ein Vertrauensgeber auf der Basis der ihm vorliegenden Informationen ein Gesamtbild über die Vertrauenswürdigkeit seines Interaktionspartners macht. Dieses muss nicht vollständig rational begründet sein, sondern unterliegt auch psychologischen Ursachen.[407] Aus diesem Grund soll an dieser Stelle die Ebene der einzelnen Faktoren der Vertrauenswürdigkeit verlassen werden und das Augenmerk auf die Variable der wahrgenommenen Vertrauenswürdigkeit gerichtet werden.

Wie bereits dargelegt wurde, wird das Konstrukt der Vertrauenswürdigkeit als zentrale Vertrauensdeterminante in Situationen angesehen, in denen dem Vertrauensgeber Informationen über den Vertrauensnehmer vorliegen, entweder aufgrund der Reputation dieser Person oder aus persönlichen vergangenen Erfahrungen.[408] Ein Entscheidungsträger nutzt die ihm verfügbaren Informationen über den Interaktionspartner, um sich ein Urteil über dessen Vertrauenswürdigkeit zu bilden und Schlussfolgerungen zu ziehen, wie sich der Interaktionspartner in einer bestimmten Situation verhalten wird.[409] Die vorangehenden Einzelhypothesen zusammenfassend wird die Annahme geprüft, ob sich die wahrgenommene Vertrauenswürdigkeit eines Interaktionspartners positiv auf das Vertrauen in einer betrieblichen Entscheidungssituation auswirkt. Es wird daher folgende Hypothese aufgestellt:

Hypothese 5d: **Je höher der Vertrauensgeber die Vertrauenswürdigkeit des Interaktionspartners wahrnimmt, desto höher ist sein Vertrauen.**

Liegen dem Entscheidungsträger keine Informationen über den Interaktionspartner vor, wie dies insbesondere in Erstbegegnungen der Fall ist, so entfällt diese Vertrauensbasis. Wie bereits dargelegt worden ist, besitzt in solchen Situationen die Vertrauensneigung eines Entscheidungsträgers einen entscheidenden Einfluss

---

[407] Vgl. Nooteboom (2002).

[408] Vgl. Zucker (1986).

[409] Vertrauen basiert auf Erwartungen, wie sich ein Interaktionspartner verhalten wird. Vgl. dazu das im zweiten Kapitel vorgestellte Modell von Zand (1972).

auf die Wahrscheinlichkeit und Höhe des Vertrauens. Die folgende Grafik bildet die Zusammenhänge ab, die in den vorangehenden Ausführungen im Zentrum des Interesses standen.

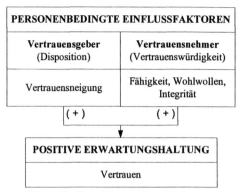

Abb. 12: Personenbedingte Einflussfaktoren von Vertrauen

Die Darstellung der Modellbausteine ist mit der Präzisierung personenbedingter Einflussfaktoren abgeschlossen, so dass nun der letzte Schritt der Modellgenerierung erfolgen kann: die Verknüpfung der einzelnen Elemente.

3.5 Interpersonelles Vertrauen als Mediator

Die Zielsetzung des vorliegenden Abschnitts besteht darin, anhand der dargestellten Erklärungsansätze und empirischen Befunde, ein Modell zu präsentieren, das Determinanten und Wirkungen von Vertrauen in Entscheidungssituationen integriert und im Anschluss einer empirischen Prüfung unterzogen werden kann. Die Modellbausteine wurden in den vorangehenden Unterkapiteln erläutert und sollen abschließend zusammengefasst werden, bevor eine Verknüpfung der einzelnen Elemente erfolgt.

Ausgangspunkt der Modellgenerierung ist nach Beach/Mitchell eine Konkretisierung des im Forschungsinteresse stehenden Verhaltens.[410] In Abschnitt 3.2 wurde zu diesem Zweck auf der Basis der Erkenntnisse der Vertrauensforschung dargelegt, dass sich Vertrauen auf zwei Gruppen von Verhaltensweisen auswirkt: kooperatives und kontrollierendes Verhalten. Speziell auf interdependente betriebliche Entscheidungssituationen bezogen, wurden Hypothesen zum Einfluss von Vertrauen auf die offene und ehrliche Kommunikation von Informationen und

---

[410] Vgl. Beach/Mitchell (1978).

auf die Kontrolle des Informationsverhaltens des Interaktionspartners durch den Entscheidungsträger abgeleitet.

Nachfolgend standen die Determinanten von Vertrauen im Forschungsfokus, mit der Zielsetzung, Charakteristika der Situation und der beteiligten Akteure zu spezifizieren, die das Vertrauen in betrieblichen Entscheidungssituationen beeinflussen. Um situative Einflussfaktoren auf Vertrauen zu präzisieren, wurden in Abschnitt 3.3 Aspekte der Entscheidungsaufgabe und der Aufgabenumgebung analysiert, welche die Verwundbarkeit respektive die Ungewissheit einer Vertrauenssituation abbilden. Dabei konnten zwei Faktoren identifiziert werden, von denen angenommen wird, dass sie das Vertrauen in Entscheidungssituationen maßgeblich bestimmen: das wahrgenommene Risiko und die Bekanntheit des Interaktionspartners.

In Abschnitt 3.4 standen Charakteristika der Interaktionspartner als personelle Determinanten von Vertrauen im Mittelpunkt des Interesses. Auf der Basis theoretischer Ansätze der Vertrauensforschung, insbesondere des Vertrauensmodells von Mayer et al., wurden Annahmen zum Einfluss der Vertrauensneigung des Vertrauensgebers und der Vertrauenswürdigkeit des Vertrauensnehmers auf Vertrauen in interdependenten Entscheidungssituationen abgeleitet.[411]

In den Ausführungen dieses Kapitels sind die Verhaltenskonsequenzen von Vertrauen und die Determinanten von Vertrauen bislang getrennt voneinander analysiert worden. Die beschriebenen Modellelemente stellen theoretisch begründete Wirkungen bzw. Ursachen von Vertrauen dar, deren Zusammenhänge mit Vertrauen in empirischen Untersuchungen teilweise bestätigt worden sind. Eine Verknüpfung der Variablen zu einem Mediationsmodell interpersonellen Vertrauens ermöglicht es, detaillierte Aussagen zur Bedeutung von Vertrauen in Entscheidungssituationen zu treffen und Zusammenhänge zu prüfen, die in dieser Art in der Vertrauensforschung bislang keine Beachtung gefunden haben. Dies wird nachfolgend anhand empirischer Ergebnisse zur Mediationsfunktion von Vertrauen verdeutlicht.

Die im vorliegenden Kapitel begründeten situations- und personenbedingten Einflussfaktoren von Vertrauen werden mit den Verhaltenswirkungen von Vertrauen in der folgenden Abbildung 13 zusammengeführt. Sie visualisiert die Annahme, dass Merkmale der Entscheidungssituation und der involvierten Akteu-

---

[411] Vgl. Mayer et al. (1995).

re interpersonelles Vertrauen determinieren und dass sich dieses Vertrauen auf das Verhalten auswirkt. Vertrauen steht im Zentrum des Modells als verbindendes Element.

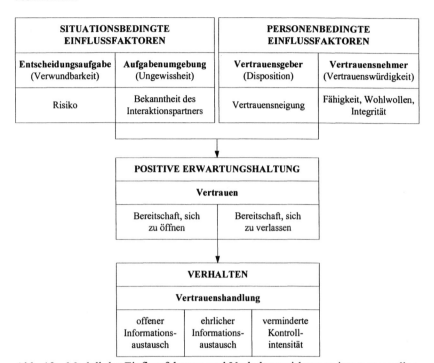

Abb. 13: Modell der Einflussfaktoren und Verhaltenswirkungen interpersonellen Vertrauens in Entscheidungssituationen

Die Grafik zeigt eine Kausalkette, in der Vertrauen die Position einer Mediator-variablen einnimmt und die Vertrauensdeterminanten in Verhalten transformiert.[412] Ein Mediator repräsentiert einen Mechanismus, der den Einfluss der unabhängigen Variablen auf die abhängige Variable vermittelt. „In general, a given variable may be said to function as a mediator to the extent that it accounts for the relation between the predictor and the criterion."[413] Voraussetzung für die Annahme, dass Vertrauen die situations- und personenbedingten Faktoren auf das

---

[412] Mediatorenmodelle gehen letztlich auf Woodworths S-O-R-Modell zurück, dem die Vorstellung zugrunde liegt, dass ein aktiver Organismus zwischen Stimulus und Reaktion interveniert. Vgl. Woodworth (1940 [1934,1929]).

[413] Baron/Kenny (1986), S. 1176.

Verhalten mediiert, ist, dass ein Zusammenhang zwischen den theoretisch postulierten Ursachen von Vertrauen und den Wirkungen von Vertrauen besteht.[414]

(1) Vertrauen als Mediatorvariable

Dirks/Ferrin identifizieren in einer Literaturanalyse über einen Zeitraum von 40 Jahren insgesamt 37 empirische Studien, die entweder die Determinanten oder die Wirkungen von Vertrauen innerhalb von Organisationen untersuchen und lediglich sechs Studien, die Vertrauen als Mediator in einem organisationalen Kontext analysieren.[415] Im Rahmen einer umfangreichen Literaturanalyse für diese Arbeit konnte die Anzahl der Untersuchungen, die interpersonelles Vertrauen als Mediator betrachten, auf insgesamt 14 Studien erhöht werden. Die nachfolgenden Tabellen 2 und 3 fassen die Annahmen und Befunde der Studien zur Mediationswirkung von Vertrauen zusammen.

Studie	Annahme zur mediierenden Wirkung von Vertrauen		Befund
Earley (1986)	Vertrauen in die Führungskraft mediiert den Einfluss ...		vollständige Mediation
	von Lob bzw. Kritik	auf die Arbeitsleistung.	
Podsakoff et al. (1990)	Vertrauen in die Führungskraft mediiert den Einfluss ...		vollständige Mediation
	von transformativem Führungsverhalten	auf OCB.	
Konovsky/ Pugh (1994)	Vertrauen in die Führungskraft mediiert den Einfluss ...		vollständige Mediation
	von Gerechtigkeitsempfinden	auf OCB.	
Robinson/ Morrison (1995)	Vertrauen in die Führungskraft mediiert den Einfluss ...		partielle Mediation[416]
	von psychologischem Vertragsbruch	auf OCB.	
Robinson (1996)	Vertrauen in den Arbeitgeber mediiert den Einfluss ...		vollständige Mediation
	von psychologischem Vertragsbruch	auf die Arbeitsleistung.	

Tab. 2:   Empirische Studien zur mediierenden Funktion von Vertrauen (Teil 1)

---

[414] Vgl. Baron/Kenny (1986), S. 1117.

[415] Vgl. Dirks/Ferrin (2001). Zudem wurden von Dirks/Ferrin neun empirische Studien identifiziert, die eine moderierende Funktion von Vertrauen postulieren. Als Moderator liefert Vertrauen die Bedingungen, unter denen beispielsweise Kooperation, eine höhere Arbeitsleistung oder eine positive Arbeitseinstellung auftreten.

[416] Vertrauen vermittelt den Einfluss der unabhängigen Variablen auf die abhängige Variable partiell. Die unabhängige Variable besitzt zugleich einen direkten Einfluss auf die abhängige Variable. Vgl. dazu Baron/Kenny (1986) und die Ausführungen in Abschnitt 5.2.1 dieser Arbeit.

Studie	Annahme zur mediierenden Wirkung von Vertrauen		Befund
De Dreu et al. (1998)	Vertrauen zwischen Verhandlungspartnern mediiert den Einfluss..		Mediation nicht bestätigt
	sozialer Motive und der Bestrafungsmacht	auf den Informationsaustausch.	
Butler et al. (1999)	Vertrauen in den Teamleiter mediiert den Einfluss ...		vollständige Mediation auf Zufriedenheit mit Arbeit
	von transformativem Führungsverhalten	auf die Zufriedenheit mit der Arbeit und dem Vorgesetzten.	
Pillai et al. (1999)	Vertrauen in die Führungskraft mediiert den Einfluss ...		vollständige Mediation
	von Führungsverhalten	auf OCB, Arbeitszufriedenheit und Commitment.	
Jung/ Avolio (2000)	Vertrauen in die Führungskraft mediiert den Einfluss ...		partielle Mediation
	von transformativem und transaktionalem Führungsverhalten	auf die Qualität und Quantität der Arbeitsleistung sowie die Zufriedenheit mit der Führungskraft.	
Aryee et al. (2002)	Vertrauen in die Führungskraft mediiert den Einfluss ...		vollständige Mediation
	von der Wahrnehmung gerechten Handelns des Vorgesetzten	auf die Arbeitsleistung und OCB.	
Coyle-Shapiro et al. (2002)	Vertrauen in das Management mediiert den Einfluss ...		partielle Mediation
	von Organizational reciprocity[417]	auf Commitment.	
Albrecht/ Travaglione (2003)	Vertrauen in das Management mediiert den Einfluss ...		partielle Mediation auf Commitment und Zynismus
	von der Wahrnehmung prozeduraler Gerechtigkeit, organisationaler Unterstützung, Arbeitsplatzsicherheit, effektiver Kommunikation	auf Commitment, Changezynismus und der Absicht, in der Organisation zu verbleiben.	
Levin/ Cross (2004)	Vertrauen in den Interaktionspartner mediiert den Einfluss ...		vollständige Mediation
	von der Beziehungsstärke	auf den Wissenstransfer.	
De Cremer et al. (2006)	Affekt- und kognitionsbasiertes Vertrauen in die Führungskraft mediiert den Einfluss ...		vollständige Mediation des affektbasierten Vertrauens
	von dem Empfinden prozeduraler Gerechtigkeit	auf OCB.	

Tab. 3:   Empirische Studien zur mediierenden Funktion von Vertrauen (Teil 2)

Der tabellarische Überblick zeigt auf, dass das Forschungsinteresse bislang auf der vermittelnden Wirkung von Vertrauen zwischen dem Führungsverhalten des

---

[417] ‚Organizational reciprocity' bezeichnet das Ausmaß, zu dem Angestellte Erfolgsbeteiligung als Investition der Organisation in seine Mitarbeiter empfinden. Vgl. Coyle-Shapiro et al. (2002), S. 429.

Vorgesetzten und den Arbeitseinstellungen sowie dem ‚Organizational Citizenship Behaviour' (OCB) eines Mitarbeiters lag.[418] Eine systematische Analyse der Mediationswirkung von Vertrauen zwischen situations- und personenbezogenen Einflussfaktoren auf das Kommunikations- und Kontrollverhalten unterblieb bislang.

Zwei Studien weisen jedoch eine gewisse Nähe zur vorliegenden Untersuchung auf. De Dreu et al. analysieren das Informationsverhalten als Wirkung von Vertrauen.[419] Sie konnten ihre Annahme einer vermittelnden Funktion von Vertrauen zwischen den sozialen Motiven und der Bestrafungsmacht in Verhandlungssituationen auf die Kommunikation von Informationen empirisch allerdings nicht bestätigen. Lewin/Cross hingegen beobachteten, dass Vertrauen den Einfluss der Beziehungsstärke zwischen den Interaktionspartnern auf den Wissenstransfer vermittelt.[420] Dieses Ergebnis bestärkt die Annahme, dass Vertrauen als Mediator zwischen der Bekanntheit des Interaktionspartners und dem Informationsverhalten eines Vertrauensgebers wirkt. Empirische Befunde zur hier im Forschungsinteresse stehenden vermittelnden Wirkung von Vertrauen zwischen Risikowahrnehmung, Vertrauensneigung oder der wahrgenommenen Vertrauenswürdigkeit und dem Kommunikations- und Kontrollverhalten sind nicht bekannt.

(2) Hypothesen zur mediierenden Funktion von Vertrauen

Die Entwicklung von Mediationshypothesen erfolgt durch Verknüpfung der in diesem Kapitel ausführlich begründeten theoretisch postulierten direkten Determinanten von Vertrauen mit den im Forschungsinteresse stehenden Verhaltenswirkungen von Vertrauen.[421] Das in Abbildung 13 dargestellte ‚Modell der Einflussfaktoren und Verhaltenswirkungen interpersonellen Vertrauens in Entscheidungssituationen' liefert einen Ordnungsrahmen zur systematischen Ableitung von Annahmen bezüglich der vermittelnden Wirkung interpersonellen Vertrauens zwischen situations- und personenbedingten Aspekten und dem Verhalten eines

---

[418] ‚Organizational Citizenship Behaviour' bezeichnet individuelles Verhalten am Arbeitsplatz, das Mitarbeiter aus eigenem Antrieb erbringen und das der Organisation nützlich ist, d.h. freiwilliges Arbeitsengagement. Vgl. Kretschmann (2006). Nach Organ umfasst es die Dimensionen Hilfsbereitschaft (altruism), Gewissenhaftigkeit (conscientiousness), Entgegenkommen (courtesy), Unkompliziertheit (sportsmanship) und Eigeninitiative (civic virtue). Vgl. Organ (1988).

[419] Vgl. De Dreu et al. (1998).

[420] Vgl. Levin/Cross (2004).

[421] Vgl. zu der Vorgehensweise zum Beispiel die Studie von Albrecht/Travaglione (2003).

Vertrauensgebers. Abbildung 14 stellt die in den nachfolgenden Hypothesen postulierten Zusammenhänge zur mediierenden Wirkung von Vertrauen dar und bildet damit das Untersuchungsmodell der vorliegenden Studie.

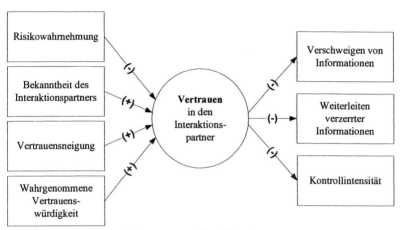

Abb. 14: Mediationsmodell interpersonellen Vertrauens

Es soll geprüft werden, ob Vertrauen den Zusammenhang zwischen der Risiko-wahrnehmung und dem Verhalten in Entscheidungssituationen mediiert. Dies führt zu nachstehenden Hypothesen:

Hypothese 6a: **Vertrauen vermittelt den Einfluss des wahrgenommenen Risikos auf das Verschweigen von Informationen.**

Hypothese 6b: **Vertrauen vermittelt den Einfluss des wahrgenommenen Risikos auf das Weiterleiten verzerrter Informationen.**

Hypothese 6c: **Vertrauen vermittelt den Einfluss des wahrgenommenen Risikos auf die Kontrolle des Interaktionspartners.**

Weiterhin wird getestet, ob Vertrauen als Mediatorvariable zwischen der Be-kanntheit des Interaktionspartners und dem Verhalten in Entscheidungssituationen wirkt. Es werden daher die folgenden Hypothesen formuliert:

Hypothese 7a: **Vertrauen vermittelt den Einfluss der Bekanntheit auf das Verschweigen von Informationen.**

Hypothese 7b: **Vertrauen vermittelt den Einfluss der Bekanntheit auf das Weiterleiten verzerrter Informationen.**

Hypothese 7c: **Vertrauen vermittelt den Einfluss der Bekanntheit auf die Kontrolle des Interaktionspartners.**

Zudem soll die Annahme geprüft werden, dass Vertrauen als Mediatorvariable zwischen der Vertrauensneigung des Vertrauensgebers und dem Verhalten wirkt:

Hypothese 8a: **Vertrauen vermittelt den Einfluss der Vertrauensneigung auf das Verschweigen von Informationen.**

Hypothese 8b: **Vertrauen vermittelt den Einfluss der Vertrauensneigung auf das Weiterleiten verzerrter Informationen.**

Hypothese 8c: **Vertrauen vermittelt den Einfluss der Vertrauensneigung auf die Kontrolle des Interaktionspartners.**

Schließlich wird analysiert, ob Vertrauen den Zusammenhang zwischen der Wahrnehmung der Vertrauenswürdigkeit des Vertrauensnehmers und dem Verhalten mediiert. Es werden daher die folgenden Hypothesen geprüft:

Hypothese 9a: **Vertrauen vermittelt den Einfluss der wahrgenommenen Vertrauenswürdigkeit auf das Verschweigen von Informationen.**

Hypothese 9b: **Vertrauen vermittelt den Einfluss der wahrgenommenen Vertrauenswürdigkeit auf das Weiterleiten verzerrter Informationen.**

Hypothese 9c: **Vertrauen vermittelt den Einfluss der wahrgenommenen Vertrauenswürdigkeit auf die Kontrolle des Interaktionspartners.**

Die in diesem Abschnitt entwickelten Hypothesen ermöglichen eine empirische Analyse der einzelnen kausalen Pfade des aufgestellten Mediationsmodells. Direkte Zusammenhänge zwischen den postulierten Ursachen und den Wirkungen von Vertrauen werden bei der Prüfung von Mediationshypothesen implizit mitgetestet.[422] Zum Abschluss dieses Kapitels sollen die Annahmen dieser Arbeit in einem Gesamtüberblick dargestellt werden, bevor die Untersuchungskonzeption im vierten Kapitel erläutert wird.

3.6 Zusammenfassung der Hypothesen

Vertrauen wird in dieser Arbeit als unabhängige Variable (Ursache), als abhängige Variable (Wirkung) und als Interaktionsvariable (Mediator) untersucht. Während der Schwerpunkt ökonomischer Studien vorrangig auf Vertrauen als unabhängiger Variable liegt, um die positiven und negativen Konsequenzen des Phänomens in einem betriebswirtschaftlichen Kontext zu ergründen, richtet sich das Augenmerk psychologischer und soziologischer Studien überwiegend auf die Determinanten von Vertrauen. Sie analysieren Vertrauen als abhängige Variable, um insbesondere Aussagen zum Einfluss der Charakteristika des Vertrauensgebers und des Vertrauensnehmers zu gewinnen. Eine umfassende Analyse von Vertrauen als Mediatorvariable zwischen situativen und personellen Faktoren sowie dem Verhalten eines Vertrauensgebers spiegelt den aktuellen Trend einer interdisziplinären Vertrauensforschung wider und folgt dem Ruf nach Konsolidierung bestehender Forschungsergebnisse.

In der vorliegenden Untersuchung wird Vertrauen in den Hypothesen 1a bis c als Ursache betrachtet. Die Hypothesen 2 und 3 beschreiben Vertrauen als Wirkung situativer Bedingungen und die Hypothesen 4a bis 5d stellen Vertrauen als Ergebnis personeller Einflussfaktoren dar. In den Hypothesen 6a bis 9c wird Vertrauen als Mediatorvariable modelliert. Es wird angenommen, dass Vertrauen den Einfluss von den situations- und personenbedingten Faktoren auf das Verschweigen von Informationen (Hypothesen 6a, 7a, 8a und 9a), das Verzerren von Informationen (Hypothesen 6b, 7b, 8b und 9b) und die Kontrolle des Interaktionspartners (Hypothesen 6c, 7c, 8c und 9c) vermittelt. Zusammenfassend werden alle Hypothesen im Überblick dargestellt.

---

[422] Eine Beschreibung der einzelnen Schritte zur Prüfung von Mediationsmodellen erfolgt in Kapitel 5.

Hypothesen zu den Wirkungen von Vertrauen auf das Verhalten:

Hypothese 1a: Je höher das Vertrauen ist, desto weniger Informationen verschweigt der Vertrauensgeber dem Interaktionspartner.

Hypothese 1b: Je höher das Vertrauen ist, desto weniger Informationen gibt der Vertrauensgeber verzerrt an den Interaktionspartner weiter.

Hypothese 1c: Je höher das Vertrauen ist, desto weniger kontrolliert der Vertrauensgeber das Verhalten des Interaktionspartners.

Hypothesen zu den situationsbedingten Ursachen von Vertrauen:

Hypothese 2: Je höher der Vertrauensgeber das Risiko einer Entscheidungssituation wahrnimmt, desto geringer ist sein Vertrauen in den Interaktionspartner.

Hypothese 3: Das Vertrauen ist in Situationen höher, in denen der Interaktionspartner bekannt ist, als in Situationen, in denen dieser unbekannt ist.

Hypothesen zu den personenbedingten Ursachen von Vertrauen:

Hypothese 4a: Je höher die Vertrauensneigung des Vertrauensgebers ist, desto höher ist sein Vertrauen in den Interaktionspartner.

Hypothese 4b: Der Einfluss der Vertrauensneigung auf Vertrauen ist größer, wenn der Interaktionspartner unbekannt ist, als wenn er bekannt ist.

Hypothese 5a: Je höher der Vertrauensgeber die Fähigkeit des Interaktionspartners wahrnimmt, desto höher ist sein Vertrauen.

Hypothese 5b: Je höher der Vertrauensgeber das Wohlwollen des Interaktionspartners wahrnimmt, desto höher ist sein Vertrauen.

Hypothese 5c: Je höher der Vertrauensgeber die Integrität des Interaktionspartners wahrnimmt, desto höher ist sein Vertrauen.

Hypothese 5d: Je höher der Vertrauensgeber die Vertrauenswürdigkeit des Interaktionspartners wahrnimmt, desto höher ist sein Vertrauen.

Hypothesen zu Vertrauen als Mediatorvariable:

Hypothese 6a: Vertrauen vermittelt den Einfluss des wahrgenommenen Risikos auf das Verschweigen von Informationen.

Hypothese 6b: Vertrauen vermittelt den Einfluss des wahrgenommenen Risikos auf das Weiterleiten verzerrter Informationen.

Hypothese 6c: Vertrauen vermittelt den Einfluss des wahrgenommenen Risikos auf die Kontrolle des Interaktionspartners.

Hypothese 7a: Vertrauen vermittelt den Einfluss der Bekanntheit auf das Verschweigen von Informationen.

Hypothese 7b: Vertrauen vermittelt den Einfluss der Bekanntheit auf das Weiterleiten verzerrter Informationen.

Hypothese 7c: Vertrauen vermittelt den Einfluss der Bekanntheit auf die Kontrolle des Interaktionspartners.

Hypothese 8a: Vertrauen vermittelt den Einfluss der Vertrauensneigung auf das Verschweigen von Informationen.

Hypothese 8b: Vertrauen vermittelt den Einfluss der Vertrauensneigung auf das Weiterleiten verzerrter Informationen.

Hypothese 8c: Vertrauen vermittelt den Einfluss der Vertrauensneigung auf die Kontrolle des Interaktionspartners.

Hypothese 9a: Vertrauen vermittelt den Einfluss der wahrgenommenen Vertrauenswürdigkeit auf das Verschweigen von Informationen.

Hypothese 9b: Vertrauen vermittelt den Einfluss der wahrgenommenen Vertrauenswürdigkeit auf das Weiterleiten verzerrter Informationen.

Hypothese 9c: Vertrauen vermittelt den Einfluss der wahrgenommenen Vertrauenswürdigkeit auf die Kontrolle des Interaktionspartners.

4 Untersuchungskonzeption

4.1 Methodische Grundlagen

Um die aufgestellten Hypothesen zu testen und schließlich in Thesen, d.h. abgesicherte Aussagen, zu überführen,[423] bedarf es der Operationalisierung des im dritten Kapitel abgeleiteten Mediationsmodells. Opp beschreibt die Operationalisierung als einen Prozess, der spezifiziert „wie man vorgehen könnte, um das, was man ermitteln will, herauszufinden."[424] Im weitesten Sinne bedeutet dies, die Forschungsfrage in geeignete Vorgehensweisen und Instrumente umzusetzen, die es ermöglichen, „Daten zur Klärung der Fragestellung zu beschaffen."[425] Zu diesem Zweck wird im vorliegenden Kapitel die Umsetzung des Forschungsziels in ein Forschungsdesign[426] beschrieben.

Von zentraler Bedeutung bei der Entwicklung des Forschungsdesigns und der Auswahl der Forschungsinstrumente ist es, dass die Forschungsoperationen auch das messen, was im Rahmen der Modellgenerierung theoretisch begründet worden ist. „Durch die Operationalisierung wird festgelegt, welche Operationen (Handlungen, Reaktionen, Zustände usw.) wir als indikativ für die zu messende Variable ansehen wollen und wie diese Operationen quantitativ erfaßt werden."[427] Beschreibung und Bestimmung relevanter Dimensionen der im Fokus stehenden Konstrukte sowie ihrer Merkmale ist dafür eine Voraussetzung. Die besondere Herausforderung hypothesentestender Forschung liegt in der sich anschließenden Übersetzung latenter theoretischer Konstrukte in quantitative Daten. Besondere Sorgfalt bei der Auswahl der Messinstrumente ist daher unerlässlich, da sie die Aussagekraft der gesamten Untersuchung bestimmen. Nachdem im vorangehenden Kapitel dargelegt worden ist, welche Variablen im Zentrum des Forschungsinteresses stehen, wird im Folgenden geklärt, wie die Variablen erfasst werden.

---

[423] Vgl. Laatz (1993), S. 28.

[424] Opp (1999), S. 57.

[425] Laatz (1993), S. 16.

[426] Forschungsdesign, synonym auch Untersuchungsdesign, Untersuchungsplan oder Versuchsplan, bezeichnet den „Vorgang empirischer Überprüfung theoretischer Hypothesen". Atteslander (2006), S. 44. Darunter fallen die Planung der einzelnen Arbeitsschritte sowie Überlegungen zu den Hilfsmitteln.

[427] Bortz (2005), S. 9.

4.1.1 Forschungsumgebung

Zunächst muss die Entscheidung getroffen werden, in welcher Forschungsumgebung die Daten für eine Untersuchung gewonnen werden sollen. Hinsichtlich des Untersuchungsortes kann, unabhängig von der Forschungsstrategie und der Datengewinnungsmethode,[428] zwischen Labor- und Feldstudien unterschieden werden.[429]

Die Feldforschung findet in der natürlichen Umgebung des Untersuchungsobjektes statt, die Laborforschung hingegen in einem künstlichen, speziell für die Zwecke der Untersuchung geschaffenen Umfeld. Der zentrale Unterschied zwischen der Feld- und Laborforschung liegt in dem Ausmaß an Kontrolle des Wissenschaftlers über die Untersuchungsbedingungen: „Im *Feld* geht sozusagen das normale Leben ungestört seinen Gang, im *Labor* dagegen ist das gesamte Setting auf den Forschungsprozeß zugeschnitten."[430] Die Forschungsumgebung hat damit weitgehende Auswirkungen auf die eindeutige Interpretierbarkeit und Generalisierbarkeit der Forschungsergebnisse.

(1) Gültigkeitsanspruch der Untersuchungsbefunde

Als Entscheidungskriterium für die Art des weiteren wissenschaftlichen Vorgehens soll hier die Validität als Qualitätskriterium der Untersuchung bzw. des Forschungsdesigns herangezogen werden. Validität bezeichnet die Gültigkeit bzw. Aussagekraft der Untersuchungsergebnisse.[431] Insbesondere wird zwischen der internen und externen Validität empirischer Untersuchungen unterschieden.[432] Interne Validität ist gegeben, „wenn Veränderungen in den abhängigen Variablen eindeutig auf den Einfluß der unabhängigen Variablen zurückzuführen sind bzw. wenn es neben der Untersuchungshypothese keine besseren Alternativerklärungen gibt."[433] Diese innere Gültigkeit bezeichnet die Eignung der Vorgehensweise,

---

[428] Zu den Forschungsstrategien vgl. Abschnitt 4.1.3 und zu den Datengewinnungsmethoden vgl. Abschnitt 4.2.3 dieser Arbeit.

[429] Vgl. Fromkin/Streufert (1976), S. 417. Da es sich bei Laboruntersuchungen nicht zwangsläufig um Laborexperimente handelt, wird zwischen der Forschungsumgebung und der Forschungsstrategie differenziert. Stapf konstatiert: „Den begrifflichen Gegensatz zur Laborforschung (Laborbeobachtung, Laborexperiment) bildet (in den Sozialwissenschaften) die Feldforschung (Feldbeobachtung, Feldexperiment)." Stapf (1999), S. 228.

[430] Bortz/Döring (2002), S. 299. Hervorhebung im Original.

[431] Vgl. Bortz/Döring (2002), S. 56 ff.; Shadish et al. (2002), S. 34 ff.

[432] Vgl. zu den Aspekten der Validität ausführlich Cook/Campbell (1979).

[433] Bortz/Döring (2002), S. 57.

aus den Daten auf die Zusammenhänge zu schließen und mögliche alternative Interpretationen der Untersuchungsergebnisse auszuschließen.[434] Externe Validität ist gegeben, „wenn das in einer Stichprobenuntersuchung gefundene Ergebnis auf andere Personen, Situationen oder Zeitpunkte generalisiert werden kann."[435] Die äußere Gültigkeit bezeichnet damit die Übertragbarkeit der Untersuchungsergebnisse.[436]

Der Vorteil von Felduntersuchungen liegt in ihrer höheren externen Validität im Vergleich zu Laboruntersuchungen. Die Feldstudie findet in einer vom Forscher möglichst unbeeinflussten natürlichen Umgebung statt. Aus diesem Grund wird den Untersuchungsergebnissen eine hohe Gültigkeit für die Realität attestiert. Die Ergebnisse aus Feldstudien können daher eher auf andere Personen, Objekte, Situationen und/oder Zeitpunkte übertragen werden. Im Feld verzerren jedoch störende Einflussfaktoren eine Messung und damit auch die Überprüfung theoretischer Modelle und Hypothesen. Dies geht zu Lasten der internen Validität von Feldstudien.[437]

Der Vorteil von Laboruntersuchungen liegt in ihrer hohen internen Validität. Bezeichnend für das Labor ist ein künstlich geschaffenes Untersuchungsumfeld, das eine Beobachtung und Registrierung von Verhaltensweisen ermöglicht. „Diese vom Forscher planmäßig hergestellte Labor-Umwelt erlaubt ihm eine Standardisierung und weitgehende Konstanthaltung und Kontrolle der Untersuchungsbedingungen."[438] Durch die aktive Gestaltbarkeit der Szenerie ist es mög-

---

[434] Laatz weist auf zwei Hauptvoraussetzungen der inneren Gültigkeit hin, bei deren Nichterfüllung es zu Fehlschlüssen kommt. Zum einen nennt er die Adäquanz der Messebene, d.h. dass die Messung an den richtigen Objekten vorgenommen wird, und zum anderen die Kontrolle möglicher Störvariablen, so dass die Zusammenhänge auf die Wirkung der untersuchten Dimensionen zurückzuführen sind. Vgl. Laatz (1993), S. 32.

[435] Bortz/Döring (2002), S. 57.

[436] Eine Übertragbarkeit der Ergebnisse über die ausgewählte Stichprobe und die Untersuchungssituation hinaus auf andere Problemfelder und in andere Bereiche wird als Realitätsadäquanz respektive Verallgemeinerungsfähigkeit einer Untersuchung bezeichnet. Vgl. Laatz (1993), S. 33.

[437] Vgl. Bortz/Döring (2002), S. 37.

[438] Stapf (1999), S. 228.

lich, Störgrößen nahezu auszuschalten. Folglich muss sich die Laborforschung aber dem Vorwurf der Unnatürlichkeit und Künstlichkeit stellen.[439]

(2) Stand der empirischen Vertrauensforschung

Ausschlaggebend für die Entscheidung zur Forschungsumgebung ist die Zielsetzung dieser Untersuchung. Dabei wird der aktuelle Stand der empirischen Vertrauensforschung berücksichtigt. Die Frage ist, ob es für die Weiterentwicklung der Vertrauensforschung von höherer Bedeutung ist, die externe Validität der hier postulierten Zusammenhänge anzustreben oder die interne Validität des aufgestellten Mediationsmodells zu prüfen.

Liegen in einem Forschungsgebiet hauptsächlich Laboruntersuchungen vor und besteht kaum Zweifel hinsichtlich der internen Validität der Studien, so sollten die vorliegenden Ergebnisse in Felduntersuchungen auf ihre externe Validität überprüft werden. Dominieren hingegen lebensnahe Feldstudien, deren inhaltliche Validität nicht genügend dokumentiert ist, so ist der Bedarf an Laboruntersuchungen hoch.

Im Rahmen der Ausführungen zur Problemstellung wurde bereits herausgestellt, dass in jüngster Zeit ein Wachstum empirischer Vertrauensforschung zu beobachten ist. Es mangelt jedoch an einer Integration, zumindest einer Vergleichbarkeit der Befunde aufgrund uneinheitlicher Konzeptualisierungen und Operationalisierungen des Konstrukts.[440] Die zahlreichen Feldstudien, zumeist Querschnittsanalysen, zeigen zwar die Vielfalt des Forschungsfelds auf und weisen auf die Relevanz des Phänomens in der Realität hin, doch der Bedarf an Grundlagenforschung und präziser Analyse der Zusammenhänge ist hoch.[441] Es besteht nicht nur Unklarheit hinsichtlich der Vorbedingungen, direkten Determinanten, Dimensionen, Manifestationen und Konsequenzen von Vertrauen, sondern auch Uneinigkeit darüber, ob manche Faktoren Ursachen, Wirkungen oder Vertrauen per se dar-

---

[439] Zu einer kritischen Gegenüberstellung der Feld- und Laborforschung vgl. Appel (2000), S. 211-215.

[440] Vgl. Lewicki et al. (2006), S. 1014.

[441] Schweer/Thies konstatieren, dass in der heutigen Vertrauensforschung Untersuchungen im Labor nur eine untergeordnete Rolle spielen. Vgl. Schweer/Thies (2003), S. 36.

116

stellen.[442] Dieses Defizit erklärt unter anderem den verstärkten Ruf nach qualitativen Untersuchungen, die zum Verständnis des Konstrukts beitragen sollen.[443]

Letztlich basiert die Wahl der Untersuchungsumgebung auf dem Erklärungsinteresse des Forschers. Das Vertrauensphänomen stellt zwar ein kulturübergreifendes und historisches Problemfeld dar,[444] doch eine interdisziplinäre Vertrauensforschung hat sich erst in den vergangenen Jahren herausgebildet und steht im Anfangsstadium ihrer Entwicklung. Da seit Mitte des letzten Jahrhunderts in unterschiedlichen Disziplinen bedeutende theoretische Vertrauensmodelle entwickelt worden sind, wird in dieser Arbeit das Ziel verfolgt, bestehende theoretische Erklärungsansätze und empirische Forschungsergebnisse zusammenzuführen und grundlegende Zusammenhänge zu prüfen. Der internen Validität der vorliegenden Untersuchung wird daher eine besonders hohe Bedeutung beigemessen und die aufgestellten Hypothesen werden im Labor geprüft.

4.1.2 Situationsgestaltung

Dem Versuchsleiter stehen im Labor unterschiedliche Methoden zur Situationsgestaltung zur Verfügung, um ein zu beobachtendes Ereignis herbeizuführen. Hinsichtlich des methodischen Instrumentariums kann nach Stein in der empirischen betriebswirtschaftlichen Laborforschung zwischen Fallstudie, Simulation und Fallsimulation unterschieden werden.[445] Deren Auswahl beeinflusst die Wahrnehmung der Versuchssituation durch die Teilnehmer und entsprechend auch ihr Verhalten.

Als Fallstudie wird eine möglichst wirklichkeitsnahe Darstellung eines Entscheidungsproblems aus der betriebswirtschaftlichen Praxis bezeichnet. Es handelt sich um eine statische Beschreibung eines singulären Ereignisses, die eine hohe Spezifität aufweist. Die Simulation zeichnet sich hingegen durch eine hohe Dynamik aus und dient sowohl der Nachbildung realer Zusammenhänge als auch der

---

[442] Vgl. hierzu die Ausführungen zur Messung des Vertrauenskonstrukts in Abschnitt 4.3.1.

[443] Vgl. hierzu insbesondere Möllering (2006a), S. 140-145.

[444] Deutsch hält fest: „Wenn wir die Schriften der Gelehrten durch die Jahrhunderte verfolgen, entdecken wir, daß sie zwar oft verschiedener Meinung darüber waren, ob man vertrauen soll oder nicht, daß sie aber einer Meinung darin waren, daß das Thema wichtig ist." Deutsch (1976), S. 130. Frühe Problemerörterungen reichen zurück bis zu den Sentenzen von Theognis im Jahre 600 v. Chr. und Konfuzius (551-479 v. Chr.).

[445] Vgl. Stein (1989) und (1990).

Vorabbildung antizipierter Konsequenzen.[446] Stellvertretend für die Untersuchung von Prozessen in der Realität werden in einer Simulation die Eigenschaften des Modells als Ersatzrealität analysiert.[447] Die Fallsimulation liegt schließlich auf einem gedachten Kontinuum zwischen den beiden Polen ‚Fallstudie' und ‚Simulation'.[448] Sie bietet in einer kontrollierten Aufgabenumgebung die Möglichkeit, durch Präsentation einer realitätsnahen, komplexen Problemstellung bei den Versuchsteilnehmern Dynamik zu erzeugen und Interaktionsprozesse zu untersuchen. Als erprobtes Instrumentarium der empirischen Entscheidungs- und Organisationsforschung wird der Fallsimulation in dieser Untersuchung der Vorzug gegeben.[449]

Zur Erhöhung der externen Validität einer Laboruntersuchung sollte der Forscher bei der Situationsgestaltung beachten, dass zum einen eine strukturelle Vergleichbarkeit der Aufgabe im Labor mit realen betriebswirtschaftlichen Aufgaben besteht und zum anderen, dass die Gestaltung der Interaktionsstruktur nach möglichst realitätsnahen Organisationsprinzipien erfolgt, wie beispielsweise Arbeitsteilung oder Rollenzuweisung.[450] Neben diesen generellen Anforderungen an die Situationsgestaltung im Labor sind bei der Untersuchung des Vertrauenskonstrukts spezielle Anforderungen zu beachten.

Interpersonelles Vertrauen zeigt sich in Situationen, die durch Abhängigkeit von einem Vertrauensnehmer gekennzeichnet sind und in denen etwas für den Vertrauensgeber ‚auf dem Spiel steht'. Damit eine Analyse der Ursachen und Verhal-

---

[446] Vgl. Stein (1989), S. 531.

[447] Vgl. Stapf (1999), S. 234.

[448] Vgl. Stein (1989), S. 531.

[449] Als Beispiele der Situationsgestaltung durch komplexe Fallsimulationen zur Analyse aktueller betriebswirtschaftlicher Fragestellungen kann auf die Untersuchungen von Bronner (1996), Wiemann (1998), Appel (2000), Röder (2001), Schwaab (2004) und Jedrzejczyk (2007) verwiesen werden. Obwohl in der Vertrauensforschung der Einsatz der Fallsimulation zur Situationsgestaltung nicht verbreitet ist, können auch in diesem Forschungsstrang Studien identifiziert werden, die im Rahmen von Rollenspielen den Teilnehmern komplexe Verhandlungsaufgaben (negotiation and bargaining tasks), Planungsaufgaben (planning tasks) und Problemlöseaufgaben (problem-solving tasks) vorlegen. Vgl. zu Studien, die im weitesten Sinne Fallsimulationen zur Situationsgestaltung einsetzen Anderleeb (1996); Ross/Wieland (1996); De Dreu et al. (1998); Valley et al. (1998); Buskens/Weesi (2000); Jung/Avolio (2000); Köszegi (2001); Alge et al. (2003); Ferrin/Dirks (2003); Naquin/Paulson (2003); Piccoli/Ives (2003).

[450] Zu den Anforderungen der Aufgaben- und Umgebungsrepräsentativität vgl. im Detail Stein (1991).

118

tenswirkungen von Vertrauen im Labor möglich ist, muss die Fallsimulation die folgenden Elemente enthalten:

• eine Interaktionsbeziehung zwischen Vertrauensgeber und Vertrauensnehmer,

• Ungewissheit und Verwundbarkeit als konstitutive Situationsbedingungen und

• Verhaltensoptionen, welche die Bereitschaft des Vertrauensgebers reflektieren, sich auf den Interaktionspartner zu verlassen und sich diesem gegenüber zu öffnen.

Die praktische Umsetzung der Situationsanforderungen in eine betriebswirtschaftliche Fallsimulation wird in Abschnitt 4.2.1 im Rahmen des Versuchsaufbaus verdeutlicht.

4.1.3 Forschungsstrategie

Bezüglich der Forschungsstrategien bzw. Forschungsmethoden im Labor ist zwischen der systematischen Beobachtung und dem Experiment zu differenzieren.[451] Die Unterscheidung bezieht sich auf den planmäßig-manipulativen Eingriff durch den Forscher in einem Laborexperiment, der im Rahmen einer reinen Laborbeobachtung unterbleibt. Gemeinsam ist diesen Forschungsstrategien die künstlich gestaltete Situation zur Kontrolle von Störvariablen.

Als zentrale psychologische Forschungsmethode ermöglicht die Beobachtung die Aufzeichnung realer Interaktionen. Beobachtungsverfahren sind aufwendig, da im Vorfeld die Beobachter geschult werden müssen und mindestens zwei getrennte Beobachter zur Verfügung stehen sollten, um subjektive Verzerrungen zu minimieren. Im Kontext der Untersuchung von Vertrauen tritt einschränkend hinzu: „Beobachtbar sind nur Handlungen, nicht aber das per definitionem der Beobachtung nicht zugängliche Konstrukt Vertrauen selbst."[452] In der betriebswirtschaftlichen Vertrauensforschung existieren daher nur vereinzelte Studien, für die eine systematische Beobachtung unter kontrollierten Bedingungen eingesetzt wurde. Als Beispiel ist zum einen die Untersuchung von Dirks zum Einfluss von Vertrauen auf die Leistung von Arbeitsgruppen zu nennen, in der die Versuchsteil-

[451] Vgl. Stapf (1999), S. 233.
[452] Schweer/Thies (2003), S. 37.

nehmer bei der sogenannten ‚tower building task' beobachtet wurden.[453] In einer
vorgegebenen Zeit sollten dabei möglichst viele Etagen mit Holzbausteinen
aufeinander geschichtet werden, wobei sowohl das individuelle Ergebnis als auch
das Gruppenergebnis gewertet wurde. Zum anderen ist auf die Studie von
O'Reilly III/Roberts zur selektiven Informationsfilterung in Organisationen zu
verweisen, in der per Videoaufzeichnung in festgelegten Zeitintervallen klar
umschriebene Manifestationen von Vertrauen oder fehlenden Vertrauens erfasst
wurden.[454]

Das Experiment gilt hingegen als zentrale Forschungsstrategie der betriebswirtschaftlichen Entscheidungsforschung.[455] Die einzigartige Stärke des Experiments
liegt in der Aufdeckung von Ursache-Wirkungsbeziehungen.[456] Durch Variation
einer Experimentalsituation und der Registrierung der Veränderung nachgelager-
ter Variablen, wie beispielsweise dem Verhalten, können unter kontrollierten
Bedingungen Kausalitäten erkannt und analysiert werden. Aus diesem Grund
eignet sich das Experiment insbesondere zur Prüfung aus der Theorie abgeleiteter
Kausalhypothesen.[457] Die experimentaltechnische Vorgehensweise zur Erfassung
von Kausalzusammenhängen im Labor erfolgt über systematische Manipulation
oder isolierte Variation einer unabhängigen Variablen durch den Versuchsleiter
und eine Beobachtung oder Messung von abhängigen Variablen.[458] Andere Variablen, die potentiell ebenfalls einen Einfluss haben könnten, werden dabei kontrolliert bzw. konstant gehalten, so dass Veränderungen der abhängigen Variablen
eindeutig auf den Einfluss der unabhängigen Variablen zurückzuführen sind.
Stelzl konstatiert: „Auch wenn bei der Definition des Experiments die Akzente
bisweilen unterschiedlich gesetzt werden (...), so besteht doch allgemein Einigkeit darin, daß die aktive Manipulation der Bedingungen durch den Experimenta-

[453] Vgl. Dirks (1999). Als Ergebnis dieser Untersuchung kann festgehalten werden, dass Vertrauen indirekt die Gruppenleistung beeinflusst, indem es sich auf die Motivation der Teilnehmer auswirkt.

[454] Vgl. O'Reilly III/Roberts (1974). Die Ergebnisse der Untersuchung zeigen, dass die Informationsfilterung von der Richtung des Informationstransfers in einer Hierarchie und vom Vertrauen abhängt.

[455] Zum Laborexperiment als Forschungsmethode einer realwissenschaftlich verstandenen Entscheidungs- und Organisationsforschung vgl. Bronner (1974); Stein (1990).

[456] Vgl. Schwab (1999), S. 71 ff.; Shadish et al. (2002), S. 3 ff.

[457] Vgl. Stein (1990), S. 15; Stapf (1999), S. 236.

[458] Vgl. Stapf (1999), S. 232.

tor und damit die Möglichkeit, Ursache und Wirkung zu unterscheiden, das Wesentliche am Experiment ausmacht.“[459]

Anstatt einer aktiven Manipulation durch den Forscher kann auch eine natürliche Variation der Versuchspersonen im Labor genutzt werden, wie beispielsweise ein Gruppenvergleich zwischen Personen mit hoher und geringer Vertrauensneigung. Stelzl spricht in diesem Fall jedoch nicht von Experimenten, sondern von Testdurchführungen im Labor, die sich die Bedingungskonstanz, d.h. die Standardisierung, einer Laborsituation zunutze machen.[460] Dabei liegt „statt einer manipulativ erzeugten eine gegebene, sozusagen natürliche Variation der Testpersonen vor, deren Differenzen diagnostiziert bzw. gemessen werden.“[461]

Im Vordergrund der vorliegenden Untersuchung steht die Analyse von Ursache-Wirkungszusammenhängen. Als Forschungsstrategie wird daher die Verbindung einer experimentellen Variation der Aufgabenumgebung mit psychometrischen Tests zur Erhebung der Dispositionen, Wahrnehmungen und Erwartungshaltungen der Versuchspersonen gewählt. Der größte Vorteil des Einsatzes psychometrischer Tests im Labor liegt in der Vergleichbarkeit der Testresultate. Zudem eignet sich diese Methodik, um unter kontrollierten Bedingungen Kausalbeziehungen zu untersuchen, beispielsweise wenn die Ausprägung einer Persönlichkeitsdisposition als Ursache für ein Verhalten interessiert.

Bevor der Versuchsaufbau vorgestellt wird, sollte noch auf drei zentrale Barrieren der Untersuchung von Vertrauen im Labor hingewiesen werden, die aus den theoretischen Ausführungen dieser Arbeit abgeleitet werden und überwunden werden müssen. Zunächst ist anzumerken, dass Vertrauen sich als Ergebnis eines individuellen (Lern-)Prozesses bildet, der nicht künstlich im Labor ad hoc erzeugt werden kann. Da Vertrauen nicht erzwungen werden kann, besteht immer die Gefahr, dass sich im Rahmen der Bearbeitung einer Fallsimulation kein Vertrauen bildet. Als Zweites muss angeführt werden, dass Vertrauen ein dynamisches Phänomen ist, welches unterschiedliche Phasen durchläuft und daher im Grunde nicht in einer einmaligen Untersuchung abgebildet werden kann.[462] Allerdings besteht im Labor die Möglichkeit, durch die Gestaltung der Szenerie bzw. durch

---

Stelzl (1999), S. 9.

[460] Tests sind differenzielle Methoden zur „Messung individueller Differenzen zwischen Individuen bzw. individueller Ausprägungen von Personenvariablen.“ Stapf (1999), S. 233.

[461] Stapf (1999), S. 233.

[462] Mit diesem Problem sind auch Querschnittsuntersuchungen im Feld konfrontiert.

Zusammensetzung der Stichprobe unterschiedliche Phasen von Vertrauensbeziehungen zu erfassen. Diese Eingriffsmöglichkeit soll in der vorliegenden Untersuchung genutzt werden, indem einige Probanden mit einer Situation der Erstbegegnung konfrontiert werden und andere die gleiche Fallsimulation mit einem ihnen bekannten Interaktionspartner bearbeiten. Drittens ist ein Eingriff in das Vertrauen zwischen Versuchsteilnehmern, insbesondere wenn sie einander identifizieren können, aus ethischen Gründen problematisch und eine aktive Zerstörung existierenden Vertrauens verbietet sich im Voraus. Da in der vorliegenden Untersuchung die Probanden Rollen einnehmen und die Vertrauensobjekte nicht nur virtuell im Rahmen einer Aufgabenstellung als sogenannte ‚paper people' existieren, sondern es sich um reale Interaktionspartner handelt, wurde nicht das Vertrauen manipuliert, sondern die Aufgabenumgebung variiert. Dies wird im Folgenden noch näher erläutert.[463]

4.2 Versuchsaufbau

Nachdem die Entscheidungen zur Forschungsumgebung, Situationsgestaltung und Forschungsstrategie begründet worden sind, wird nachfolgend zunächst die betriebswirtschaftliche Aufgabe dargestellt, mit der die Versuchspersonen konfrontiert werden und im Anschluss daran die Manipulation der Aufgabenumgebung erläutert.

4.2.1 Integration der Vertrauensbedingungen in eine Fallsimulation

Um Informationen über das Verhalten auf der Basis von Vertrauen zu erhalten, muss den Untersuchungsteilnehmern die Option gegeben werden, Aktionen auszuführen, die vom Forscher erfasst bzw. nachvollzogen werden können. Dafür wurde eine Fallsimulation entwickelt, die bei den Probanden die Arbeit an einer Problemlösung veranlasst und messbare Reaktionsmöglichkeiten bietet.[464] Die Versuchspersonen werden mit einer komplexen interdependenten Entscheidungssituation konfrontiert, die es erfordert, Erwartungshaltungen hinsichtlich der Absichten und des Verhaltens des Interaktionspartners aufzubauen und sich in unterschiedlicher Intensität gegenüber dem Interaktionspartner verwundbar zu machen. Eine spieltheoretisch-basierte Dilemma-Situation fungiert dabei als

---

[463] Vgl. die Ausführungen in Abschnitt 4.2.2.

[464] Vgl. Stein (1990), S. 103 f.

situativer Rahmen[465] und eine asymmetrische Informationsverteilung initiiert beobachtbare Reaktionen. Da es sich um eine symmetrische Wechselbeziehung zwischen den Interaktionspartnern handelt, sind die Versuchspersonen gleichzeitig Vertrauensgeber und Vertrauensnehmer. Beide Akteure müssen die Ziele einer ihnen übergeordneten Instanz bzw. Drittpartei berücksichtigen. Übertragen auf die Realität würde es sich hier um Vertrauen zwischen Organisationsmitgliedern handeln, die sich auf einer hierarchischen Ebene befinden, zwischen denen keine formale Machtbeziehung besteht und die sowohl ihre eigenen Ziele verfolgen als auch den Zielen der Unternehmung verbunden sind.[466] Als betrieblicher Anwendungsbereich der Fallsimulation wird die Verteilung knapper Ressourcen gewählt. Bevor die Rollenzuweisung, Problemstellung und Informationslage sowie die Reaktionsmöglichkeiten im Einzelnen dargelegt werden, soll zunächst ein Überblick zur Aufgabenstellung gegeben werden.[467]

Zur persönlichen Vorbereitung auf eine Budgetverhandlung mit einem Mitbewerber und dem Budgetverantwortlichen wird die Versuchsperson gebeten, bestimmte strategische und taktische Entscheidungen zu fällen:

- Der Versuchsteilnehmer kann mit dem Mitbewerber in der anstehenden Budgetverhandlung kooperieren oder mit ihm in Wettbewerb treten. Dabei werden

---

[465] Zur Untersuchung von Vertrauen im Labor eignen sich spieltheoretische Versuchsanordnungen, wenn der Einfluss von Vertrauen auf strategische Entscheidungen und/oder kooperatives Verhalten interessiert. Vgl. James (2002) zu einer Meta-Analyse spieltheoretischbasierter Vertrauensliteratur. Insbesondere das Gefangenendilemma bietet einen erprobten Rahmen, um simultan zu treffende Kooperationsentscheidungen abzubilden und soll auch hier zur Situationsgestaltung dienen. Vgl. Axelrod (1981) und (1984). Auf dem Grundprinzip des Gefangenendilemmas lassen sich betriebswirtschaftliche Fallsimulationen gestalten, die hinsichtlich ihrer Komplexität, Dynamik und Realitätsnähe den simplifizierten und artifiziellen reinen spieltheoretischen Simulationen überlegen sind. Von zentraler Bedeutung bei einem Rückgriff auf spieltheoretische Versuchsanordnungen ist jedoch, dass die Kooperationsentscheidungen nicht mit Vertrauen gleichgesetzt werden. Vgl. dazu die kritischen Anmerkungen zu den Experimenten von Deutsch (1958) in Abschnitt 2.1.2 dieser Arbeit.

[466] Als intra-organisationale Beispiele können das Vertrauen zwischen zwei gleichrangigen Abteilungsleitern, die formal dem Ressortleiter unterstehen, oder das Vertrauen zwischen zwei Geschäftsführern, die sich der Konzernleitung gegenüber verantworten müssen, genannt werden. Auch auf interorganisationaler Ebene sind derartige Beziehungskonstellationen vorstellbar, wie beispielsweise das Vertrauen zwischen Schnittstellenmanagern oder Kooperationspartnern, die der gemeinsamen Leitungsinstanz gegenüber verpflichtet sind.

[467] Die im Rahmen der Fallsimulationsbearbeitung ausgehändigten Unterlagen sind im Anhang dieser Arbeit dokumentiert, S. 211 ff.

in der Aufgabenstellung sowohl rollenbezogene als auch reale Anreize geboten, auf Kosten des Mitbewerbers einen Gewinn zu erzielen.[468]

• Dem Versuchsteilnehmer wird die Möglichkeit gegeben, vor der Budgetverhandlung einzelne Informationen mit dem Mitbewerber zu teilen. Er kann diesem falsche Informationen zukommen lassen und ihm Informationen verheimlichen.

• Die Versuchsperson erhält die Option, den Informationsaustausch des Mitbewerbers in unterschiedlicher Intensität zu überwachen, indem sie formale Berichte über die Akkuratheit seines Informationsverhaltens anfordert.

Es wird in der Aufgabenstellung suggeriert, dass ein persönliches Treffen mit dem Mitbewerber und dem Budgetverantwortlichen unmittelbar bevorsteht, um das Bewusstsein zu erzeugen, dass die Versuchsperson die Konsequenzen ihrer Entscheidungen und Handlungen in einem direkten Kontakt vertreten und tragen muss. Das gemeinsame Treffen kommt jedoch nicht zustande, da die Untersuchung mit der Erfüllung dieser vorbereitenden Tätigkeiten beendet ist.

Die Angemessenheit einer solchen Täuschung der Probanden kann durch Ergebnisse der spieltheoretisch-basierten Vertrauensforschung begründet werden: Bei einmaligen Interaktionen aber auch in der letzten Episode wiederholter Interaktionen ist der Anreiz groß, das Vertrauen des Interaktionspartners auszunutzen.[469] Eine Möglichkeit, diese sogenannten ‚Endrundeneffekte' methodisch zu vermeiden, besteht darin, die Akteure im Glauben zu lassen, dass eine weitere Interaktion stattfinden wird. Nur das Bewusstsein, dass zukünftige Interaktionen durch gegenwärtige Interaktionen beeinflusst werden können, verändert das Verhalten der Probanden. Dies führt dazu, dass die Interaktionspartner annehmen, es sei von Vorteil, zumindest zum derzeitigen Zeitpunkt, auf Gewinne zu verzichten, anstatt einmalig die aktuelle Situation auszunutzen. Axelrod bezeichnet dieses

---

[468] Den Versuchsteilnehmern wurde bei der Anwerbung zum Experiment mitgeteilt, dass unter den Teilnehmern Geldpreise verlost werden. Die Strategiewahl in der Fallsimulation wurde mit einer realen Gewinnchance in der Lotterie gekoppelt. Vgl. dazu im Detail die nachfolgenden Ausführungen zu den Reaktionsmöglichkeiten in der Fallsimulation.

[469] Der Vertrauensmissbrauch in der letzten Runde ist für einen Vertrauensgeber jedoch nicht entscheidungsrelevant, wenn der Gewinn durch die vorherigen Interaktionsrunden größer ist als der einmalige Verlust in der letzten Runde. Vgl. Möllering (2003), S. 33. Zum Argument der Rückwärtsinduktion (backward-induction) bei wiederholten Spielen vgl. beispielsweise Wiese (2002), S. 243 ff.

Phänomen als ‚Shadow of the Future'.[470] Es wird in diese Untersuchung bewusst als Stimulus eingearbeitet.

(1) Rollenzuweisung

Der Proband wird gebeten, sich in die Rolle eines Hotelmanagers zu versetzen und ist mit folgender Situation konfrontiert: Da das Hotel, welches zu einer internationalen Hotelkette gehört, dringend renoviert werden muss (Gästezimmer, Lobby, Restaurant und Freizeiteinrichtungen), hat der Hotelmanager um finanzielle Unterstützung bei der Konzernzentrale gebeten. Die Konzernzentrale stellt ein Budget von 1.000.000 Euro für Renovierungszwecke in Aussicht, behält sich jedoch eine genaue Prüfung des Bedarfs in einer Budgetverhandlung vor, auf deren Basis entschieden wird, ob 100%, 50% oder 0% des Budgets an den Antragsteller vergeben werden.

(2) Problemstellung

Der Gesamtbetrag von 1.000.000 Euro soll zwischen zwei konzerneigenen Hotels aufgeteilt werden. Um den tatsächlichen Bedarf der einzelnen Hotels zu prüfen, wird eine Budgetverhandlung mit den Managern beider Hotels, d.h. der Versuchsperson als Manager A und dem Interaktionspartner als Manager B, sowie einem Repräsentanten des Konzerns, eine den Versuchspersonen unbekannte dritte Person, stattfinden. Die Konzernzentrale hat bereits bekannt gegeben, dass eine 50:50-Aufteilung des Budgets erfolgt, wenn festgestellt wird, dass beide Hotels gleich dringlich die Gelder benötigen. Ebenso wird erwogen, nur das Hotel, welches ein höheres Potential auf dem Markt hat, mit 100% des Budgets zu unterstützen. Jedoch behält sich der Konzern vor, die Gelder zurückzuziehen, wenn in der Budgetverhandlung offensichtlich wird, dass die Hotels in derart schlechtem Zustand sind, dass die Schließung beider angebracht wäre.

(3) Informationslage

Die Versuchsperson erhält ein Formular mit allgemeinen Informationen zu den beiden Hotels: Anzahl der Gästezimmer, die Zimmerpreise, das kulinarische Angebot sowie Freizeit- und Sporteinrichtungen. Weiterhin werden Informationen über die Höhe der einzelnen Budgets, die von der Konzernleitung zur Renovierung der Bereiche in Aussicht gestellt werden, ausgeteilt: Gästezimmer: 400.000

---

[470] Vgl. Axelrod (2000), S. 112.

Euro, Lobby/Rezeption: 300.000 Euro, Restaurant: 200.000 Euro, Freizeit und Sportbereich: 100.000 Euro.

Neben diesen allgemeinen Angaben bekommt der Versuchsteilnehmer in einem tabellarischen Überblick 16 spezifische Informationen zum eigenen Hotel,[471] d.h. je vier Informationen bezüglich

- der Gewinn- und Verlustrechnung des Jahres 2004 mit der Belegung der Zimmer, dem Gewinn des Restaurants, den Mietkosten für das Gebäude und den Personalkosten,

- des Jahres der letzten Renovierung in den vier Bereichen ,Gästezimmer', ,Lobby/Rezeption', ,Restaurant' sowie ,Freizeit und Sport',

- der Ergebnisse einer Gästebefragung zur Zufriedenheit mit der Ausstattung/dem Ambiente in den genannten vier Bereichen,

- der Ergebnisse der Gästebefragung zur Zufriedenheit mit dem Service des Personals in den vier Bereichen.

Diese Daten sind dem Interaktionspartner unbekannt. Es wird in der schriftlichen Instruktion herausgestellt, dass diese Zahlen ohne einen Referenzwert wertlos sind, da sie nur im Vergleich mit den Daten zum Hotel des Mitbewerbers interpretiert werden können. Es wird ferner der Hinweis gegeben, dass je mehr der Manager über die Stärken und Schwächen des eigenen Hotels im Vergleich zum Hotel des Interaktionspartners weiß, desto besser kann er den Konzernvertreter von dem eigenen Vorschlag zur Budgetverteilung überzeugen.

(4) Reaktionsmöglichkeiten
Der Versuchsteilnehmer erhält die Aufgabe, sich auf die bevorstehende Budgetverhandlung schriftlich vorzubereiten. Auf einem separaten Blatt, das nach Bearbeitung bei der Aufsichtsperson abgegeben werden soll, wird der Proband instruiert, die nachfolgend dargelegten drei Aufgaben auszuführen.[472]

---

[471] Die Informationsbasis ist im Anhang dieser Arbeit dokumentiert, S. 215.

[472] Das Aufgabenblatt ist im Anhang dieser Arbeit dokumentiert, S. 219.

a) Strategiewahl

Die Versuchsperson wird gebeten, sich auf der Basis der ausgehändigten Informationen für eine generelle Strategie zu entscheiden, die sie in der anschließenden Budgetverhandlung verfolgt. Es ist ihr zu diesem Zeitpunkt nicht bekannt, welche Strategie der Interaktionspartner wählt. Zum einen steht zur Auswahl, mit dem Interaktionspartner zu kooperieren, d.h. das Budget zu 50% mit dem Mitbewerber zu teilen (Strategie 1). Zum anderen kann der Versuchsteilnehmer mit dem Interaktionspartner in Wettbewerb treten und darauf abzielen, 100% des Budgets zu erhalten (Strategie 2). In den Unterlagen werden die Konsequenzen der jeweiligen Entscheidung in einer Matrix abgebildet:

| | | Ihr Interaktionspartner wählt | |
		Strategie 1	Strategie 2
Sie wählen	Strategie 1	Budgetaufteilung je 50% für beide	0% für Ihr Hotel A 100% für Hotel B
	Strategie 2	100% für Ihr Hotel A 0% für Hotel B	Die Konzernleitung zieht die Gelder zurück. 0% für beide

Abb. 15: Ergebnismatrix zur Strategiewahl: aufgabenspezifische Konsequenzen

Aus spieltheoretischer Sicht handelt es sich bei dieser simultanen Entscheidung um ein Zwei-Personen-Dilemma mit den Alternativen Kooperation oder Wettbewerb.[473] Zum einen ist es ungewiss, wie sich der Interaktionspartner entscheiden wird, d.h. ob er kooperiert oder in Wettbewerb tritt. Zum anderen ist anzunehmen, dass beide Interaktionspartner es vermeiden möchten, dass der jeweils andere das volle Budget erhält und sie selbst leer ausgehen. Dies könnte bei der Wahl der Kooperationsstrategie eintreten, wenn der Partner die Wettbewerbsstrategie vorzieht. Bei der Wahl der Wettbewerbsstrategie besteht die Möglichkeit, im besten Fall selbst das volle Budget zu erhalten. Im schlechtesten Fall erhalten beide Interaktionspartner keine Budgetzuteilung. Wird die Annahme gleicher Eintrittswahrscheinlichkeiten für beide Umweltzustände, d.h. für die jeweilige Strategiewahl des Interaktionspartners, getroffen und als Entscheidungskriterium die Nutzensumme der alternativen Aktionen über beide Umweltzustände zugrun-

---

[473] Die Situation, mit der die Probanden konfrontiert werden, bildet die nach Deutsch postulierten notwendigen Situationsparameter zur Untersuchung von Vertrauen im Labor ab. Zudem entspricht die hier erzeugte Situation in ihren Grundzügen und ihrer Entscheidungslogik den bereits dargelegten Experimenten von Deutsch. Vgl. Deutsch (1957), (1958) und (1960).

de gelegt, so sollten Selbstinteresse und Ratio dazu führen, die Wettbewerbsstrategie zu wählen.

Damit die Entscheidung für den Versuchsteilnehmer an Bedeutung gewinnt und tatsächlich etwas ‚auf dem Spiel steht', werden aus der Fallsimulation reale Konsequenzen abgeleitet. Je nachdem, für welche der beiden Strategien sich die Interaktionspartner entscheiden, bestehen auch unterschiedliche Chancen in der vorab angekündigten Verlosung, die ausgeschriebenen Geldbeträge zu gewinnen. Die nachfolgende Tabelle zeigt die möglichen Konstellationen:

		Ihr Interaktionspartner wählt	
		Strategie 1	Strategie 2
Sie wählen	Strategie 1	Sie nehmen beide mit einfacher Chance an der Verlosung teil.	Sie nehmen nicht an der Verlosung teil. Ihr Partner nimmt mit doppelter Chance an der Verlosung teil.
	Strategie 2	Sie nehmen mit doppelter Chance an der Verlosung teil. Ihr Partner nimmt nicht an der Verlosung teil.	Keiner von Ihnen nimmt an der Verlosung teil.

Abb. 16: Ergebnismatrix zur Strategiewahl: reale Konsequenzen

Im Vergleich zu Experimenten, bei denen die Strategiewahl mit einer Auszahlung gekoppelt ist, wird hier nur ein schwacher monetärer Anreiz geschaffen. Ziel dieses Stimulus ist es, dass die Versuchsperson nicht nur in ihrer Rolle, sondern auch in der Realität Ungewissheit und Verwundbarkeit als konstituierende Bedingungen einer Vertrauenssituation wahrnimmt. Das Entscheidungsverhalten der Versuchsperson gewinnt damit an persönlicher Relevanz und bleibt nicht folgen- und bedeutungslos. Studien, die auf monetären Anreizen aufbauen, wird vielfach vorgeworfen, dass diese zu Verzerrungen führen, da intrinsisch motivierte Personen weniger stark auf extrinsische Anreize reagieren. Durch die Erhöhung von Gewinnchancen anstatt einer Auszahlung von Geldbeträgen wird vermieden, dass monetäre Anreize zu stark in den Vordergrund treten.

b) Informationsaustausch

Im Anschluss an die Strategiewahl wird dem Versuchsteilnehmer die Option gegeben, vor der Verhandlung mit dem Interaktionspartner in Kontakt zu treten und einen den Unterlagen beiliegenden und an den Partner adressierten Umschlag mit maximal 16 richtigen, falschen oder verzerrten Informationen über das eigene Hotel zu füllen. Es wird angekündigt, dass der Umschlag dem Interaktionspartner noch vor der Verhandlung übergeben wird und reziprok der Versuchsteilnehmer auch einen vom Interaktionspartner gesandten Umschlag erhält.

c) Kontrollintensität

Die dritte Aufgabe besteht darin zu entscheiden, ob und in welchem Ausmaß die Versuchsperson das Informationsverhalten des Interaktionspartners kontrollieren lassen möchte. Der Versuchsteilnehmer hat die Möglichkeit, um eine objektive Überprüfung der Informationen zu bitten, die vom Interaktionspartner übermittelt werden. Dazu können maximal vier Berichte angefordert werden, die noch vor der Budgetverhandlung offenlegen, welche vom Interaktionspartner gesandten Informationen korrekt und welche falsch sind. Es wird in den Instruktionen darauf hingewiesen, dass die Überprüfung pro Bericht eines zeitlichen Aufwands von 5 Minuten bedarf und dies dem Interaktionspartner nicht verborgen bleibt, da sich dadurch der Anfangszeitpunkt der gemeinsamen Budgetverhandlung um maximal 20 Minuten verzögert.

Zusammenfassend lässt sich festhalten, dass die dargestellten Aufgabenelemente eine Entscheidungssituation erzeugen, die durch Ungewissheit und Verwundbarkeit geprägt ist. Der Entscheidungsperson ist bewusst, welche Konsequenzen auftreten können. Mit welcher Wahrscheinlichkeit die verschiedenen Zustände eintreten, ist jedoch unbekannt. Mit der ersten Strategiewahl-Aufgabe, die zur Vorbereitung auf die Budgetverhandlung bearbeitet werden soll, wird beabsichtigt, der Versuchsperson in kompakter Form die bereits verbal umschriebene Situation näher zu bringen und die Konsequenzen alternativer Handlungen in übersichtlicher Form zu verdeutlichen. Von weitaus größerer Aussagekraft und Bedeutung für die vorliegende Untersuchung ist jedoch das taktische Informations- und Kontrollverhalten der Probanden. Die Bearbeitung der zweiten und dritten Aufgabe in dieser Fallsimulation ermöglicht es, Aussagen zur Intensität bzw. zum Ausmaß vertrauenden Verhaltens in einer Entscheidungssituation zu prüfen.

4.2.2 Experimentelle Manipulation der Aufgabenumgebung

Die Ausführungen des dritten Kapitels dieser Arbeit zeigen bereits, dass in einer Entscheidungssituation nicht nur die Entscheidungsaufgabe, sondern auch die Aufgabenumgebung einen erheblichen Einfluss auf die Erwartungshaltungen der beteiligten Akteure besitzt. Reale Beziehungshistorien zwischen Versuchsteilnehmern beeinflussen maßgeblich das Vertrauen und dadurch auch das Rollenverhalten in einer Laborsituation. Stein weist darauf hin, dass eine tatsächliche

Beziehung zwischen Probanden zu Störeffekten bei der Wahrnehmung einer Versuchssituationen führen kann.[474] Daher gilt es, reale Beziehungen zwischen Probanden entweder ex ante zu vermeiden oder bewusst mitzuerheben. In dieser Untersuchung sollen die bestehenden informellen interpersonellen Beziehungen in die Untersuchung einbezogen und zur Variation der Aufgabenumgebung genutzt werden.

Gruppe 1:	Gruppe 2:
Aufgabenumgebung:	**Aufgabenumgebung:**
• Unbekanntheit des Interaktionspartners	• Bekanntheit des Interaktionspartners
Stimulus auf Deckblatt der Fallstudienunterlagen:	**Stimulus auf Deckblatt der Fallstudienunterlagen:**
• „Sie werden mit einem Ihnen zugeteilten, bislang noch unbekannten Partner interagieren."	• „Sie werden mit der Person interagieren, mit der sie sich zu dieser Untersuchung angemeldet haben."
Entscheidungssituation:	**Entscheidungssituation:**
• Entscheidung unter Unsicherheit	• Entscheidung unter Risiko
• Eine Angabe von Wahrscheinlichkeiten für das Verhalten des Interaktionspartners ist nicht sinnvoll.	• Es können subjektive Wahrscheinlichkeiten für das Verhalten des Interaktionspartners gebildet werden.
Vertrauenssituation:	**Vertrauenssituation:**
• Vertrauen in Erstbegegnungen	• Vertrauen in bestehenden Beziehungen
• Die Vertrauenswürdigkeit des Partners kann nicht eingeschätzt werden, da keine Informationen über sein Verhalten in der Vergangenheit vorliegen.	• Die Vertrauenswürdigkeit des Partners kann auf der Basis der Erfahrungen aus einer gemeinsamen Beziehungshistorie eingeschätzt werden.
• hohe Ungewissheit	• geringere Ungewissheit

Tab. 4: Interaktionssituationen: Experimentelle Manipulation der Aufgabenumgebung

Da reale Beziehungshistorien im Labor durch den Forscher in einer Querschnittsuntersuchung nicht künstlich herzustellen sind, wurde ein zufällig ausgewählter Anteil der Versuchsteilnehmer bei der Anmeldung zur Teilnahme an der Untersu-

---

[474] Vgl. Stein (1990), S. 170.

chung gebeten, eine Person auszuwählen, um mit ihr ein ‚einstündiges betriebs-
wirtschaftliches Entscheidungsproblem' zu bearbeiten.[475]

Durch dieses Vorgehen werden zwei Experimentalgruppen geschaffen. Eine
Gruppe der Versuchspersonen bearbeitet mit einem bekannten Interaktionspartner
die zuvor dargestellte Aufgabe. Den Probanden der anderen Gruppe wird ein
vorab nicht bekannter Interaktionspartner zugewiesen. Die vorangehende Tabelle
4 stellt die beiden Rahmenbedingungen der Interaktion und die damit erzeugten
unterschiedlichen Aufgabenumgebungen gegenüber.

Ein solches Untersuchungsdesign ermöglicht eine separate Analyse der Ursachen
und Wirkungen von Vertrauen in Erstbegegnungen sowie in bestehenden Beziehungen, aber auch einen Vergleich der Effekte zwischen den beiden Gruppen.
Dadurch, dass alle Teilnehmer mit der gleichen Aufgabe konfrontiert sind, wird
die objektiv bestehende Verwundbarkeit der Teilnehmer kontrolliert.

4.2.3 Verfahren der Datengewinnung

Bevor im nächsten Abschnitt die Operationalisierung der Variablen dargelegt
wird, soll ein Überblick zu den Verfahren der Datengewinnung gegeben werden,
die im Rahmen dieser Untersuchung angewandt werden.

Zur Erhebung der generellen Dispositionen, Erwartungshaltungen und Wahrnehmungen der Versuchspersonen bietet sich eine Befragung an.[476] Diese kann
mündlich in Form von Interviews oder schriftlich anhand von Fragebögen erfolgen. Aus forschungsökonomischen Gründen wird hier einer standardisierten
schriftlichen Befragung der Vorzug gegeben. Anhand von Ratingskalen werden
die Versuchspersonen vor und nach der Bearbeitung der Fallstudie gebeten,
Einschätzungen abzugeben bzw. ihr subjektives Empfinden auf einem Merkmals-
kontinuum anzukreuzen. Zur Erfassung der Variablen werden bewährte und
standardisierte Messinstrumente eingesetzt. Da es sich, bis auf eine Ausnahme,
um Skalen aus dem anglo-amerikanischen Sprachraum handelt und die Akkuratheit der Übersetzung gewährleistet sein muss, ist das von Brislin vorgeschlagene

---

[475] Diese Umschreibung wurde gewählt, um den Versuchsteilnehmern, die in unterschiedlichen
Fachbereichen angeworben wurden, im Vorhinein einen Hinweis auf den Aufgabeninhalt
und -umfang zu geben.

[476] Vgl. zur Befragung als Datenerhebungsmethode zum Beispiel Stier (1996), S. 173 f.;
Bronner et al. (1999), S. 143 ff.

Prozedere der Rückübersetzung angewandt worden.[477] Die verwendeten Skalen werden im nachfolgenden Abschnitt im Einzelnen vorgestellt und die Itembatterien der Messinstrumente in der hier verwendeten deutschen Übersetzung dargelegt. Der Grad der Messgenauigkeit der einzelnen Instrumente, d.h. die Reliabilität der Skalen, wird in tabellarischer Form durch Cronbachs Alpha als Maß der internen Konsistenz[478] an späterer Stelle dokumentiert.

Daten über die Vertrauenshandlungen der Teilnehmer liefert in dieser Untersuchung eine Dokumentenanalyse. Als Dokumente werden sämtliche gegenständlichen Zeugnisse bezeichnet, die als Quelle zur Erklärung menschlichen Verhaltens dienen können, zum Beispiel Schriftstücke oder Lösungsblätter. Sie werden als Vergegenständlichungen der Psyche ihres Urhebers angesehen.[479] Durch diese spezielle Form der quantitativen Inhaltsanalyse, die sich insbesondere in Laboruntersuchungen anbietet, kann Material erschlossen werden, das in klassischen Methoden wie der Befragung oder Verhaltensbeobachtung nicht zugänglich ist. Im Speziellen wird das Informationsverhalten durch Analyse der an den Interaktionspartner adressierten Umschläge und das Kontrollverhalten durch Auswertung der Aufgabenblätter in dieser Form erhoben.[480]

Im Folgenden wird die Operationalisierung der einzelnen Variablen dargestellt. Angesichts ihrer zentralen Bedeutung für diese Arbeit wird einleitend besondere Aufmerksamkeit der Messung von Vertrauen geschenkt, wodurch die Ausführungen im Vergleich umfangreicher ausfallen. Danach werden die Skalen zur Erhebung der generellen Dispositionen und der situativen Wahrnehmungen vorgestellt. Schließlich wird erläutert, wie die Vertrauenshandlungen auf der Basis der Dokumentenanalyse operationalisiert werden.

---

[477] Vgl. Brislin (1980). Die einzelnen Fragen wurden in dieser Untersuchung von einem deutschsprachigen Anglistikprofessor ins Deutsche übersetzt und von einem englischen Muttersprachler zurückübersetzt. Die so entstandene ‚neue' englische Version wurde schließlich mit dem englischen Original verglichen und bei Abweichungen die deutsche Version entsprechend umformuliert.

[478] Vgl. Bortz/Döring (2002), S. 194.

[479] Vgl. zur Dokumentenanalyse als Erhebungsmethode zum Beispiel Laatz (1993), S. 207 f.; Stier (1996), S. 163 f.

[480] Vgl. dazu genauer die Ausführungen zur Messung des Verhaltens in Abschnitt 4.3.4 dieser Arbeit.

4.3 Operationalisierung der Variablen

4.3.1 Messung von Vertrauen

Vertrauen ist ein Phänomen, das sich in empirischen Untersuchungen nicht unmittelbar erfassen lässt. Latente Konstrukte wie Vertrauen können zur Operationalisierung jedoch in ihre theoretisch postulierten Teilmerkmale zerlegt werden. Diese dienen schließlich als Grundlage für die Angabe von messbaren Ereignissen oder der Formulierung von einzelnen Fragen, d.h. den Indikatoren, die das Vorliegen des Sachverhalts anzeigen. Voraussetzung für die Operationalisierung ist daher eine ausführliche Bedeutungsanalyse des im Fokus stehenden Konstrukts.[481]

Historisch haben sich unterschiedliche Wege zur Erhebung von Vertrauen herausgebildet.[482] Gillespie konstatiert allerdings eine fehlende Kongruenz zwischen den Forschungsbemühungen zur Definition und denen zur Operationalisierung von Vertrauen: „In summary, the organizational trust literature is characterized by a mismatch between the defining features of trust and its measurement."[483] Dadurch, dass die Erforschung der Messung von Vertrauen der theoretischen Analyse des Konstrukts nachsteht, werden in empirischen Vertrauensstudien vielfach Instrumente eingesetzt, welche die charakteristischen Merkmale von Vertrauen ignorieren.[484] Als problematische Verfahren zur Messung interpersonellen Vertrauens, die bereits im Verlauf dieser Arbeit angesprochen wurden, sind die folgenden Vorgehensweisen hervorzuheben:

- Der Schluss auf Vertrauen durch Beobachtung von Handlungen und Entscheidungen, die auf Vertrauen beruhen, jedoch auch durch andere Faktoren bedingt sein können.

- Die Gleichsetzung generalisierten Vertrauens mit spezifischem Vertrauen. Historische Skalen zur Messung von Vertrauen, wie beispielsweise die ‚Inter-

---

[481] Opp weist darauf hin, dass ein grundsätzliches Problem der Operationalisierung darin besteht, dass Begriffe unklar oder in verschiedener Bedeutung verwendet werden. Vgl. Opp (1999), S. 58.

[482] Zu einem Überblick über Verfahren der Vertrauensmessung vgl. Kenning (2002), S. 269-333. Der Autor präsentiert im Anhang seiner Arbeit 27 Skalen zur Erhebung unterschiedlicher Facetten von Vertrauen.

[483] Gillespie (2003a), S. 7.

[484] Vgl. Gillespie (2003a), S. 2; Lewicki (2006), S. 1014.

personal Trust Scale' (ITS)[485] oder die 'Revised Philosophies of Human Nature Scale' (RPHNS)[486] erfassen generalisiertes Vertrauen im Sinne der Vertrauensneigung einer Person.

• Der Schluss von der Wahrnehmung der Vertrauenswürdigkeit einer Person auf das Vertrauen in einer spezifischen Situation. Sich ein Urteil über die Vertrauenswürdigkeit eines Interaktionspartners zu bilden, impliziert weder Ungewissheit noch Verwundbarkeit. Dies sind jedoch zentrale Bedingungen, um von Vertrauen sprechen zu können.

• Die Verwendung von 1-Item-Skalen, die direkt nach dem Vertrauen fragen. Ihr besonderer Wert liegt im Einsatz zur Konstruktvalidierung.

Eine Möglichkeit, den oben genannten Defiziten zu begegnen, besteht darin, zentrale Bestandteile des Vertrauensphänomens zu erfassen und diese zu einem multidimensionalen Konstrukt zusammenzuführen. Costa erfasst in dieser Weise die individuelle Disposition des Vertrauensgebers, die Einschätzung des Vertrauensnehmers und die Manifestation von Vertrauen als miteinander in Beziehung stehende Komponenten eines komplexen Konstrukts. Hier kann von Vertrauen im weiten Sinne gesprochen werden, da affektive, kognitive und Verhaltens-Komponenten zu einem einzigen Konstrukt zusammengefügt werden. „The conceptualization of trust as a multi-component construct, suggests in the first place, that trust can be measured in terms of different components and that these converge to the same general meaning - trust."[487]

Wird dieses weite Verständnis von Vertrauen zugrunde gelegt, so kann Vertrauen praktisch über die Erhebung der Vertrauensneigung, der wahrgenommenen Vertrauenswürdigkeit und der Vertrauenshandlungen erfasst werden. Die Itemwerte der gemessenen Indikatoren werden zu einem Gesamtwert 'Vertrauen' addiert. Bei dieser Vorgehensweise ist kritisch anzumerken, dass Kausalitäten zwischen den einzelnen Komponenten ignoriert werden und Vertrauen selbst letztlich nicht erhoben wird, sondern seine Determinanten und Wirkungen.

Eine andere Möglichkeit, Vertrauen zu erheben, besteht darin, ein Instrument einzusetzen, das Vertrauen klar von seinen direkten Determinanten und Verhal-

---

[485] Vgl. Rotter (1967).

[486] Vgl. Wrightsman (1992), S. 305.

[487] Costa (2000), S. 116. Vgl. dazu kritisch Scott III (1980), S. 811.

tenswirkungen abgrenzt. Skalen, welche die Bereitschaft eines Vertrauensgebers messen, sich gegenüber einer konkreten Person in einer ungewissen Situation verwundbar zu machen, fokussieren auf Vertrauen in diesem engen Sinne. Die Grafik verdeutlicht die beiden unterschiedlichen Erfassungsmöglichkeiten des Vertrauensphänomens und die damit einhergehenden engen und weiten Vertrauensverständnisse.

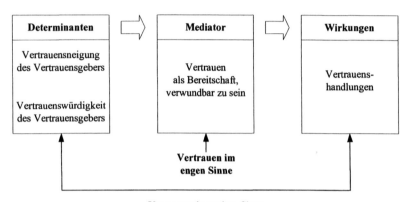

Abb. 17: Enges und weites Verständnis von Vertrauen

Wird das Ziel verfolgt, ein komplettes Bild des Vertrauensphänomens zu erhalten, sollte in theoretischen und empirischen Analysen klar unterschieden werden zwischen

- den Determinanten von Vertrauen, insbesondere der Vertrauensneigung des Vertrauensgebers und der Vertrauenswürdigkeit des Vertrauensnehmers,
- Vertrauen im engen Sinne, d.h. der Bereitschaft, verwundbar zu sein, und
- den Wirkungen von Vertrauen auf das Verhalten.

Zur Messung von Vertrauen wird in dieser Untersuchung das ‚Behavioral Trust Inventory' (BTI) von Gillespie eingesetzt,[488] dem ein enges Vertrauensverständnis zugrunde liegt. Das Inventar erfasst die situative Bereitschaft einer Person, sich in einer Beziehung mit einer spezifischen anderen Person verwundbar zu machen. Es wurde entwickelt, um Vertrauen sowohl in hierarchischen als auch gleichrangigen Arbeitsbeziehungen zu erheben.[489] Besondere Bedeutung erlangt

---

[488] Vgl. Gillespie (2003a) und (2003b).

[489] Vgl. Gillespie (2003b), S. 8.

das BTI dadurch, dass zwei zentrale Dimensionen von Vertrauen abgedeckt werden. Zum einen die Bereitschaft, sich auf Fähigkeiten, Wissen, Urteile oder Taten des Interaktionspartners zu verlassen (reliance) und zum anderen die Bereitschaft, sich hinsichtlich sensitiver, arbeitsbezogener und persönlicher Informationen zu öffnen (disclosure).[490] Zusammengenommen ergeben beide Dimensionen das Vertrauen in einen spezifischen Interaktionspartner.

Wie bereit sind Sie, folgendes mit Ihrem Interaktionspartner zu tun?

1. Sich auf seine/ihre aufgabenbezogenen Fertigkeiten und Fähigkeiten zu verlassen.

2. Von ihm/ihr abhängig zu sein, dass er/sie einen wichtigen Sachverhalt an Ihrer Stelle handhaben kann.

3. Sich darauf zu verlassen, dass er/sie Ihre Aufgabe anderen exakt begreiflich machen kann.

4. Von ihm/ihr abhängig zu sein, dass er/sie Ihnen in schwierigen Situationen beisteht.

5. Sich auf seine/ihre aufgabenbezogenen Urteile zu verlassen.

6. Ihre persönlichen Gefühle mit ihm/ihr zu teilen.

7. Aufgabenbezogene Probleme oder Schwierigkeiten mit ihm/ihr zu diskutieren, die potentiell dazu benutzt werden könnten, Ihnen zu schaden.

8. Sich auf ihn/sie in Bezug auf persönliche Aspekte zu verlassen, die Ihre Aufgabenbearbeitung beeinflussen können.

9. Mit ihm/ihr zu diskutieren, wie Sie ehrlicherweise über Ihre Aufgabe denken, auch über negative Gefühle und Frustration.

10. Ihre persönlichen Überzeugungen ihm/ihr mitzuteilen.

Tab. 5: Items zur Messung von Vertrauen

Das BTI erhebt Vertrauen anhand von 10 Items durch ein siebenstufiges Rating mit den Polen ‚keinesfalls bereit' und ‚in hohem Maße bereit'. Die ersten 5 Fragen beziehen sich auf die Dimension der ‚reliance' und erfassen die Bereitschaft, sich auf den Vertrauensnehmer zu verlassen. Die Fragen 6 bis 10 reflektieren die Dimension der ‚disclosure' und messen die Bereitschaft, sich dem Vertrauensnehmer gegenüber zu öffnen. Es handelt sich um ein valides und reliables multidimensionales Instrument.[491] In der vorliegenden Untersuchung wird es zur

---

[490] Vgl. dazu die Ausführungen in Abschnitt 3.2 dieser Arbeit.

[491] Die Entwicklung und Validität des BTI wird durch qualitative und quantitative Daten aus Querschnittuntersuchungen und Längsschnitterhebungen gestützt. Gillespie führte eine Interview-Studie mit 96 Teilnehmern, eine Pilot-Studie mit 39 Teilnehmern, eine Studie zur Validierung mit 77 Projektleitern und 234 Teammitgliedern aus dem Bereich Forschung und Entwicklung sowie eine Vergleichsprüfung mit 67 Managern und 214 direkt unterstellten Mitarbeitern durch. Vgl. Gillespie (2003b).

Messung von Vertrauen in einem Fragebogen eingesetzt, der den Versuchspersonen nach Bearbeitung der vorbereitenden Aufgaben zur Budgetverhandlung, d.h.
vor dem angekündigten Treffen mit dem Interaktionspartner zur Budgetverhandlung, übergeben wird.

4.3.2 Messung der Dispositionen des Vertrauensgebers

Dispositionen sind situationsübergreifende Persönlichkeitsmerkmale, von denen
angenommen wird, dass sie das Verhalten in spezifischen Situationen beeinflussen.[492] Zunächst wird die Messung der Vertrauensneigung der Versuchspersonen
dargelegt, die in dieser Untersuchung eine unabhängige Variable darstellt. Im
Anschluss wird die Messung der Risikoneigung erläutert, die als potentielle
Störvariable in diesem Untersuchungskontext erfasst werden soll.

(1) Vertrauensneigung

Basierend auf vergangenen Erfahrungen und Generalisierungen von anderen
Situationen, entwickeln Individuen Erwartungen bezüglich des Verhaltens anderer.[493] Mayer et al. heben hervor, dass sich Menschen in ihrer Vertrauensneigung
unterscheiden und verweisen unter anderem auf unterschiedliche kulturelle Hintergründe bzw. sozio-ökonomische Einflussfaktoren.[494] Die Befunde des World
Value Surveys unterstreichen diese Annahme: Das Item ‚Most people can be
trusted', welches im weitesten Sinne die Vertrauensneigung misst, weist länder-
spezifisch deutliche Unterschiede auf.[495]

Eine weit verbreitete Skala zur Messung der generellen Bereitschaft von Menschen zu vertrauen, ist die ‚Interpersonal Trust Scale' (ITS) von Rotter, deren
praktische Einsatzmöglichkeit jedoch mit 25 Items, ohne die zusätzlichen
Distraktoren, begrenzt ist.[496] Die ITS misst die „expectancy held by an individual
or a group that the word, promise, verbal or written statement of another individual or group can be relied upon."[497] Die Items beziehen sich auf individuelle
generelle Erwartungen in verschiedenen Lebenssituationen. Insbesondere richten

---

[492] Vgl. Zimbardo/Gerrig (2004), S. 6.

[493] Vgl. Rotter (1980).

[494] Vgl. Mayer et al. (1995).

[495] Vgl. Inglehart et al. (2004).

[496] Vgl. Rotter (1967) und (1971).

[497] Rotter (1967), S. 651.

sich die Fragen auf die Glaubwürdigkeit sogenannter ‚sozialer Agenten', wie beispielsweise Lehrer, Politiker und Eltern, sowie auf optimistische Annahmen über die Zukunft unserer Gesellschaft.

Ein jüngeres Instrument zur Messung der Vertrauensneigung stellt die Skala von Costa dar (siehe Tab. 6).[498] Diese wurde auf der Grundlage von explorativen Interviews, Literaturrecherchen und Expertenurteilen konzipiert. Die einzelnen Items basieren auf der ‚Philosophies of Human Nature Scale' (PHNS) von Wrightsman.[499]

Kreuzen Sie die Antwort an, die Ihrer persönlichen Meinung am meisten entspricht.

1. Die meisten Menschen zögern nicht, jemandem in Not zu helfen.

2. ‚Behandele einen anderen wie Du selbst behandelt werden willst' ist ein Motto, dem die meisten Menschen folgen.

3. Die meisten Menschen äußern sich zu dem, was sie glauben.

4. Die meisten Menschen sagen normalerweise die Wahrheit; sogar dann, wenn sie wissen, dass es für sie besser wäre zu lügen.

5. Menschen sind normalerweise aufrichtig besorgt um die Probleme anderer.

6. Die meisten Menschen stehen zu ihrer Überzeugung.

7. Menschen bleiben normalerweise bei Ihrer Meinung, wenn sie denken, dass sie Recht haben, auch wenn die anderen nicht ihrer Meinung sind.

Tab. 6:   Items zur Messung der Vertrauensneigung

Dies ist ein umfassendes theorie- und empiriebasiertes Instrument zur Erhebung der „expectancies that people have about the ways in which other people generally behave."[500] Obwohl die ITS von Rotter als auch die PHNS von Wrightsman generelle Erwartungshaltungen von Menschen erheben, stellt Costa fest, dass die Items der PHNS sich eher auf interpersonelle Relationen beziehen als die Items der ITS.[501] Aus diesem Grund entwickelte und validierte Costa auf der Basis der revidierten Subskala ‚Beliefs That People Are Conventionally Good' der

---

[498] Vgl. Costa (2000).

[499] Vgl. Wrightsman (1964), (1991) und (1992). Die PHNS umfasst im Original 84 Items und die folgenden Subskalen: Vertrauenswürdigkeit, Altruismus, Unabhängigkeit, Willensstärke und Rationalität, Komplexität des menschlichen Wesens und Veränderlichkeit des menschlichen Wesens. Die ‚Revised Philosophies of Human Nature Scale' (RPHNS) besteht hingegen aus 20 Items mit den zwei Subskalen Zynismus und Vertrauen.

[500] Wrightsman (1991), S. 385.

[501] Vgl. Costa (2000), S. 101.

PHNS[502] bzw. der Subskala ‚Trust' der RPHNS[503] ein Instrument zur Messung der Vertrauensneigung auf einer 7-Punkte-Likert-Skala mit den Polen ‚stimme gar nicht zu' und ‚stimme voll zu' bestehend aus den folgenden 7 Items:[504]

Den Versuchspersonen wird vor der Aushändigung der Unterlagen zur Fallsimulation ein Fragebogen übergeben, der die oben beschriebene Skala zur Erhebung der Vertrauensneigung enthält.

(2) Risikoneigung

Risikoneigung bezeichnet die individuelle und generelle Tendenz einer Entscheidungsperson, Risiken zu übernehmen oder zu vermeiden.[505] Es sind keine Hypothesen zum Zusammenhang zwischen der Risikoneigung des Vertrauensgebers und dem Vertrauen als Bereitschaft, verwundbar zu sein, im theoretischen Teil dieser Arbeit abgeleitet worden, da diese Variable nicht im Forschungsinteresse der Untersuchung steht. Zudem liegen bis dato keine Erklärungsansätze vor, die diesen Zusammenhang postulieren. Die Literatur zu riskantem Entscheidungsverhalten betont allerdings die zentrale Stellung der Risikoneigung als Einflussfaktor auf das Risikoübernahmeverhalten.[506] Empirische Studien weisen darauf hin, dass die Risikoneigung gemeinsam mit der Risikowahrnehmung einer Entscheidungsperson die Beziehung zwischen den Antezedenzbedingungen einer Entscheidungsaufgabe und dem riskanten Entscheidungsverhalten vermittelt.[507] Um auszuschließen, dass Unterschiede in der Risikoneigung der Versuchspersonen die Ergebnisse der Untersuchung verzerren, soll das Konstrukt kontrolliert als potentielle Störvariable miterhoben werden.

Zur Messung der Risikoneigung wird eine von Sitkin/Weingart entwickelte 5-Item-Skala eingesetzt, die sich speziell auf die Tendenz bezieht, Geschäftsrisiken einzugehen.[508] Dieses Instrument bietet die Möglichkeit, einen direkten Bezug auf die Rolle des Probanden in einer Fallsimulation zu nehmen. Auf einem fünfstufi-

---

[502] Vgl. zu den Subskalen der PHNS Wrightsman (1992), S. 305.

[503] Vgl. zu den Subskalen der RPHNS Wrightsman (1991), S. 392 f.

[504] Vgl. Costa (2000), S. 182.

[505] Vgl. MacCrimmon/Wehrung (1990), S. 25; Sitkin/Pablo (1992), S. 12.

[506] Vgl. Sitkin/Pablo (1992); Sitkin/Weingart (1995); Pablo (1997).

[507] Vgl. dazu das ‚Revised Model of the Determinants of Risky Decision-Making Behavior' von Sitkin/Weingart (1995).

[508] Vgl. Sitkin/Weingart (1995).

gen Rating geben die Teilnehmer an, ob sie in einer konkreten Situation eine starke Neigung verspüren, das Risiko zu vermeiden oder eher eine starke Neigung empfinden, das Risiko zu übernehmen. Der Wortlaut in der Einleitung der Fragestellung von Sitkin/Weingart wird zum Einsatz der Skala in dieser Untersuchung situationsspezifisch adaptiert:[509]

Als Manager des Hotels sahen Sie sich Entscheidungen gegenübergestellt, die sich auf die finanzielle Zukunft Ihres Hotels auswirken. Wie würden Sie in einer solchen Situation Ihre Neigung einschätzen...

1. mehr oder weniger risikoreiche Alternativen zu wählen, die auf einer Einschätzung anderer Personen beruhen, auf die sie sich verlassen müssen.

2. mehr oder weniger risikoreiche Alternativen zu wählen, die auf Analysen hoher technischer Komplexität beruhen.

3. mehr oder weniger risikoreiche Alternativen zu wählen, die einen nachhaltigen Einfluss auf die strategische Ausrichtung Ihres Unternehmens haben könnten.

4. die Umsetzung einer Strategie in die Wege zu leiten, die das Potential eines Fehlschlags in sich birgt.

5. eine Entscheidung zu unterstützen, bei der Sie wissen, dass relevante Analysen durchgeführt wurden, obwohl einige Informationen dafür fehlten.

Tab. 7:   Items zur Messung der Risikoneigung

Die Fragen zur Messung der Risikoneigung werden den Versuchspersonen in einem Fragebogen präsentiert, der nach Bearbeitung der vorbereitenden Aufgaben zur Budgetverhandlung ausgehändigt wird. Im Gegensatz zur Erhebung der Vertrauensneigung setzt dieses Instrument die Kenntnis der Situation voraus.

4.3.3 Messung der Wahrnehmungen des Vertrauensgebers

Als zentrale Einflussfaktoren auf das Vertrauen in einer spezifischen Situation wurden im dritten Kapitel dieser Arbeit die Vertrauenswürdigkeit des Interaktionspartners und das Risiko der Entscheidungsaufgabe herausgestellt. Im Folgenden wird die Messung der Wahrnehmung dieser Aspekte durch den Vertrauensgeber erläutert.

(1) Vertrauenswürdigkeit des Vertrauensobjekts

Menschen suchen nach guten Gründen zu vertrauen und Indikatoren einer Vertrauenswürdigkeit liefern dem Vertrauensgeber eine vernünftige Basis für Vertrauen. Zur Erhebung der Wahrnehmung der Vertrauenswürdigkeit des Interakti-

---

[509] Vgl. Sitkin/Weingart (1995), S. 1592.

onspartners wurde die Skala von Mayer/Davis eingesetzt.[510] Sie geht zurück auf das Vertrauensmodell von Mayer et al. und misst auf einer fünfstufigen Skala mit den Polen ‚stimme gar nicht zu' und ‚stimme voll zu' die Wahrnehmung der Fähigkeit, des Wohlwollens und der Integrität des Interaktionspartners.[511] Wie bereits im Rahmen der Hypothesenableitung dargelegt wurde, stehen die Faktoren der Vertrauenswürdigkeit miteinander in Beziehung, können jedoch unabhängig voneinander variieren. Die Skala besteht aus insgesamt 17 Indikatoren, wobei die Items 1-5 und 12 sich auf die Fähigkeit des Interaktionspartners beziehen, die Items 6-9 und 13 das Wohlwollen erheben und die Items 10, 11 und 14-17 die Integrität messen.

Mein/e Interaktionspartner/in ...

1. ... ist sehr fähig, seine/ihre Arbeit zu verrichten.

2. ... ist dafür bekannt, erfolgreich bei Arbeiten zu sein, die er/sie in Angriff nimmt.

3. ... weiß viel über die Arbeit, die getan werden muss.

4. ... hat spezielle Fähigkeiten, die unsere Arbeitsleistung steigern.

5. ... ist sehr qualifiziert.

6. ... ist um mein Wohlergehen sehr besorgt.

7. ... würde wissentlich nie etwas tun, was mich verletzen könnte.

8. ... achtet auf das, was für mich von Bedeutung ist.

9. ... würde sein/ihr Ziel ändern, um mir zu helfen.

10. ... hat großen Gerechtigkeitssinn.

11. ... versucht, im Umgang mit anderen immer fair zu sein.

12. Ich bin zuversichtlich hinsichtlich seiner/ihrer Fertigkeiten.

13. Meine Bedürfnisse und Wünsche sind für ihn/sie von großer Bedeutung.

14. Ich muss keine Sorge haben, dass er/sie nicht zu seinem/ihrem Wort steht.

15. Handlungen und Verhalten von ihm/ihr sind sehr konsistent, d.h. widerspruchsfrei.

16. Ich mag seine/ihre Wertvorstellungen.

17. Feste Prinzipien scheinen sein/ihr Verhalten zu leiten.

Tab. 8:   Items zur Messung der Vertrauenswürdigkeit

Die Skala zur Messung der wahrgenommenen Vertrauenswürdigkeit des Interaktionspartners wird in einem Fragebogen eingesetzt, der bei der Anmeldung zur

---

[510] Vgl. Mayer/Davis (1999).

[511] Vgl. Mayer et al. (1995).

Untersuchung den Teilnehmern ausgehändigt wird, die mit einem bekannten Interaktionspartner die Fallsimulation bearbeiten.

(2) Risikowahrnehmung

Risikowahrnehmung beschreibt die Einschätzung der Gewinne und Verluste in einer Entscheidungssituation durch den Entscheidungsträger und reflektiert die subjektiv empfundene Verwundbarkeit dieser Person. Zur Erhebung der Risikowahrnehmung wird eine Skala von Sitkin/Weingart eingesetzt, die sich speziell an die in einer Fallsimulation erzeugte Situation adaptieren lässt.[512] Die vier Items spiegeln Antworten auf einer siebenstufigen Skala zu folgenden Fragen wider:

Wie würden Sie Ihre aktuelle Situation charakterisieren?

1. Günstige Gelegenheit (1) .... starke Bedrohung (7)

2. Möglichkeit für Verlust (1) ... Gewinnmöglichkeit (7)

3. Positive Situation (1) ... negative Situation (7)

Wie hoch sind die Erfolgsaussichten, Ihre Zuteilungsvorstellungen in der folgenden Budgetverhandlung durchzusetzen?

4. Sehr gering (1) ... sehr hoch (7)

Tab. 9:   Items zur Messung der Risikowahrnehmung

Die Items zur Messung der Risikowahrnehmung sind in einem Fragebogen enthalten, der den Versuchspersonen nach Bearbeitung der Aufgabenstellung ausgehändigt wird.

4.3.4 Messung des Verhaltens des Vertrauensgebers

Die Erhebung des Verhaltens der Versuchspersonen erfolgt durch Dokumentenanalyse. Im Zentrum des Interesses stehen das Informations- und Kontrollverhalten als abhängige Variablen des Mediationsmodells. Zur Prüfung der methodischen Wirksamkeit des Versuchsaufbaus wird die Strategiewahl der Teilnehmer erhoben.

Die Reaktionsmöglichkeiten ergeben sich aus den Rollenvorgaben im Rahmen der Fallsimulation und werden auf der letzten Seite der ausgehändigten Unterlagen übersichtlich zusammengefasst.[513] Drei Aufgaben sollen zur Vorbereitung auf

---

[512] Vgl. Sitkin/Weingart (1995).

[513] Vgl. dazu das Aufgabenblatt im Anhang dieser Arbeit, S. 219.

die anstehende Budgetverhandlung bearbeitet werden. Im Folgenden werden die alternativen Verhaltensweisen hinsichtlich der Strategiewahl, der Informationsweitergabe und der Kontrollintensität sowie ihre Erfassung erläutert.

(1) Strategiewahl

Die Messung der Strategiewahl gibt insbesondere Aufschluss darüber, ob die Aufgabenstellung die Versuchspersonen dazu veranlasst, sich in einer ungewissen Situation verwundbar zu machen, d.h. die Strategie der Kooperation zu wählen. Eine Hypothese zum Einfluss von Vertrauen auf die Strategiewahl wurde nicht aufgestellt, da diese Wahlentscheidung keine Aussagen zu der Intensität vertrauensvollen Verhaltens zulässt, die in dieser Untersuchung im Vordergrund des Interesses steht.

Die Teilnehmer erhalten die Aufgabe, sich für eine generelle Strategie zu entscheiden, die sie in der anstehenden Budgetverhandlung verfolgen werden, d.h. auf den Erhalt von 100% des Budgets abzuzielen oder das Budget zu 50% mit dem Interaktionspartner zu teilen. Auf einem separaten Aufgabenblatt, das vor dem Treffen zur Budgetverhandlung bei der Aufsicht im Raum abgegeben wird, soll der Versuchsteilnehmer ankreuzen, welche Strategie er wählt.

Strategie 1: Kooperation. Sie versuchen, die Konzernleitung zu überzeugen, dass das Renovierungsbudget gleichmäßig (50:50-Lösung) unter Ihnen beiden verteilt wird. Sie können dann nur einen Teil Ihres geplanten Renovierungsvorhabens im Wert von 500.000 Euro durchführen.

Strategie 2: Wettbewerb. Sie versuchen, den maximalen Anteil des Renovierungsbudgets zu erhalten (100:0-Lösung) und stellen in den Verhandlungen im Detail den besonders dringenden Renovierungs-Bedarf Ihres Hotels heraus.

Für welche Strategie entscheiden Sie sich?

    o Strategie 1 ‚Kooperation'   o Strategie 2 ‚Wettbewerb'

Bedenken Sie, wie sich Ihr Interaktionspartner verhalten wird. Ihrem Interaktionspartner wird Ihre Strategiewahl **nicht** mitgeteilt.

Tab. 10: Aufgabenstellung zur Strategiewahl

(2) Informationsaustausch

Um den Einfluss der unabhängigen Variablen auf die offene und ehrliche Kommunikation zu prüfen, bedarf es einer Operationalisierung des Informationsverhaltens in der Fallsimulation. Die Versuchspersonen erhalten die Möglichkeit, ihrem Interaktionspartner vor der Budgetverhandlung maximal 16 Informationen über ihr Hotel verdeckt in einem an den Interaktionspartner adressierten Umschlag zu übermitteln. Der Aufgabenstellung liegt ein Formular bei, in das die Versuchspersonen beliebig viele richtige wie auch falsche Informationen eintragen können.[514]

Welche Informationen über Ihr Hotel übermitteln Sie an Ihren Interaktionspartner?

Sie haben die Möglichkeit, so viele richtige oder falsche Informationen auf dem beiliegenden blauen Informationsformular einzutragen, wie Sie es für notwendig erachten. Bitte legen Sie das Blatt in den beiliegenden Umschlag, der an den Manager des Hotels B adressiert ist.

Tab. 11: Aufgabenstellung zum Informationsaustausch für Manager A

Die Umschläge werden von der Aufsichtsperson eingesammelt und während der Fallsimulationsbearbeitung von einem Boten abgeholt, der diese jedoch nicht an den Interaktionspartner weiterleitet, sondern zur Auswertung bei sich behält.

In Anlehnung an O'Reilly III/Roberts wird der Informationsaustausch durch Auszählen der einzelnen Informationen gemessen, die an den Interaktionspartner weitergegeben werden: Es wird die Summe zurückgehaltener Informationen und falscher Informationen notiert.[515] Da maximal 16 Informationen kommuniziert werden konnten, liegt der Wertebereich für die beiden Variablen ‚Verschweigen von Informationen' und ‚Verzerren von Informationen' zwischen 0 und 16. Dies soll an drei Beispielen erläutert werden:

• Werden alle 16 Informationen korrekt weitergeleitet, so handelt es sich um einen sehr offenen und ehrlichen Informationstransfer. Die Variablen ‚Verzerren von Informationen' und ‚Verschweigen von Informationen' werden beide mit dem Wert ‚0' kodiert.

• Wird ein leeres Informationsformular an den Interaktionspartner weitergeleitet, so ist die Summe zurückgehaltener Informationen 16 und die Ausprägung der Variablen ‚Verschweigen von Informationen' wird mit dem Wert ‚16' kodiert und die Variable ‚Verzerren von Informationen' erhält den Wert ‚0'.

• Enthält das Informationsformular zehn korrekte und vier falsche Informationen, d.h. zwei der insgesamt 16 Informationen werden zurückgehalten, so ist die Ausprägung der Variablen ‚Verschweigen von Informationen' mit dem Wert ‚2' zu notieren und die Variable ‚Verzerren von Informationen' erhält den Wert ‚4'.

---

[514] Vgl. dazu das Informationsformular im Anhang dieser Arbeit, S. 220.

[515] Vgl. O' Reilly III/Roberts (1974), S. 258.

(3) Kontrollintensität

Da nicht bekannt ist, ob der Interaktionspartner richtige oder falsche Informationen bezüglich seines Hotels übermittelt, erhalten die Versuchsteilnehmer die Möglichkeit, um eine objektive Überprüfung der Informationen zu bitten, die an sie weitergeleitet werden.

Auf dem separaten Aufgabenblatt, das vor dem Treffen zur Budgetverhandlung bei der Aufsicht im Raum abzugeben ist, können die Versuchspersonen maximal vier Berichte anfordern, die über den prozentualen Anteil falscher Informationen in den einzelnen Informationsbereichen Aufschluss geben. Auf die realen ‚Kosten der Kontrolle' wird explizit hingewiesen: maximal 20 Minuten Wartezeit, für den Fall, dass alle vier Berichte angefordert werden. Es kann jedoch auf eine externe Verifizierung der vom Interaktionspartner gesandten Informationen verzichtet werden. Die nachfolgende Tabelle zeigt die Aufgabenstellung:

Welche Berichte wünschen Sie, die zeigen, wie viel Prozent der Informationen, die Ihr Interaktionspartner (Manager B) an Sie übermittelt hat, falsch sind (bitte ankreuzen)?
Bericht 1: Anteil falscher Informationen in der Gewinn- und Verlustrechnung.
Bericht 2: Anteil falscher Informationen zum Jahr der letzten Renovierung.
Bericht 3: Anteil falscher Informationen hinsichtlich der Zufriedenheit der Gäste mit der Ausstattung.
Bericht 4: Anteil falscher Informationen hinsichtlich der Zufriedenheit der Gäste mit dem Personal.
Bitte beachten Sie, dass sich der Beginn der anschließenden Budgetverhandlung pro Bericht um ca. 4-5 Minuten verschiebt!

Tab. 12: Aufgabenstellung zur Kontrollintensität für Manager A

Die Kontrollintensität ergibt sich aus der Anzahl der angeforderten Berichte zur Überprüfung des Informationstransfers des Interaktionspartners. Der Wertebereich liegt zwischen 0 und 4, wobei ein Wert von 4 eine maximal mögliche Kontrolle und der Wert 0 einen Kontrollverzicht bezeichnet.

4.4 Durchführung der Untersuchung

4.4.1 Pretest

Zur Prüfung des Forschungsdesigns wurden zwei Pretests durchgeführt. „Der Pretest dient der Erprobung des konkreten methodischen Vorgehens und verbindet auf diese Weise die Forschungsfrage mit der Forschungsmethode in einem ausgewählten Realitätsausschnitt."[516]

Eine Voruntersuchung zur Skalenprüfung wurde im Oktober 2004 mit 69 Teilnehmern einer einwöchigen Blockveranstaltung ‚Planung und Entscheidung' an der Johannes Gutenberg-Universität in Mainz durchgeführt. Die Versuchspersonen arbeiteten im Rahmen dieser Veranstaltung ungefähr 40 Arbeitsstunden in Gruppen an der Lösung unterschiedlicher betriebswirtschaftlicher Fallstudien. Diese Erfahrung miteinander war von Bedeutung, da unter anderem die Eignung von zwei alternativen Skalen zur Messung der Vertrauenswürdigkeit eines Interaktionspartners für den Einsatz in der Hauptuntersuchung geprüft werden sollte. Zudem wurde die Verständlichkeit der ins Deutsche übersetzten Items überprüft und die Dauer der Fragebogenbearbeitung aufgezeichnet. Es ergaben sich keine Probleme hinsichtlich der Verständlichkeit des Fragebogens. Der Vergleich der Skalen lieferte zwei bedeutende Erkenntnisse, die letztlich über ihren Einsatz in der Hauptuntersuchung entschieden:

• Zusätzlich zu der Messung der wahrgenommenen Vertrauenswürdigkeit nach Mayer/Davis wurden die Versuchsteilnehmer gebeten, eine bestimmte Person aus ihrer Arbeitsgruppe hinsichtlich der zehn Bedingungen für Vertrauen nach Butler einzuschätzen: Erreichbarkeit, Kompetenz, Konsistenz, Diskretion, Fairness, Integrität, Loyalität, Offenheit, Verlässlichkeit und Zugänglichkeit.[517] Die Reliabilität beider Skalen war sehr zufriedenstellend. Es konnte ferner eine höchst signifikante Korrelation zwischen den beiden Messinstrumenten festgestellt werden (r = 0,86). Da die Skala von Mayer/Davis jedoch die einzelnen Dimensionen der Fähigkeit, des Wohlwollens und der Integrität zuverlässig misst, wurde sie für die Hauptuntersuchung ausgewählt.

• Der Skalenpretest enthielt zudem die ‚Interpersonal Trust Scale' (ITS) von Rotter zur Messung generalisierten Vertrauens.[518] Dies ermöglichte einen Vergleich mit der Skala von Costa zur Erfassung der Vertrauensneigung.[519] Beide Skalen weisen eine zufriedenstellende Reliabilität auf. Die Korrelation der beiden Skalen war höchst signifikant, allerdings mit r = 0,48 erstaunlich gering

---

[516] Bronner et al. (1999), S. 52.

[517] Vgl. Butler (1991); Mayer/Davis (1999).

[518] Vgl. Rotter (1967).

[519] Vgl. Costa (2000).

dafür, dass beide Instrumente eine generelle Disposition zu vertrauen erheben. Die Entscheidung für den Einsatz der Skala von Costa in der Hauptuntersuchung basiert auf einem leicht höheren Cronbachs Alpha in dem Pretest und der ökonomischeren Einsetzbarkeit der Skala mit 7 Items im Vergleich zu 25 Items der ITS.

Ein Pretest zur Prüfung der Wirksamkeit der Fallsimulation wurde nicht mit Studierenden, sondern mit Praktikern im Januar 2005 durchgeführt. Dieser fand in Räumlichkeiten außerhalb der Universität statt, die es ermöglichten, jeder Person einen separaten Raum zur Bearbeitung der Aufgabe zur Verfügung zu stellen und in einem weiteren Gruppenraum eine abschließende Diskussion zu führen. Ziel dieser Voruntersuchung war es, zum einen die Verständlichkeit des Aufgabentexts zu überprüfen und zum anderen zu ergründen, ob die Aufgabenstellung als glaubhaft empfunden wird. Zudem ermöglichte diese Sitzung eine Abschätzung des zeitlichen Aufwands für die Zeitplanung der Hauptuntersuchung und gab Aufschluss über die Belastung der Teilnehmer. Die Rückmeldungen zeigten, dass die Aufgabenstellung klar formuliert und realistisch war. Die Fallsimulation forderte eine adäquate, jedoch nicht überhöhte Beanspruchung der Teilnehmer. Allerdings stellte sich in einer ausführlichen abschließenden Diskussion heraus, dass die Möglichkeit zur Kontrolle des Interaktionspartners expliziter dargelegt werden müsse. Dem wurde durch das Einfügen zusätzlicher Erläuterungen in der Situationsbeschreibung für die Hauptuntersuchung entsprochen.

4.4.2 Stichprobe

Die Hauptuntersuchung wurde mit Studenten und Absolventen der Johannes Gutenberg-Universität in Mainz durchgeführt. Eine Anwerbung der Teilnehmer erfolgte via E-Mail an Alumni sowie durch Ankündigung in Lehrveranstaltungen und Auslage von Handzetteln in den Bereichen Rechts- und Wirtschaftswissenschaften, Soziologie, Medienmanagement, Sport, Pädagogik, Geografie, Philologie, Mathematik, Publizistik und Medizin.

Als Zielsetzung der Veranstaltung wurde die ‚Evaluation der Effizienz einer betriebswirtschaftlichen Lehrveranstaltung zur Fallstudienbearbeitung' genannt.[520] Um einen Anreiz zur Teilnahme zu bieten, wurde eine Verlosung von

---

[520] Den Teilnehmern sollte einerseits nicht verschwiegen werden, dass sie mit einer betriebswirtschaftlichen Aufgabenstellung konfrontiert werden, andererseits musste das Forschungsziel verborgen bleiben.

600 Euro (1x150, 2x100, 3x50 und 4x25 Euro) unter den Teilnehmern ausgelobt. Die Teilnehmer erhielten die Information, dass es sich um eine Fallstudienbearbeitung mit einer Dauer von ungefähr eineinhalb Stunden handelt.[521] Insgesamt wurden zwei verschiedene Aufrufe zur Teilnahme an der Untersuchung entworfen und zu unterschiedlichen Zeitpunkten in Umlauf gebracht. Der erste Text forderte dazu auf, sich gemeinsam mit einem Partner anzumelden. Im zweiten Text war das Anmeldeformular nur für eine Person konzipiert. Vertrauen und artverwandte Begriffe, die Hinweise zum Ziel der Untersuchung liefern konnten, wurden nicht verwendet.

Es meldeten sich insgesamt 216 Personen zu dem Versuch an. Die Zusammensetzung der Stichprobe wird in den nachfolgenden Tabellen dokumentiert.

Merkmal	Ausprägung	Absolut	Prozentual
Geschlecht	weiblich	124	57,4%
	männlich	92	42,6%
Alter	unter 20 Jahre	4	1,9%
	20 und 21 Jahre	42	19,4%
	22 und 23 Jahre	69	31,9%
	24 und 25 Jahre	54	25%
	26 und 27 Jahre	24	11,1%
	28 und 29 Jahre	3	1,4%
	30 Jahre und älter	20	9,3%
Studierende	Betriebswirtschaftslehre	128	59,3%
	Wirtschaftspädagogik	24	11,1%
	Volkswirtschaftslehre	23	10,6%
	Medienmanagement	7	3,2%
	sonstige Studienfächer	17	7,9%
Praktiker	Absolventen diverser Studiengänge	17	7,9%

Tab. 13: Demografische Merkmale der Stichprobe

Falls ein gewählter Partner zu spät zu dem vereinbarten Termin erschien oder generell verhindert war, so wurde der anwesenden Person mitgeteilt, dass sie trotzdem an der Untersuchung teilnehmen könne, ihr jedoch ein anonymer Partner zugeteilt werde. Letztlich interagierten 90 Personen mit einem bekannten Interak-

---

[521] Dies entsprach der maximalen Bearbeitungszeit der Fallsimulation im Pretest bei den Praktikern. Die tatsächliche Bearbeitungszeit lag letztlich zwischen 30 und 45 Minuten ohne Beantwortung der Fragebögen.

tionspartner und 126 Personen mit einem anonymen Interaktionspartner. Die folgende Tabelle 14 zeigt die Zusammensetzung der Gruppen, differenziert nach dem Merkmal Geschlecht.

Interaktion mit bekanntem Interaktionspartner (N = 90)	Absolut	Prozentual
weiblich	51	56,7%
männlich	39	43,3%
Interaktion mit unbekanntem Interaktionspartner (N = 126)	**Absolut**	**Prozentual**
weiblich	73	57,9%
männlich	53	42,1%

Tab. 14: Geschlechterverteilung der Gruppenzusammensetzung

Um ex post überprüfen zu können, ob veränderte Situationswahrnehmungen, Erwartungshaltungen und Verhaltensweisen tatsächlich auf die Bekanntheit bzw. Unbekanntheit des Partners als Merkmal der Aufgabenumgebung zurückzuführen sind und nicht durch unterschiedliche Beziehungsqualitäten zwischen den Interaktionspartnern verursacht werden, wurde zur Manipulationskontrolle die Beziehungsstärke zum gewählten Interaktionspartner miterhoben. In einem Fragebogen, der bei der Anmeldung ausgefüllt werden sollte, wurde zum einen nach der Intensität der beruflichen bzw. universitären Zusammenarbeit und zum anderen nach der Häufigkeit privater Treffen mit dem Interaktionspartner gefragt.[522] Eine Dichotomisierung in schwache und starke Beziehungen ergibt folgendes Bild:

Ausprägung und Beschreibung		Absolut	Prozentual
Schwache Beziehung	‚Wir haben uns ein paar Mal an der Universität bzw. auf der Arbeit gesehen und unterhalten.' ‚Wir treffen uns öfters an der Universität bzw. auf der Arbeit, besuchen manchmal dieselben Veranstaltungen. Privat treffen wir uns kaum.'	50	55,56%
Starke Beziehung	‚Wir machen an der Universität bzw. auf der Arbeit vieles gemeinsam und treffen uns auch privat.' ‚Wir sind gut befreundet und unternehmen privat sehr viel gemeinsam.'	40	44,44%

Tab. 15: Zusammensetzung der Gruppe nach dem Merkmal Beziehungsstärke

---

[522] Vgl. Appel (2000), S. 339.

4.4.3 Ablauf der Untersuchung

Eine Standardisierung des Ablaufs von der Anmeldung bis zur persönlichen Nachbesprechung war zur Erhöhung der Durchführungsobjektivität von besonderer Bedeutung, da sich die Hauptuntersuchung aus forschungstechnischen Gründen über sieben Monate erstreckte. Der zeitliche Ablauf der gesamten Untersuchung hat sich an den räumlichen und personellen Kapazitäten orientiert, die zur Durchführung benötigt wurden. Es war unverzichtbar, dass die Interaktionspartner die Aufgabenstellung und die Fragebögen in getrennten Räumen bearbeiteten, so dass für jede dyadische Fallbearbeitung insgesamt zwei Aufsichtspersonen und die Versuchsleiterin zur persönlichen Nachbesprechung zugegen sein mussten. Es wurde daher aus forschungsökonomischen Gründen angestrebt, maximal 10 Paare bzw. 20 Einzelteilnehmer zu jeweils einem Termin einzuladen, welches letztlich zu insgesamt 22 Sitzungen zwischen Januar und Juli 2005 führte.

Im Zuge der Registrierung für die Untersuchung, die zwischen zwei und vier Wochen vor der Bearbeitung der Fallsimulation lag, wurden die Teilnehmer, die sich mit einem Partner anmeldeten, gebeten, vor Ort, jedoch räumlich voneinander getrennt, die Fähigkeit, das Wohlwollen und die Integrität des Partners einzuschätzen. Die genaue Aufgabenstellung war den Teilnehmern zu diesem Zeitpunkt noch nicht bekannt. Ebenfalls wurde bei der Registrierung eine verbindliche Anmeldung zu einem der Untersuchungstermine erbeten, wobei sowohl Termine für die Teilnahme mit Partner als auch Termine für die Teilname ohne Partner eingerichtet wurden. Den Teilnehmern ohne Partner wurde mitgeteilt, dass ihnen ein Partner per Los zugeteilt werde.

Zu jedem Sitzungstermin wurden alle Anwesenden zunächst gemeinsam begrüßt und ihnen wurde das weitere Vorgehen erläutert. Die Versuchsleiterin stellte heraus, dass vor einer gemeinsamen Problembearbeitung mit dem gewählten bzw. zugelosten Interaktionspartner, die Dyaden zunächst voneinander räumlich getrennt werden, um sich mit den ausgehändigten Unterlagen und der Situation vertraut zu machen sowie vorbereitende Fragen und Aufgaben ohne den Partner zu bearbeiten. Es erfolgte eine Einteilung der Anwesenden in ,Manager A' und ,Manager B'.[523] Überdies wurde ein Treffpunkt bekannt gegeben, zu dem sich die

---

[523] Die Unterlagen für die Teilnehmer waren bis auf die Anrede und Bezugnahme auf den Interaktionspartner als ,Manager A' bzw. ,Manager B' identisch. Im Anhang dieser Arbeit wird daher nur die Version für ,Manager A' abgebildet, vgl. S. 212-220.

Teilnehmer begeben sollten, um dort mit dem jeweiligen Partner weiterzuarbeiten.

Die Aufsichtspersonen führten daraufhin alle Teilnehmer, die die Rolle des ‚Manager A' einnahmen, in einen Raum mit separaten Tischen für jede Person und alle ‚Manager B' in einen anderen Raum des Gebäudes. Dort wurden alle Versuchspersonen gebeten, zunächst einen Fragebogen auszufüllen, der die Dispositionen der Probanden erfasste. Direkt im Anschluss erhielten sie einen DIN A4-Umschlag, der die Problembeschreibung und detaillierte Instruktionen zu den einzelnen Aufgaben enthielt. Weiterhin wurde ein DIN A5-Umschlag ausgehändigt, der an den Interaktionspartner adressiert war und vor der gemeinsamen Weiterarbeit an den jeweiligen Partner übergeben werden sollte.[524] Sobald die vorbereitenden Aufgaben erfüllt und alle Unterlagen bei der Aufsicht abgegeben worden waren, erhielt der Versuchsteilnehmer einen zweiten Fragebogen zu den situativen Wahrnehmungen und Erwartungshaltungen angesichts der anstehenden Verhandlung.

Letzte schriftliche Instruktionen und ein Gebäudeplan führten den Versuchsteilnehmer zu dem Raum, in dem der Interaktionspartner zur Weiterarbeit getroffen werden sollte. Dort wurde der Proband jedoch von der Versuchsleiterin erwartet und darüber informiert, dass für ihn hiermit die Aufgabe beendet sei, da aufgrund begrenzter Raum- und Personalkapazitäten nicht alle Teilnehmer an einer Budgetverhandlung teilnehmen könnten. Mit einem herzlichen Dank für die Teilnahme wurde der Versuchsteilnehmer verabschiedet und zu der Verlosung der ausgelobten Geldbeträge eingeladen.[525]

Von großer Relevanz für eine Studie, deren Datenerhebung sich über mehrere Monate erstreckt, ist, dass das Untersuchungsziel, die Aufgabe und der Versuchsaufbau nicht bekannt werden. Mit wiederholter Anwendung muss eine Fallsimulation zu vergleichbaren Ergebnissen führen.[526] In dem abschließenden persönlichen Gespräch wurde daher jeder Teilnehmer gebeten, nicht mit Kommilitonen über diese Veranstaltung zu sprechen, um verzerrende Reaktionen bei

---

[524] Dieser Umschlag diente der schriftlichen Kommunikation mit dem Interaktionspartner.

[525] Die Verlosung fand am 21. Juli 2005 im Rahmen eines Vortrags über das Forschungsprojekt an der Johannes Gutenberg-Universität Mainz statt. Hierzu wurden alle Teilnehmer der Pretests und der Hauptuntersuchung schriftlich eingeladen.

[526] Zur Wiederholbarkeit als zentrales Gütekriterium für Laboruntersuchungen vgl. Stein (1991), S. 109.

zukünftigen Probanden zu vermeiden.[527] Die Täuschung der Versuchsteilnehmer hinsichtlich einer anstehenden Budgetverhandlung war erforderlich, um den Stimulus aufrechtzuerhalten, dass sich die Probanden in ihren Entscheidungen realen Personen in naher Zukunft verantworten müssten. „Minor deception is sometimes necessary (or cost-effective) for achieving the desired level of experimental control over stimuli or feedback."[528] Damit sich nicht auf informellem Wege die Information verbreitete, dass eine Weiterarbeit mit dem Partner nicht stattfindet, wurde in jeder Sitzung eine Dyade zufällig ausgewählt, um die Budgetverhandlung tatsächlich durchzuführen.[529]

4.5 Datenauswertung

Das vorliegende Kapitel zur Untersuchungskonzeption schließt mit einer Besprechung der Qualität der erhobenen quantitativen Daten und einer anschließenden Erläuterung der statistischen Auswertungsmethoden zur Hypothesenprüfung.

4.5.1 Gütekriterien der Messung

Die Qualität einer Messung lässt sich an drei zentralen Gütekriterien festmachen, Objektivität, Reliabilität und Validität.[530]

Objektivität bezeichnet den Grad, in dem die Ergebnisse eines Tests vom Testleiter unabhängig sind.[531] Ein Messinstrument ist objektiv, wenn verschiedene Anwender bei den selben Probanden zu den gleichen Resultaten gelangen.[532] Die Forderung nach Objektivität bezieht sich zudem auf die Durchführung der Untersuchung, die Auswertung der erhobenen Daten und die Interpretation der Ergebnisse. Zur Wahrung der Durchführungsobjektivität ist in dieser Untersuchung das Vorgehen von der Begrüßung der Teilnehmer über die Bearbeitung der Fragebögen bis zur Verabschiedung standardisiert. Die Teilnehmer werden zudem durch

---

[527] Den persönlichen Gesprächen mit den Teilnehmern konnte entnommen werden, dass zwar einige Personen durchaus enttäuscht waren, nicht an der Aufgabe weiterzuarbeiten, allerdings die Mehrheit entweder erleichtert war, nicht verhandeln zu müssen, oder sich einfach über die unerwartete Freizeit freute.

[528] Scharlemann et al. (2001), S. 628.

[529] Die Versuchsleiterin nahm dabei die Rolle des Konzernvertreters ein.

[530] Vgl. dazu ausführlich Bronner et al. (1999), S. 111 ff.; Bortz/Döring (2002), S. 193 ff.

[531] Vgl. Lienert (1969), S. 13.

[532] Vgl. Bortz/Döring (2002), S. 194.

einheitliche schriftliche Instruktionen durch die Veranstaltung geleitet. Um dem Anspruch hoher Auswertungs- und Interpretationsobjektivität gerecht zu werden, enthalten die Fragebögen ausschließlich geschlossene Fragen mit Ratingskalen.[533] Auch die Auswertung und Interpretation der Dokumente zur Erhebung der abhängigen Variablen lässt keinen Interpretationsspielraum zu und erfolgt nach einem standardisierten Verfahren.

Die Reliabilität oder Zuverlässigkeit eines Messinstruments kennzeichnet den Grad der Genauigkeit, mit dem ein geprüftes Merkmal erfasst wird.[534] Ein Test ist reliabel, wenn er bei wiederholtem Messen unter denselben Umständen die gleichen Ergebnisse liefert.[535] Zur Abschätzung der Reliabilität eines Messinstruments werden verschiedene Verfahren eingesetzt, wie beispielsweise Retest, Paralleltest oder Split-Half-Methode.[536] Eines der gängigsten Verfahren zur Beurteilung der Reliabilität einer Skala, welches auch in dieser Untersuchung genutzt wird, ist eine Prüfung der internen Konsistenz mittels des Reliabilitätskoeffizienten Cronbachs Alpha.[537] Nunnally empfiehlt ein Cronbachs Alpha von 0,70 oder höher für eine Skala zufriedenstellender Reliabilität.[538] Ein Reliabilitätskoeffizient von über 0,90 gilt in der Forschung als hoch.[539] Die ermittelten Reliabilitätskoeffizienten der hier verwendeten psychometrischen Tests werden in der nachfolgenden Tabelle 16 dokumentiert.

Die Prüfung auf interne Konsistenz der Skalen zeigt insgesamt ein sehr zufriedenstellendes Ergebnis. Ein herausragendes Cronbachs Alpha von 0,925 weist die Skala von Gillespie zur Messung von Vertrauen auf, die sich aus den beiden Dimensionen der ‚reliance' und ‚disclosure' zusammensetzt. Trotz des bereits erprobten Einsatzes des Messinstruments in Fallsimulationen kann die Reliabilität der Skala von Sitkin/Weingart zur Messung der Risikoneigung mit 0,664 als nicht

---

[533] Vgl. Matiaske (1992), S. 157; Mellewigt (2003), S. 168.

[534] Vgl. Bortz/Döring (2002), S. 195.

[535] Vgl. Laatz (1993), S. 32.

[536] Zur Quantifizierung der Retest-, Paralleltest- und Testhalbierungs-Reliabilität vgl. Bortz/Döring (2002), S. 195-197.

[537] Vgl. Bortz/Döring (2002), S. 198.

[538] Vgl. Nunnally (1978), S. 245.

[539] Vgl. Weise (1975), S. 219. In der empirischen betriebswirtschaftlichen Forschung werden jedoch Werte zwischen 0,50 und 0,70 als durchaus befriedigend erachtet. Vgl. Mellewigt (2003), S. 169.

voll zufriedenstellend, jedoch als noch ausreichend angesehen werden.[540] Da die Risikoneigung in dieser Untersuchung lediglich als Störvariable miterhoben wird, kann auf eine Entfernung von Items zur Erhöhung der Reliabilität verzichtet werden und das Originalinstrument mit vier Items beibehalten werden.

Autor	Skala	Cronbachs Alpha
Gillespie (2003b)	Vertrauen	0,925
	Dimension: sich zu verlassen (reliance)	0,901
	Dimension: sich zu öffnen (disclosure)	0,871
Costa (2000)	Vertrauensneigung	0,743
Sitkin/Weingart (1995)	Risikoneigung	0,664
Mayer/Davis (1999)	Wahrgenommene Vertrauenswürdigkeit	0,894
	Dimension: Fähigkeit	0,863
	Dimension: Wohlwollen	0,838
	Dimension: Integrität	0,767
Sitkin/Weingart (1995)	Wahrgenommenes Risiko	0,807

Tab. 16: Reliabilitätskoeffizienten der Skalen

Die Validität als drittes Gütekriterium bezeichnet die Gültigkeit einer Messung. Die Validität eines Tests gibt den Grad der Genauigkeit an, mit dem er das misst, was er zu messen vorgibt.[541] „Das testtheoretische Kriterium der Validität, das die Qualität von *Meßinstrumenten* angibt, ist nicht zu verwechseln mit den Kriterien der ,internen' und ,externen' Validität, die [...] als Gütekriterien *empirischer Untersuchungsdesigns*"[542] einleitend zur Begründung der Wahl einer Laboruntersuchung herangezogen wurden. Hinsichtlich der Validität eines Messinstruments wird zwischen drei Hauptarten unterschieden: der Inhalts-, Kriteriums- und Konstruktvalidität.

Die inhaltliche Validität bezieht sich auf die Vollständigkeit und Repräsentativität der Test-Items zur Erfassung der zentralen Aspekte eines Konstrukts. Diese kann

---

[540] Eine ähnliche Beobachtung machte auch Wiemann mit dieser Skala, der in einem Pretest zwar eine zufriedenstellende Skalenreliabilität ermitteln konnte (0,71), in der Hauptuntersuchung jedoch zwei Items entfernen musste, um eine Reliabilität von 0,70 zu erreichen. Vgl. Wicmann (1998). Sitkin/Weingart selbst ermitteln in ihrer Studie eine Reliabilität von 0,75. Vgl. Sitkin/Weingart (1995).

[541] Vgl. Bortz/Döring (2002), S. 199.

[542] Bortz/Döring (2002), S. 199. Hervorhebung im Original.

als gesichert gelten, wenn auf bereits erprobte standardisierte Messinstrumente zurückgegriffen wird, so wie in der vorliegenden Untersuchung.[543]

Zur Bestimmung der Kriteriumsvalidität bedarf es der Prüfung, ob das Ergebnis eines Tests zur Messung eines theoretischen Konstrukts mit einem korrespondierenden manifesten Merkmal, d.h. einem Außenkriterium, übereinstimmt.[544] Insbesondere bei der Erhebung latenter Konstrukte gestaltet sich die Angabe einer adäquaten beobachtbaren Kriteriumsvariablen jedoch als problematisch, die zudem reliabel und valide operationalisiert werden muss.[545] Auf eine Bestimmung der Kriteriumsvalidität der eingesetzten Messinstrumente muss daher in dieser Untersuchung verzichtet werden.

Die dritte und bedeutendste Validität, die Konstruktvalidität eines Instruments, wird nicht anhand eines Außenkriteriums geprüft, sondern es wird ein „Netz von Hypothesen über das Konstrukt und seine Relationen zu anderen manifesten und latenten Variablen"[546] formuliert. Dies bedingt die Verwendung gut gesicherter Instrumente zur Validierung des Konstrukts. Je mehr Hypothesen der Prüfung standhalten, desto überzeugender ist die Konstruktvalidierung.[547] Es handelt sich dabei um einen komplexen Vorgang, der eine Vielzahl an Verfahren, Techniken und methodischen Gültigkeitstests impliziert und damit über den Rahmen dieser Arbeit hinausgeht.[548]

Schweer/Thies weisen darauf hin, dass in der Psychologie im Allgemeinen und in der Vertrauensforschung im Besonderen die Validität das problematischste Gütekriterium und ein Kardinalproblem darstellt.[549] Da die empirische Vertrauensforschung noch relativ jung ist, können die üblichen Methoden zur Validitätsabschätzung nicht angewandt werden, wie zum Beispiel die Korrelation mit bereits anerkannten Messinstrumenten. Das erst kürzlich von Gillespie entwickelte BTI liefert allerdings ein reliables standardisiertes Instrumentarium zur Erhebung

---

[543] Vgl. Matiaske (1992), S. 162.

[544] Vgl. Bortz/Döring (2002), S. 200.

[545] Vgl. hierzu auführlich Matiaske (1992), S. 162 f.

[546] Bortz/Döring (2002), S. 201.

[547] Vgl. Bortz/Döring (2002), S. 1.

[548] Zur schrittweisen Erklärung und praktischen Umsetzung der Konstruktvalidierung des in dieser Untersuchung zur Messung von Vertrauen eingesetzten BTI vgl. Gillespie (2003b), S. 13-34.

[549] Vgl. Schweer/Thies (2003), S. 30.

interpersonellen Vertrauens, dessen Konstruktvalidität gut dokumentiert ist. Es schließt damit eine Forschungslücke, die über einen langen Zeitraum bestand.[550]

4.5.2 Statistische Auswertungsmethoden

Die Erfassung und Analyse der Daten erfolgt mit dem Statistikprogramm SPSS für Windows in der Version 12.0. Im Folgenden werden die Auswertungsmethoden dargelegt, die im Rahmen der Hypothesenprüfung eingesetzt werden. Der Schwerpunkt der Ausführungen liegt auf Erläuterungen zur Interpretation der Werte.

Die Überprüfung der Zufallsabhängigkeit der Ergebnisse statistischer Analysen erfolgt durch Signifikanztests, deren Testlogik in knapper Form einleitend dargelegt wird.[551] Ausgangspunkt für inferenzstatistische Analysen ist die Nullhypothese (H_0), die als richtig unterstellt wird, d.h. es gibt in der Grundgesamtheit keinen Zusammenhang zwischen X und Y bzw. keinen Effekt von X auf Y. Die Gegenbehauptung wird als Alternativhypothese (H_A) bezeichnet. Nach dem Falsifikationsprinzip ist es nicht möglich, eine Hypothese empirisch zu verifizieren. Sie kann nur widerlegt werden. Aus diesem Grund wird versucht, die Falschheit von H_0 nachzuweisen. Die Bestimmung der Wahrscheinlichkeit, mit der eine richtige H_0 fälschlicherweise zurückgewiesen wird, bezeichnet man als Irrtumswahrscheinlichkeit. Das Ausmaß einer Irrtumswahrscheinlichkeit wird durch das Signifikanzniveau eines Tests festgelegt. Liegt das Signifikanzniveau beispielsweise bei $p = 0,05$, so bedeutet dies, dass in 5% aller Schätzungen eine gültige Nullhypothese, die keinen Zusammenhang postuliert, fälschlicherweise verworfen wird. In dieser Untersuchung werden als Schwellenwerte $p < 0,05$ (signifikant); $p < 0,01$ (hoch signifikant) und $p < 0,001$ (höchst signifikant) festgelegt, die in der Forschung allgemein üblich sind.[552] Allerdings sind signifikante Ergebnisse „lediglich Aussagen darüber, dass es eine akzeptable Wahrscheinlichkeit für die Nicht-Zufälligkeit statistisch produzierter Zusammenhänge gibt."[553]

Die Prüfung der im Zuge der Modellgenerierung aufgestellten Hypothesen erfolgt anhand von Regressionsanalysen mit der Kleinst-Quadrate-Schätzmethode. „Deren Anwendung ist vor allem dann angemessen, wenn (lineare bzw. lineari-

---

[550] Vgl. Lewicki et al. (2006); Schoorman et al. (2007).

[551] Vgl. dazu ausführlich Bortz (2005), S. 111-116.

[552] Vgl. Atteslander (2006), S. 264.

[553] Urban/Mayerl (2006), S. 137.

sierbare) Effekte zwischen mindestens zwei Variablen vermutet werden, und die Werte der abhängigen Variablen zumindest annäherungsweise kontinuierlich verteilt sind.[554] Die Variablen sollten dafür auf einem metrischen Niveau gemessen worden sein, aber auch metrisch zu definierende Variablen sind für eine Regression geeignet.[555] Unabhängige Variablen können allerdings auch ein binomiales Messniveau aufweisen, d.h. dichotom gemessen worden sein.[556]

Ausgangspunkt einer Regressionsanalyse ist die Umwandlung eines theoretischen Modells in ein konkretes statistisches Modell, in das die erklärungsrelevanten Variablen aufgenommen werden. Regressionsmodelle mit mehr als einer unabhängigen Variablen werden als ‚multivariate' oder ‚multiple' Regressionsmodelle bezeichnet.[557] „Im multivariaten Regressionsmodell kann die Einflussstärke einer jeden X-Variablen (relativ) unabhängig vom gleichzeitigen Einfluss aller weiteren im Modell spezifizierten Variablen geschätzt werden. Dies geschieht, indem bei Schätzung eines Effektes alle anderen Effekte kontrolliert bzw. konstant gehalten werden."[558] Der Determinationskoeffizient R^2, das sogenannte Bestimmtheitsmaß, ist ein Indikator für die Güte der Regressionsschätzung. Bei einer optimalen Modellschätzung besitzt R^2 den Wert 1 und bei einer schlechten Schätzung nimmt R^2 einen Wert nahe 0 an. Die Multiplikation von R^2 mit dem Wert 100 ergibt den Anteil erklärter bzw. ausgeschöpfter Varianz durch das Modell.[559] Wird R^2 um den Stichprobenumfang und die Anzahl der im Regressionsmodell berücksichtigten unabhängigen Variablen korrigiert, so spricht man vom korrigierten R^2 (R^2_{korr}).[560] Zur Überprüfung der nicht zufallsbestimmten Erklärungsleistung des Regressionsmodells wird die Prüfgröße F bestimmt und auf Signifikanz getestet.

---

[554] Urban/Mayerl (2006), S. 12.

[555] Die Erfassung von Konstrukten anhand von Rating-Skalen wird im Allgemeinen als eine Messung auf metrischem Niveau erachtet. Vgl. Mellewigt (1995), S. 156; Matiaske (1996), S. 57.

[556] Vgl. Matiaske (1990), S. 127. In dieser Untersuchung fungiert die dichotom gemessene Bekanntheit des Interaktionspartners als sogenannte Dummy-Variable im Regressionsmodell.

[557] Zu einem Überblick multivariater Methoden vgl. Bortz (2005), S. 439 ff.; Backhaus et al. (2006), S. 7 ff.

[558] Urban/Mayerl (2006), S. 81.

[559] Urban/Mayerl stellen fest: „In der sozialwissenschaftlichen Forschungspraxis ‚erklärt' [die unabhängige Variable] X nur einen gewissen Anteil der Varianz, vielleicht 40% oder auch nur 10%." Urban/Mayerl (2006), S. 56.

[560] Vgl. dazu Backhaus et al. (2006), S. 68.

Die Signifikanz des F-Werts sollte nach Urban/Mayerl „kleiner oder gleich 0,05 sein, um bei einem Signifikanzniveau von 5% von einer ‚signifikanten' Varianzausschöpfung des Gesamtmodells sprechen zu können."[561]

Zusätzlich zur Güte des Gesamtmodells interessiert in dieser Untersuchung der Einfluss, den einzelne unabhängige Variablen in einem Regressionsmodell ausüben. Die Stärke und Richtung des Einflusses einer unabhängigen Variablen wird mit den Regressionskoeffizienten beschrieben. Da die Ergebnisse der unstandardisierten Regressionsschätzung abhängig vom Wertebereich bzw. der Skalenbreite der einzelnen Variablen sind, dient zur Interpretation der Ergebnisse im Allgemeinen der standardisierte Regressionskoeffizient. Dieser sogenannte Beta-Koeffizient ist ein Maß für die Einflussstärke einer linearen Beziehung zwischen abhängiger und unabhängiger Variable. Er beschreibt das Ausmaß der Veränderung einer abhängigen Variable auf einer Standardskala, die den Mittelwert ‚0' und eine Standardabweichung von ‚1' besitzt.[562]

In multivariaten Regressionsmodellen ist es wahrscheinlich, dass sich die Regressoren wechselseitig beeinflussen. Das Verfahren der Bereinigung einer unabhängigen Variablen um die Einflüsse weiterer unabhängiger Variablen wird als ‚Auspartialisierung von X-Anteilen' bezeichnet. Die Regressionskoeffizienten in einer multiplen Regression werden daher partielle Regressionskoeffizienten genannt. Urban/Mayerl halten fest: „Der partielle, standardisierte Regressionskoeffizient in der multiplen Regression berichtet in standardisierter Weise den Einfluß einer X-Variable auf die abhängige Y-Variable, wobei die Effekte aller anderen im Regressionsmodell berücksichtigten X-Variablen kontrolliert werden."[563] Die Koeffizienten werden insbesondere bei modell- und stichprobeninternen Vergleichen der Einflussstärken mehrerer unabhängiger Variablen herangezogen.

Die Überprüfung der Koeffizientenschätzung erfolgt mit einem t-Test. Dabei wird der Regressionskoeffizient auf seine Zufallsabhängigkeit getestet. Zur Überprüfung der Signifikanz des t-Wertes werden die per Konvention festgelegten und

---

[561] Urban/Mayerl (2006), S. 173.

[562] Vgl. Backhaus et al. (2006), S. 59 f.; Urban/Mayerl (2006), S. 103.

[563] Urban/Mayerl (2006), S. 103.

bereits dargelegten theoretischen Schwellenwerte von p < 0,05, p < 0,01 und p < 0,001 zugrunde gelegt.[564]

Zusammenfassend lässt sich festhalten: „In einem Regressionsmodell wird die Größenveränderung einer abhängigen Variablen auf den Einfluss von modellabhängig spezifizierten Variablen zurückgeführt (Regression = Zurückführung). Die Regressionsschätzung will die Stärke des Einflusses von unabhängigen Variablen auf eine abhängige Variable unter bestimmten strukturellen Modellbedingungen ermitteln."[565] Die Ergebnisse einer Regressionsanalyse können nicht als ‚falsch' oder ‚richtig' deklariert werden, sie sind lediglich angemessen oder unangemessen.

Im nachfolgenden Kapitel werden die Ergebnisse der multivariaten Regressionsanalysen zur Hypothesenprüfung dargestellt. In tabellarischer Form werden die standardisierten Beta-Koeffizienten, das Bestimmtheitsmaß R^2, das korrigierte Bestimmtheitsmaß R^2_{korr} und der F-Wert des jeweiligen Modells ausgewiesen. Zur Überprüfung der Zufallsabhängigkeit der Ergebnisse wird zum einen die Signifikanz einzelner partieller Regressionskoeffizienten gekennzeichnet und zum anderen die Signifikanz des erklärten Varianzanteils als Resultat der Gesamtschätzung ausgewiesen. Alle Regressionsmodelle sind auf Prämissenverstöße geprüft worden. Es wurde untersucht, ob die Annahme der Streuungsungleichheit der Residuen, d.h. der Homoskedastizität erfüllt ist. Die visuelle Inspektion der Streuung der Residuen zeigte in keinem der Modelle Auffälligkeiten.[566] Weiterhin wird gefordert, dass die Regressionsresiduen nicht miteinander korreliert sind, d.h. dass keine Autokorrelation vorliegt. Die Indexwerte des hierzu eingesetzten Durbin-Watson-Tests streben in dieser Untersuchung gegen den Wert 2, so dass von keiner Prämissenverletzung auszugehen ist.[567] Ferner wurde untersucht, ob lineare Abhängigkeiten zwischen den Regressoren bestehen, die zu einer Prämissenverletzung führen würden. Die Toleranz-Werte und der ‚Variance Inflation Factor' (VIF) als Maßzahlen für die geforderte Eigenständigkeit der unabhängigen Variable weisen auf keine Multikollinearitätsprobleme hin.[568]

---

[564] Vgl. Backhaus et al. (2006), S. 73 ff.

[565] Urban/Mayerl (2006), S. 39.

[566] Vgl. dazu Matiaske (1990), S. 122 ff.; Backhaus et al. (2006), S. 85 f.

[567] Vgl. dazu Matiaske (1990), S. 127; Backhaus et al. (2006), S. 88 f.

[568] Vgl. dazu Backhaus et al. (2006), S. 89 ff.; Urban/Mayerl (2006), S. 230-236.

5 Untersuchungsergebnisse

5.1 Prüfung der methodischen Wirksamkeit des Versuchsaufbaus

Einleitend soll überprüft werden, ob durch den Versuchsaufbau eine Situation gestaltet wurde, die es ermöglicht, die aufgestellten Hypothesen zu testen. Zentrale Elemente des Versuchsaufbaus sind die Fallsimulation, d.h. die betriebswirtschaftliche Entscheidungsaufgabe, und die experimentelle Manipulation der Aufgabenumgebung, die im vorangehenden Kapitel detailliert erläutert wurden.

5.1.1 Eignung der Situationsgestaltung

Im Folgenden wird die Eignung der Fallsimulation zur Erzeugung beobachtbarer Reaktionen bei den Versuchsteilnehmern betrachtet. Die Aufmerksamkeit richtet sich dabei auf die Strategiewahl, den Informationsaustausch und die Kontrollintensität.

Damit das Vertrauenskonstrukt Relevanz bekommt, sind die Versuchspersonen mit einer Fallsimulation konfrontiert worden, die Ungewissheit und Verwundbarkeit impliziert. Im Rahmen der Situationsbeschreibung wurde den Teilnehmern eine Entscheidungsmatrix präsentiert, die in übersichtlicher Form verdeutlicht, dass der Erfolg ihres Verhaltens von dem ungewissen Verhalten des Interaktionspartners abhängt. Darüber hinaus visualisierte die Matrix die Verwundbarkeit des Entscheidungsträgers in Abhängigkeit von seiner Strategiewahl: In der Matrix konnte abgelesen werden, welche Konsequenzen alternative Strategiewahl-Konstellationen beinhalten.

Von den insgesamt 216 Teilnehmern beschlossen 42 Personen, d.h. 19,4%, mit dem Interaktionspartner in der angekündigten Budgetverhandlung in Wettbewerb zu treten und 174 Personen, d.h. 80,6%, strebten eine kooperative Lösung an. Dies bedeutet, dass sich nur knapp ein fünftel der Teilnehmer für die ökonomisch rationale Strategie ‚Wettbewerb' entschieden hatte.

Die Wirksamkeit der Manipulation der Aufgabenumgebung wird durch einen Vergleich der Strategiewahl in Abhängigkeit von der Bekanntheit des Interaktionspartners deutlich. Diese differenzierte Betrachtung des Strategiewahlverhaltens zeigt höchst signifikante Zusammenhänge auf, die durch einen Chi^2-Test statistisch geprüft wurden: Personen, denen der Interaktionspartner in der Fallsimulation bekannt war, wählten, bis auf eine Ausnahme, die Kooperationsstrategie. Von den Personen, die mit einem ihnen unbekannten Interaktionspartner konfrontiert wurden, entschieden sich 67,5% für eine Kooperation (siehe Tab. 17).

Manipulation der Aufgabenumgebung	Strategiewahl				Gesamt	
	Kooperation		Wettbewerb			
Gesamt	174	80,6%	42	19,4%	216	100%
Bekanntheit	89	98,9%	1	1,1%	90	100%
Unbekanntheit	85	67,5%	41	32,5%	126	100%
Anmerkung: $X^2 = 33,107$; df =1; p = 0,000						

Tab. 17: Befund zum Zusammenhang zwischen Strategiewahl und Bekanntheit

Der höchst signifikante Zusammenhang zwischen der Bekanntheit des Interaktionspartners und der Strategiewahl weist darauf hin, dass die Manipulation der Aufgabenumgebung das Entscheidungsverhalten der Versuchspersonen nachhaltig beeinflusste. Die Gegenüberstellung des Strategiewahlverhaltens zeigt, dass auch Versuchspersonen, denen der Interaktionspartner unbekannt war, sich durch Wahl der Kooperationsstrategie bewusst verwundbar machten. Der Versuchsaufbau kann somit grundsätzlich als geeignet angesehen werden, die Ursachen von Vertrauen bei Bekanntheit und Unbekanntheit eines Interaktionspartners näher zu ergründen.

Im Weiteren wird die Eignung der Fallsimulation zur Analyse des Kommunikations- und Kontrollverhaltens der Probanden überprüft. Dieses Verhalten ist zwar mit der Strategiewahl verknüpft, im Gegensatz zu einer bloßen Wahlentscheidung erlaubt es jedoch differenzierte Aussagen zur Intensität vertrauensvoller Handlungen. Zum einen interessiert, ob die Aufgabenstellung die Probanden grundsätzlich dazu anregte, Informationen an den Interaktionspartner weiterzuleiten, Informationen zu verschweigen oder diese zu verzerren. Zum anderen ist von Interesse, ob die Möglichkeit genutzt wurde, den Interaktionspartner zu kontrollieren. Nachfolgende Tabelle 18 dokumentiert das Kommunikations- und Kontrollverhalten unter den beiden Versuchsbedingungen ,Bekanntheit' und ,Unbekanntheit' des Interaktionspartners.

Personen, die mit einem bekannten Partner interagierten, haben im Durchschnitt knapp 13 von 16 Informationen an diesen korrekt weitergegeben. Einem unbekannten Partner wurden im Mittel nur 9,59 korrekte Informationen weitergeleitet.

Nahezu 5 Informationen wurden einem unbekannten Partner verschwiegen, einem bekannten Partner hingegen im Durchschnitt nur 2,47. Hinsichtlich der Verzerrung von Informationen kann festgehalten werden, dass an einen bekannten Partner im Mittel 0,57 verzerrte Informationen weitergeleitet wurden. Ein unbekannter Partner erhielt im Mittel 1,46 verzerrte Informationen. Die deskriptiven Ergebnisse zeigen zudem, dass die Intensität der Kontrolle bei Unbekanntheit des Partners höher ausfiel als bei Bekanntheit. Im Mittel wurden knapp 2 von 4 möglichen Kontrollberichten angefordert, wenn der Interaktionspartner unbekannt war. Bei der Interaktion mit einem bekannten Partner wurde im Durchschnitt weniger als ein Kontrollbericht erfragt.

Variablen	Aufgaben-umgebung	N	Mittelwert	Standard-abweichung
Anzahl korrekt weitergegebener Informationen	Bekanntheit	90	12,97	4,09
	Unbekanntheit	126	9,59	4,56
Anzahl verschwiegener Informationen	Bekanntheit	90	2,47	3,98
	Unbekanntheit	126	4,95	4,64
Anzahl verzerrter Informationen	Bekanntheit	90	0,57	1,54
	Unbekanntheit	126	1,46	2,25
Kontrollintensität	Bekanntheit	90	0,98	1,29
	Unbekanntheit	126	1,96	1,16

Tab. 18: Deskriptive Ergebnisse zum Kommunikations- und Kontrollverhalten

Die Ergebnisse zeigen, dass die Versuchsteilnehmer sowohl die Möglichkeit des Informationsaustauschs als auch der Kontrolle aktiv genutzt haben. Die Fallsimulation kann somit als geeignet angesehen werden, die aufgestellten Hypothesen zum Kommunikations- und Kontrollverhalten zu testen.

5.1.2 Kontrolle der Manipulationswirkung

Die Aufgabenumgebung wurde manipuliert, um die Bekanntheit des Interaktionspartners als Vertrauensdeterminante zu untersuchen und die Einflussstärke der Vertrauensneigung auf Vertrauen in Erstbegegnungen und bestehenden Beziehungen zu vergleichen. Im Folgenden sollen Effekte dieses manipulativen Eingriffs aufgedeckt werden, die gegebenenfalls die Gültigkeit der Untersuchungsbefunde einschränken. Zur methodischen Kontrolle der Manipulationswirkung sind drei Aspekte von besonderer Bedeutung:

- Erstens muss sichergestellt werden, dass sich die beiden Versuchsgruppen hinsichtlich relevanter verhaltensleitender Dispositionen, d.h. der Ausprägung der Vertrauensneigung und der Risikoneigung, nicht unterscheiden.

- Zweitens wird analysiert, ob die Manipulation der Aufgabenumgebung zu Gruppenunterschieden hinsichtlich der Wahrnehmung des Risikos führt, da dies methodische Konsequenzen für die anschließende Hypothesenprüfung impliziert.

- Drittens soll untersucht werden, ob in der Gruppe der Personen, die mit einem bekannten Interaktionspartner agierten, die Stärke der Beziehung zum Partner die Situationswahrnehmung und das Vertrauen beeinflusst. Ist dies der Fall, dann wäre nicht allein die Bekanntheit des Interaktionspartners als Merkmal der Aufgabenumgebung als erklärende Variable relevant, sondern zusätzlich auch die Qualität bzw. die Stärke der Beziehung.

Eine statistische Prüfung der Wirkungen der Manipulation erfolgt mit Hilfe von t-Tests, die es ermöglichen, Gruppenunterschiede aufzudecken. Die nachfolgenden Tabellen zeigen Mittelwerte und Standardabweichungen der jeweils abhängigen Variablen für die beiden Versuchsgruppen sowie das Signifikanzniveau, zu dem die Annahme abgelehnt wird, dass die beiden Stichproben aus Populationen stammen, deren Parameter identisch sind.[569] Unterschreitet der Signifikanzwert das Niveau von $p = 0{,}05$, weist dies darauf hin, dass ein statistisch bedeutsamer Unterschied bezüglich der Ausprägung der Variablen zwischen den beiden Versuchsgruppen besteht.

1. Prüfung auf Gruppenunterschiede hinsichtlich der Dispositionen

Es wurde bereits festgestellt, dass die generelle Disposition, anderen Menschen zu vertrauen, das Vertrauen in einer spezifischen Situation beeinflusst. Nun wird geprüft, ob signifikante Unterschiede bezüglich der Vertrauensneigung zwischen den beiden Versuchsgruppen bestehen. Zudem wird getestet, ob sich die beiden Gruppen bezüglich der Ausprägung der Risikoneigung unterscheiden. Die relativ stabile Disposition, Risiken einzugehen, wurde als potentielle Störvariable miterhoben, um auszuschließen, dass Unterschiede in der Risikowahrnehmung auf die

---

[569] Vgl. Bortz (2005), S. 140.

Risikoneigung zurückzuführen sind. Ein statistisch signifikanter Zusammenhang zwischen der Risikoneigung und der Wahrnehmung von Risiko konnte in dieser Untersuchung jedoch nicht festgestellt werden.[570]

Variablen	Aufgaben-umgebung	N	Mittelwert	Standard-abweichung	Sig. (1-seitig)
Vertrauens-neigung	Bekanntheit	90	3,67	0,86	0,468
	Unbekanntheit	126	3,68	0,87	
Risikoneigung	Bekanntheit	90	2,76	0,69	0,326
	Unbekanntheit	126	2,80	0,61	

Tab. 19: Befunde zur Vertrauensneigung und Risikoneigung in Abhängigkeit von der Aufgabenumgebung

Die t-Tests weisen auf keine signifikanten Unterschiede hinsichtlich der Ausprägungen dieser beiden Persönlichkeitsmerkmale hin. Es kann daher davon ausgegangen werden, dass die beiden Populationen bezüglich der Vertrauens- und Risikoneigung annähernd gleichverteilt sind.

2. Prüfung auf Gruppenunterschiede hinsichtlich der Risikowahrnehmung

Es wird nun überprüft, ob die Manipulation der Aufgabenumgebung zu Gruppenunterschieden hinsichtlich der Ausprägung der Risikowahrnehmung führt. Wie bereits begründet wurde, bilden Menschen subjektive Erwartungen bezüglich des Verhaltens ihres Gegenübers. Liegen Informationen über das Verhalten des Partners in der Vergangenheit vor, können diese zur Bildung von Wahrscheinlichkeiten für künftiges Verhalten herangezogen werden. Liegen keine Informationen vor, so ist eine Angabe von Wahrscheinlichkeiten nicht sinnvoll, denn alternative Verhaltensweisen des Interaktionspartners müssen bei der Interaktion mit einem unbekannten Partner aus entscheidungstheoretischer Sicht als gleich wahrscheinlich angenommen werden. Das Informationsdefizit bezüglich einer unbekannten Person könnte sich in der Risikowahrnehmung der Versuchspersonen niederschlagen. Aus diesem Grund wird im Rahmen der methodischen Kontrolle geprüft, ob das Risiko bei der Interaktion mit einem unbekannten Partner höher wahrgenommen wird als bei der Interaktion mit einem bekannten Partner.

---

[570] Die Korrelation nach Pearson zwischen Risikoneigung und Risikowahrnehmung ist mit einem Wert von 0,025 nicht signifikant.

Variable	Aufgaben-umgebung	N	Mittelwert	Standard-abweichung	Sig. (1-seitig)
Risiko-wahrnehmung	Bekanntheit	90	3,03	0,85	0,000
	Unbekanntheit	126	3,67	0,93	

Tab. 20: Befund zur Risikowahrnehmung in Abhängigkeit von der Aufgabenumgebung

Der t-Test zeigt höchst signifikante Unterschiede zwischen der Risikowahrnehmung in beiden Gruppen auf. Die Wahrnehmung von Risiko ist im Mittel mit einem Wert von 3,67 auf einer 7-Punkte-Likert-Skala höher in einer Situation, in der der Partner unbekannt ist, als in einer Situation, in der dieser bekannt ist. Dies weist darauf hin, dass durch die experimentelle Manipulation der Aufgabenumgebung die Ungewissheit verändert wurde, mit der sich die Versuchspersonen konfrontiert sahen. Die Ungewissheit ist bei Unbekanntheit zwischen den Akteuren größer als bei Bekanntheit. Dieser objektiv bestehende Unterschied spiegelt sich in der subjektiven Wahrnehmung des situativen Risikos durch den Vertrauensgeber wider.

Die durch die Manipulation der Aufgabenumgebung erzeugte Variation der Risikowahrnehmung wird bei der Prüfung des Gesamtmodells durch zwei Maßnahmen kontrolliert:

• Im Rahmen der folgenden Hypothesenprüfung wird der durch die Manipulation bedingte Einfluss auf die Risikowahrnehmung herauspartialisiert. Statistisch erfolgt dies quasi automatisch im Rahmen der multiplen Regression.[571]

• Zudem wird die Möglichkeit genutzt, die Aufgabenumgebung methodisch konstant zu halten, um die Einflussstärke der Risikowahrnehmung auf Vertrauen in den beiden Versuchsgruppen zu vergleichen.[572] Diese Multigruppenanalyse impliziert separate Regressionsanalysen für die Gruppe der Personen, die unter der Bedingung ‚Bekanntheit' und ‚Unbekanntheit' des Partners die Fallstudie bearbeiteten.

---

[571] Vgl. dazu Abschnitt 5.2.1 dieser Arbeit.

[572] Vgl. dazu Abschnitt 5.2.2 dieser Arbeit.

3. Prüfung auf Gruppenunterschiede hinsichtlich der Beziehungsstärke

Schließlich soll zur Kontrolle der Wirksamkeit der Manipulation untersucht werden, ob die Stärke der Beziehung zum Partner die Situationswahrnehmung und das Vertrauen der Personen beeinflusst, die mit einem bekannten Interaktionspartner agierten (N = 90). In Abschnitt 4.4.2 erfolgte dafür eine Dichotomisierung der Sub-Stichprobe in schwache Beziehungen (N = 50) und starke Beziehungen (N = 40). Zunächst soll untersucht werden, ob Unterschiede in der Risikowahrnehmung zwischen den beiden Gruppen bestehen. Die Ergebnisse des t-Tests sind in der nachfolgenden Tabelle abgebildet.

Variable	Beziehungsstärke	N	Mittelwert	Standard-abweichung	Sig. (1-seitig)
Risiko-wahrnehmung	Schwache Beziehung	50	2,98	0,846	0,265
	Starke Beziehung	40	3,09	0,851	

Tab. 21: Befund zur Risikowahrnehmung in Abhängigkeit von der Beziehungsstärke

Der ermittelte t-Wert ist nicht signifikant. Es bestehen keine statistisch bedeutenden Unterschiede bezüglich der Ausprägung der Risikowahrnehmung, die mit der Beziehungsstärke der Interaktionspartner zusammenhängen.

Zur methodischen Kontrolle wird weiterhin überprüft, ob Personen, die eine starke Beziehung zum Interaktionspartner aufweisen, sich in ihrem Vertrauen von Personen unterscheiden, die eine schwache Beziehung zum Interaktionspartner besitzen. Der Einsatz des BTI von Gillespie zur Erhebung von Vertrauen in den Interaktionspartner ermöglicht es, zum einen die Höhe des Vertrauens zu messen und zum anderen die Dimensionen des Konstrukts getrennt voneinander zu betrachten.[573] Die nachfolgende Tabelle 22 zeigt die Mittelwerte und Standardabweichungen in den jeweiligen Populationen hinsichtlich des Gesamtkonstrukts Vertrauen und der einzelnen Dimensionen auf.

Die Ergebnisse der t-Tests zur statistischen Prüfung auf Gruppenunterschiede sind hinsichtlich der Ausprägung des Konstrukts Vertrauen und seiner Dimension ‚Bereitschaft sich zu verlassen' nicht signifikant. Allerdings muss konstatiert

---

[573] Vgl. Gillespie (2003a) und (2003b) sowie die Ausführungen in Abschnitt 4.3.1 zur Messung von Vertrauen. Vertrauen impliziert sowohl die Bereitschaft, sich auf den anderen zu verlassen, als auch die Bereitschaft, sich dem anderen gegenüber zu öffnen.

werden, dass in Abhängigkeit von der Beziehungsstärke ein signifikanter Mittel-
wertunterschied bezüglich der Bereitschaft besteht, sich dem Partner gegenüber
zu öffnen. Diese Bereitschaft ist bei der Gruppe der Personen mit starker Beziehung ausgeprägter.

Variable	Beziehungsstärke	N	Mittelwert	Standard-abweichung	Sig. (1-seitig)
Vertrauen	Schwache Beziehung	50	5,30	0,98	0,079
	Starke Beziehung	40	5,58	0,91	
Bereitschaft, sich zu verlas-sen (reliance)	Schwache Beziehung	50	5,24	1,21	0,214
	Starke Beziehung	40	5,44	1,09	
Bereitschaft, sich zu öffnen (disclosure)	Schwache Beziehung	50	5,37	0,92	**0,033**
	Starke Beziehung	40	5,73	0,92	

Tab. 22: Befunde zu den Vertrauensdimensionen in Abhängigkeit von der Beziehungsstärke

Insgesamt kann jedoch festgehalten werden, dass Versuchsteilnehmer, die neben
einer beruflichen auch eine private Beziehung zum Interaktionspartner aufweisen,
sich bezüglich ihrer Situationswahrnehmung und Erwartungen nur in geringem
Ausmaß von den Personen unterscheiden, die den Interaktionspartner nur durch
die Arbeit bzw. die Universität kennen. Die Stichprobenvergleiche weisen darauf
hin, dass die Manipulation der Aufgabenumgebung und die damit einhergehende
Differenzierung zwischen Bekanntheit und Unbekanntheit des Interaktionspartners nicht durch die Beziehungsstärke bekannter Partner verzerrt wird. Durch den
Versuchsaufbau wurde eine Situation gestaltet, die es ermöglicht, die aufgestellten Hypothesen zu Vertrauen zu testen.

5.2 Prüfung der Hypothesen zu den Vertrauens- und Verhaltensdetermi-nanten

Die Prüfung der Hypothesen erfolgt durch regressionsanalytische Verfahren.[574]
Die Reihenfolge der Ableitung der Hypothesen, die sich an den Schritten zur

---

[574] Vgl. zur Darstellung der Methode und zur Interpretation der Werte Abschnitt 4.5.2 dieser
Arbeit.

Modellgenerierung von Beach/Mitchell orientierte,[575] kann in diesem Abschnitt aus zwei Gründen nicht eingehalten werden. Zuvorderst impliziert die Regressionsanalyse eine Ordnung der Hypothesenprüfung nach den jeweils abhängigen Variablen. Dies sind in dieser Untersuchung das Kommunikations- und Kontrollverhalten. Zweitens ist eine Prüfung der Hypothesen, welche die Wahrnehmung der Vertrauenswürdigkeit des Interaktionspartners betreffen, nur in der Versuchsgruppe möglich, die unter der Bedingung ‚Bekanntheit des Partners' agierten. Dies führt zu der folgenden methodischen Vorgehensweise:

Zunächst werden die Annahmen zum Einfluss der Risikowahrnehmung, Bekanntheit und Vertrauensneigung auf Vertrauen und das Verhalten an der gesamten Stichprobe (N = 216) überprüft. Es schließt sich eine Multigruppenanalyse an, die es ermöglicht, die Einflussstärke von Vertrauensdeterminanten unter Konstanthaltung der Aufgabenumgebung zu testen. Schließlich wird an der Gruppe der Personen, die mit einem bekannten Interaktionspartner agierten (N = 90), der Einfluss der Vertrauenswürdigkeit auf Vertrauen und das Verhalten untersucht. Eine detaillierte Diskussion der Befunde der Hypothesenprüfung erfolgt in Kapitel 6 dieser Arbeit.

5.2.1 Einfluss der Risikowahrnehmung, Bekanntheit und Vertrauensneigung

In einem ersten Modell wird der Einfluss der theoretisch postulierten situationsbedingten Faktoren und der Vertrauensneigung auf das Vertrauen in den Interaktionspartner geprüft. Dazu wurden folgende Hypothesen im dritten Kapitel der Arbeit aufgestellt:

Hypothese 2: Je höher der Vertrauensgeber das Risiko einer Entscheidungssituation wahrnimmt, desto geringer ist sein Vertrauen in den Interaktionspartner.

Hypothese 3: Das Vertrauen ist in Situationen höher, in denen der Interaktionspartner bekannt ist, als in Situationen, in denen dieser unbekannt ist.

Hypothese 4a: Je höher die Vertrauensneigung des Vertrauensgebers ist, desto höher ist sein Vertrauen in die Interaktionspartner.

---

[575] Vgl. Beach/Mitchell (1978), S. 440.

Unabhängige Variable	Modell I Abhängige Variable: Vertrauen
Risikowahrnehmung	-,139*
Bekanntheit	,674***
Vertrauensneigung	,174***
R^2	,570
$R^2_{Korr.}$	,564
F-Wert	93,776***
N	216
* p < 0,05; ** p < 0,01; *** p < 0,001	

Tab. 23: Ergebnisse der Regressionsanalyse zum Einfluss der Risikowahrnehmung, Bekanntheit und Vertrauensneigung auf Vertrauen

Das Regressionsmodell ist mit einem korrigierten R^2 von 0,564 höchst signifikant.
Damit erklärt es über 56% der Varianz von Vertrauen. Den größten Einfluss
besitzt die Bekanntheit des Partners auf das Vertrauen (Beta-Wert: 0,674).
Höchst signifikant ist ebenso der allerdings weit geringere Einfluss der Vertrauensneigung als Disposition des Vertrauensgebers (Beta-Wert: 0,174). Der negative Einfluss der Risikowahrnehmung auf Vertrauen (Beta-Wert: -0,139) ist ebenfalls noch statistisch signifikant.

Die Hypothesen 2, 3 und 4a können damit als bestätigt gelten. Das wahrgenommene Risiko wirkt sich hypothesenkonform negativ auf Vertrauen aus. Die Bekanntheit des Interaktionspartners und die Vertrauensneigung des Vertrauensgebers beeinflussen das Vertrauen hingegen positiv.

Das vorgestellte Regressionsmodell dient als Grundlage für die Prüfung der
vermittelnden Wirkung von Vertrauen zwischen Risikowahrnehmung, Bekanntheit und Vertrauensneigung auf das Verhalten des Vertrauensgebers. Dies geschieht in mehreren Schritten und getrennt nach den drei Verhaltensdimensionen,
die in den Modellen die jeweilige abhängige Variable bilden. Zunächst werden
die Hypothesen zum direkten und zum vermittelnden Einfluss von Vertrauen auf
das Verschweigen von Informationen geprüft. Anschließend erfolgt die Überprüfung der Annahmen zum direkten und vermittelnden Einfluss von Vertrauen auf
das Weiterleiten verzerrter Informationen und schließlich werden die Hypothesen
zum Einfluss von Vertrauen auf die Kontrollintensität getestet.

Eine Prüfung der vermittelnden Funktion von Vertrauen erfolgt entsprechend der von Baron/Kenny beschriebenen Vorgehensweise.[576] Vertrauen wirkt als Mediator, wenn die folgenden drei Bedingungen erfüllt sind:

1. Der Einfluss der unabhängigen Variablen auf den Mediator ist signifikant.

2. Es liegt ein signifikanter Effekt der unabhängigen Variablen auf die abhängige Variable vor.

3. Die Integration des Mediators in das Regressionsmodell führt zu einem signifikanten Einfluss des Mediators auf die abhängige Variable. In diesem Modell ist der zuvor bestehende Einfluss der unabhängigen Variablen auf die abhängige Variable entweder nicht signifikant, d.h. eine perfekte Mediation liegt vor, oder weniger signifikant im Vergleich zum zweiten Modell, d.h. eine partielle Mediation liegt vor.

Die erste Bedingung wurde weiter oben in Modell I geprüft und ist erfüllt: Die drei unabhängigen Variablen Risikowahrnehmung, Bekanntheit und Vertrauensneigung beeinflussen den Mediator Vertrauen signifikant. Die weiteren Schritte der Mediationsprüfung werden im nachfolgenden Abschnitt dargelegt. In den Modellen IIa bis c wird die zweite Bedingung überprüft und der Einfluss der Vertrauensdeterminanten auf das jeweilige Verhalten als abhängige Variable untersucht. Die Modelle IIIa bis c dokumentieren den Einfluss der unabhängigen Variablen auf das jeweilige Verhalten unter Einbeziehung des Mediators Vertrauen. Sie dienen zum einen der Prüfung der dritten Mediationsbedingung nach Baron/Kenny. Zum anderen kann auf der Basis dieser dritten Regressionsmodelle die Gültigkeit der Hypothesen 1a bis c zum Einfluss von Vertrauen auf das Verhalten des Vertrauensgebers überprüft werden.

1. Befunde zum Verschweigen von Informationen

Zunächst interessiert die direkte sowie die vermittelnde Wirkung von Vertrauen auf das Verschweigen von Informationen. Hierzu wurden folgende Hypothesen aufgestellt:

Hypothese 1a: Je höher das Vertrauen ist, desto weniger Informationen verschweigt der Vertrauensgeber dem Interaktionspartner.

---

[576] Vgl. Baron/Kenny (1986), S. 1117. Zur praktischen Anwendung vgl. Schwaab (2003); Langfred (2004).

Hypothese 6a:	Vertrauen vermittelt den Einfluss des wahrgenommenen Risikos auf das Verschweigen von Informationen.
Hypothese 7a:	Vertrauen vermittelt den Einfluss der Bekanntheit auf das Verschweigen von Informationen.
Hypothese 8a:	Vertrauen vermittelt den Einfluss der Vertrauensneigung auf das Verschweigen von Informationen.

Unabhängige Variable	Modell IIa Abhängige Variable: Verschweigen von Informationen	Modell IIIa Abhängige Variable: Verschweigen von Informationen
Risikowahrnehmung	,065	,037
Bekanntheit	-,250***	-,177
Vertrauensneigung	-,180**	-,146*
Vertrauen		-,198*
R^2	,112	,129
$R^2_{Korr.}$	,100	,122
F-Wert	8,933***	7,812***
N	216	216
* p < 0,05; ** p < 0,01; *** p < 0,001;		

Tab. 24: Ergebnisse der Mediationsprüfung zum Verschweigen von Informationen

Beide Modelle sind höchst signifikant und erklären 10% bzw. über 12% der Varianz des Informationsverhaltens eines Vertrauensgebers. Modell IIa zeigt, dass das Verschweigen von Informationen durch die Bekanntheit des Interaktionspartners und die Vertrauensneigung des Vertrauensgebers erklärt werden kann. Zum einen werden einem bekannten Interaktionspartner höchst signifikant weniger Informationen verschwiegen als einem unbekannten Partner (Beta-Wert: -0,250). Zum anderen verringert sich die Menge verschwiegener Informationen hoch signifikant mit zunehmender Vertrauensneigung des Vertrauensgebers (Beta-Wert: -0,180). Die Wahrnehmung von Risiko besitzt hingegen keinen signifikanten Einfluss auf dieses Verhalten. Hypothese 6a zur Risikowahrnehmung kann auf der Basis des Modells IIa bereits verworfen werden, da die zweite

Bedingung für eine Mediation nicht erfüllt ist: Es liegt kein signifikanter Effekt der unabhängigen Variablen auf die abhängige Variable vor.

Die Integration der Variablen Vertrauen in die Regressionsgleichung des Modells IIIa deckt interessante Zusammenhänge auf: Der signifikante, negative Einfluss von Vertrauen auf das Verschweigen von Informationen hebt den Einfluss der Bekanntheit auf, d.h. hier liegt eine perfekte Mediation vor. Zudem verringert er die Höhe und Signifikanz des Einflusses der Vertrauensneigung. Dies bedeutet, dass Vertrauen den Zusammenhang zwischen der Vertrauensneigung und dem Verschweigen von Informationen vermittelt, die Vertrauensneigung aber auch eine direkte Wirkung auf das Verhalten besitzt. Es handelt sich hierbei um eine partielle Mediation, ein in der Sozialpsychologie häufig zu beobachtendes Phänomen.[577]

Auf der Basis der Ergebnisse des Modells IIIa kann die Hypothese 1a als bestätigt gelten: Mit steigendem Vertrauen reduziert sich die Menge an Informationen, die dem Interaktionspartner vorenthalten werden. Zudem vermittelt Vertrauen die Wirkung der Bekanntheit und der Vertrauensneigung auf das Verschweigen von Informationen. Die Hypothesen 7a und 8a können damit ebenfalls bestätigt werden.

2. Befunde zum Verzerren von Informationen

Die zweite Verhaltensdimension, die im Interesse dieser Untersuchung steht, ist das Weiterleiten verzerrter Informationen durch einen Vertrauensgeber. Hierzu wurden die folgenden Annahmen getroffen:

Hypothese 1b: Je höher das Vertrauen ist, desto weniger Informationen gibt der Vertrauensgeber verzerrt an den Interaktionspartner weiter.

Hypothese 6b: Vertrauen vermittelt den Einfluss des wahrgenommenen Risikos auf das Weiterleiten verzerrter Informationen.

Hypothese 7b Vertrauen vermittelt den Einfluss der Bekanntheit auf das Weiterleiten verzerrter Informationen.

---

[577] Vgl. Baron/Kenny (1986), S. 1176.

Hypothese 8b: Vertrauen vermittelt den Einfluss der Vertrauensneigung auf das Weiterleiten verzerrter Informationen.

Unabhängige Variable	Modell IIb Abhängige Variable: Verzerren von Informationen	Modell IIIb Abhängige Variable: Verzerren von Informationen
Risikowahrnehmung	,009	-,039
Bekanntheit	-,214**	,018
Vertrauensneigung	,073	,132
Vertrauen		-,344**
R^2	,053	,103
$R^2_{Korr.}$	,039	,086
F-Wert	3,921**	6,086***
N	216	216
* p < 0,05; ** p < 0,01; *** p < 0,001;		

Tab. 25: Ergebnisse der Mediationsprüfung zum Verzerren von Informationen

Das Modell IIb ist hoch signifikant, erklärt jedoch weniger als 4% der Varianz des Verhaltens. Es zeigt, dass das Verzerren von Informationen durch die Bekanntheit eines Interaktionspartners determiniert wird (Beta-Wert: -0,214). Einem bekannten Interaktionspartner werden hoch signifikant weniger falsche Informationen weitergeleitet als einem unbekannten Partner. Ein Einfluss der Risikowahrnehmung und der Vertrauensneigung auf das Weiterleiten verzerrter Informationen kann nicht beobachtet werden. Die zweite Bedingung der Mediationsprüfung ist für diese beiden Variablen nicht erfüllt und führt zur Ablehnung der Hypothesen 6b und 8b.

Modell IIIb legt die hoch signifikante, negative Wirkung von Vertrauen auf die Weitergabe verzerrter Informationen dar (Beta-Wert: -0,344). Hypothese 1b kann daher nicht verworfen werden. Das Regressionsmodell ist mit einem korrigierten R^2 von 0,086 höchst signifikant und bestätigt die vermittelnde Wirkung von Vertrauen zwischen der Bekanntheit eines Interaktionspartners und dem Weiterleiten verzerrter Informationen: Der hoch signifikante Einfluss der Bekanntheit auf die abhängige Variable in Modell IIb wird vollständig durch die Integration von Vertrauen in die Regressionsgleichung des Modells IIIb verdrängt. Die Hypothese 7b kann daher angenommen werden.

3. Befunde zur Kontrollintensität

Hinsichtlich der direkten und indirekten Wirkung von Vertrauen auf das Kontrollverhalten eines Vertrauensgebers wurden die folgenden Hypothesen aufgestellt:

Hypothese 1c: Je höher das Vertrauen ist, desto weniger überwacht der Vertrauensgeber das Verhalten des Interaktionspartners.

Hypothese 6c: Vertrauen vermittelt den Einfluss des wahrgenommenen Risikos auf die Kontrolle des Interaktionspartners.

Hypothese 7c: Vertrauen vermittelt den Einfluss der Bekanntheit auf die Kontrolle des Interaktionspartners.

Hypothese 8c: Vertrauen vermittelt den Einfluss der Vertrauensneigung auf die Kontrolle des Interaktionspartners.

Ihre Gültigkeit soll anhand der nachfolgend abgebildeten Regressionsmodelle IIc und IIIc geprüft werden.

Unabhängige Variable	Modell IIc Abhängige Variable: Kontrollintensität	Modell IIIc Abhängige Variable: Kontrollintensität
Risikowahrnehmung	,012	-,043
Bekanntheit	-,368***	-,099
Vertrauensneigung	-,074	-,004
Vertrauen		-,399***
R^2	,144	,212
$R^2_{Korr.}$	,132	,197
F-Wert	11,860***	14,198***
N	216	216
* p < 0,05; ** p < 0,01; *** p < 0,001;		

Tab. 26: Ergebnisse der Mediationsprüfung zur Kontrollintensität

Beide Modelle sind höchst signifikant und erklären 13,2% bzw. knapp 20% der Varianz der Kontrollintensität. Die zu beobachtenden Effekte ähneln strukturell den zuvor dargestellten Befunden zur Weiterleitung verzerrter Informationen. Modell IIc zeigt, dass die Kontrollintensität des Vertrauensgebers höchst signifikant durch die Bekanntheit des Interaktionspartners determiniert wird (Beta-Wert: -0,368): Ein bekannter Interaktionspartner wird weniger kontrolliert als ein unbekannter Partner. Die Risikowahrnehmung und die Vertrauensneigung eines Vertrauensgebers besitzen hingegen keinen Einfluss auf das Kontrollverhalten. Die Hypothesen 6c und 8c müssen daher verworfen werden.

Die Integration der Variablen Vertrauen in die Regressionsgleichung zeigt in Modell IIIc, dass die Bekanntheit des Interaktionspartners als Verhaltensdeterminante ihre Signifikanz verliert. Vertrauen offenbart sich als zentraler Einflussfaktor mit einem höchst signifikanten Beta-Wert von -0,399. Je geringer das Vertrauen ist, desto mehr wird der Interaktionspartner kontrolliert. Dieses Ergebnis bestätigt die Hypothese 1c zum negativen Einfluss von Vertrauen auf das Kontrollverhalten sowie die Hypothese 7c zur vermittelnden Wirkung von Vertrauen zwischen der Bekanntheit des Interaktionspartners und der Kontrollintensität eines Vertrauensgebers.

5.2.2 Einflussstärke der Vertrauensdeterminanten

Zur Analyse, ob und wie sich der Einfluss von Vertrauensdeterminanten in Abhängigkeit von der Aufgabenumgebung unterscheidet, wird im Folgenden das Verfahren der Multigruppenanalyse eingesetzt. Hierfür ist eine Aufteilung der Stichprobe in zwei Subgruppen erforderlich. Als Gruppenvariable dient die Bekanntheit des Interaktionspartners, die in den vorangehenden Modellen als Dummy-Variable in die Regressionsgleichungen aufgenommen wurde.[578] Modelle mit einer binärkodierten unabhängigen Variablen sind insbesondere dann sinnvoll, wenn, wie hier, überprüft werden soll, ob für zwei Sample-Gruppen der gleiche lineare Zusammenhang zwischen den unabhängigen Variablen und den abhängigen Variablen besteht.[579]

Einen Beitrag zur Klärung der Diskussion um die Relevanz der Vertrauensneigung als Vertrauensdeterminante in Situationen, in denen der Vertrauensnehmer persönlich bekannt ist, soll die Prüfung der folgenden Hypothese leisten:

---

[578] Es besteht kein Interaktionseffekt zwischen der Bekanntheit und den unabhängigen Variablen der bereits referierten Modelle: Die Residuenanalyse zeigt keine Auffälligkeiten, so dass hier von einer additiven und nicht von einer interaktiven Verknüpfung zwischen den unabhängigen Variablen ausgegangen wird.

[579] Vgl. Urban/Mayerl (2006), S. 284.

Hypothese 4b: Der Einfluss der Vertrauensneigung auf Vertrauen ist größer, wenn der Interaktionspartner unbekannt ist, als wenn er bekannt ist.

Zur Prüfung der Hypothese 4b werden zwei Regressionsmodelle einander gegenübergestellt. Das erste Modell beschreibt den Einfluss der Vertrauensneigung auf Vertrauen bei bekannten Interaktionspartnern. Das zweite Modell schätzt diesen Einfluss bei unbekannten Interaktionspartnern. Bei einem Vergleich der Einflussstärken zwischen den zwei Regressionsmodellen ist darauf zu achten, dass der unstandardisierte Beta-Koeffizient interpretiert wird, da der standardisierte Koeffizient anfällig für Varianzunterschiede in verschiedenen Subgruppen ist.[580]

Unabhängige Variable	Abhängige Variable: Vertrauen bei Unbekanntheit des Partners	Abhängige Variable: Vertrauen bei Bekanntheit des Partners
Vertrauensneigung	,284 (,282) **	,210 (,232) *
Risikowahrnehmung	-,177 (-,164) *	-,203 (-,229) *
R^2	,127	,092
$R^2_{Korr.}$	,113	,071
F-Wert	8,923***	4,393*
N	126	90

* p < 0,05; ** p < 0,01; *** p < 0,001;
Der Wert in Klammern ist der unstandardisierte Beta-Koeffizient.

Tab. 27:   Einfluss der Vertrauensneigung und Risikowahrnehmung auf Vertrauen bei kontrollierter Aufgabenumgebung

Da im Rahmen der Prüfung der Manipulationswirkung aufgedeckt wurde, dass eine unterschiedliche Wahrnehmung von Risiko in Abhängigkeit von der Aufgabenumgebung besteht, wird die Risikowahrnehmung eines Vertrauensgebers als

---

[580] Vgl. Urban/Mayerl (2006), S. 105.Der unstandardisierte Beta-Koeffizient kann „zum Vergleich der Einflussstärke einer einzigen Variablen in *verschiedenen* Stichproben benutzt werden, allerdings nur, wenn die betreffenden X-Variablen in jeder Stichprobe in gleicher Weise gemessen wurden." Urban/Mayerl (2006), S. 79. Dies ist in dieser Untersuchung gegeben.

weitere unabhängige Variable in die beiden Regressionsgleichungen aufgenommen.[581]

Die Gegenüberstellung der Modelle bestätigt den Befund, dass Vertrauen, unabhängig von der Aufgabenumgebung, positiv durch die Vertrauensneigung und negativ durch die Risikowahrnehmung eines Vertrauensgebers beeinflusst wird.[582] Der Anteil der durch Risikowahrnehmung und Vertrauensneigung erklärten Varianz ist bei Unbekanntheit des Interaktionspartners mit einem korrigierten R^2 von 0,113 größer als bei Bekanntheit des Partners. Auch die Signifikanzwerte des Gesamtmodells und der partiellen Regressionskoeffizienten sind bei Unbekanntheit des Partners höher als bei Bekanntheit.

Der visuelle Vergleich der unstandardisierten Beta-Werte in den beiden Regressionsmodellen zeigt, dass der positive Einfluss der Vertrauensneigung auf Vertrauen bei Unbekanntheit des Partners größer ist als bei Bekanntheit des Partners. Umgekehrt verhält es sich mit der Risikowahrnehmung. Der negative Einfluss der Risikowahrnehmung auf Vertrauen ist bei Bekanntheit des Interaktionspartners größer als bei seiner Unbekanntheit.

Zur Prüfung der Hypothese 4b wurde die Differenz der unstandardisierten Regressionskoeffizienten unter Verwendung des t-Tests auf Signifikanz getestet.[583] Bei 212 Freiheitsgraden und einem t-Wert von 0,427 ergibt sich keine Signifikanz.[584] Die Hypothese 4b muss somit abgelehnt werden. Ein statistisch bedeutsamer Unterschied hinsichtlich des Einflusses der Vertrauensneigung auf Vertrauen bei Bekanntheit und Unbekanntheit des Interaktionspartners kann nicht nachgewiesen werden.

---

[581] Es wurde begründet, dass die Manipulation der Aufgabenumgebung die objektive Ungewissheit der Situation verändert, die sich entsprechend auf die Risikowahrnehmung der Teilnehmer auswirkt.

[582] Dies wurde bereits in Modell I zur Prüfung der Hypothesen 2 und 4a belegt. Dort wurde der Einfluss der Bekanntheit im Rahmen der multiplen Regression statistisch herauspartialisiert während hier für eine tiefergehende Betrachtung der Einfluss der Bekanntheit methodisch kontrolliert wird.

[583] Vgl. Urban/Mayerl (2006), S. 301 f. Vgl. zu diesem Vorgehen auch Wiemann (1998), S. 158 f.; Schwaab (2004), S. 219.

[584] Für ein Signifikanzniveau von 5% gilt hier, dass der kritische Wert von 1,96 durch den t-Wert überschritten werden muss. Vgl. Urban/Mayerl (2006), S. 302.

Die Annahme, dass die individuelle Wahrnehmung des Risikos einen stärkeren Einfluss bei der Interaktion mit einem bekannten Partner besitzt als bei der Interaktion mit einem unbekannten Partner, muss ebenso verworfen werden. Mit einem t-Wert von 0,288 zeigt sich auch hier kein statistisch signifikanter Unterschied zwischen den unstandardisierten Beta-Werten.

Die Befunde dieser Multigruppenanalyse zeigen auf, dass kein Moderatoreffekt vorliegt. Der Zusammenhang zwischen der Vertrauensneigung bzw. der Risikowahrnehmung und dem Vertrauen wird nicht durch die Bekanntheit eines Interaktionspartners beeinflusst.

5.2.3 Einfluss der Vertrauenswürdigkeit

Die Einschätzung der Vertrauenswürdigkeit setzt die Bekanntheit des Interaktionspartners voraus. Die Prüfung der nachfolgenden Hypothesen erfolgt daher auf Subgruppen-Ebene, da eine Integration der wahrgenommenen Vertrauenswürdigkeit als Prädiktorvariable in die bereits referierten Modelle zum einen theoretisch nicht begründbar ist und zum anderen aus inferenzstatistischer Perspektive zu erheblichen Modellverstößen führen würde.

1. Befunde zu den Faktoren der Vertrauenswürdigkeit

Das theoretische Konstrukt der Vertrauenswürdigkeit setzt sich aus drei Faktoren zusammen, von denen angenommen wird, dass sie unabhängig voneinander und gemeinsam das Vertrauen in eine Person erklären.[585] Theoretisch wurde begründet, dass je nach Situation Fähigkeit, Wohlwollen und Integrität unterschiedliche Relevanz zur Erklärung von Vertrauen besitzen. Die folgenden Hypothesen wurden zur Prüfung aufgestellt:

Hypothese 5a: Je höher der Vertrauensgeber die Fähigkeit des Interaktionspartners einschätzt, desto höher ist sein Vertrauen.

Hypothese 5b: Je höher der Vertrauensgeber das Wohlwollen des Interaktionspartners einschätzt, desto höher ist sein Vertrauen.

Hypothese 5c: Je höher der Vertrauensgeber die Integrität des Interaktionspartners einschätzt, desto höher ist sein Vertrauen.

---

[585] Vgl. Mayer et al. (1995).

Wie bereits einleitend im Rahmen der Darstellung der Regressionsanalyse erläutert wurde, besitzt die multivariate Regressionsanalyse den Vorteil, dass die Einflussstärke einer jeden unabhängigen Variable unabhängig vom gleichzeitigen Einfluss der anderen unabhängigen Variablen geschätzt werden kann. Die Wirkungen der anderen Variablen werden dabei konstant gehalten.[586] Da es sich hier jedoch um drei Dimensionen eines Konstrukts handelt, verdient die Einhaltung der Modellprämissen besondere Aufmerksamkeit.[587] Die grafische Prüfung auf Heteroskedastizität ließ keine Auffälligkeiten erkennen. Zur Prüfung auf Autokorrelation wurde ein Durban-Watson-Test durchgeführt und lieferte einen akzeptablen Indexwert von 1,551.[588] Zudem sind keine starken linearen Abhängigkeiten der drei Faktoren zu konstatieren. Ein Multikollinearitätsproblem kann auf der Basis der Toleranz- und VIF-Werte nicht beobachtet werden.[589] Es liegen demnach keine Prämissenverletzungen vor, welche die Aufstellung eines Regressionsmodells einschränken. Die folgende Tabelle zeigt die Ergebnisse zum Einfluss der einzelnen Faktoren der Vertrauenswürdigkeit auf das Vertrauen in den Interaktionspartner.

Unabhängige Variable	Abhängige Variable: Vertrauen
Fähigkeit	,054
Wohlwollen	,347**
Integrität	-,027
R^2	,127
$R^2_{Korr.}$	,096
F-Wert	4,168**
N	90
* p < 0,05; ** p < 0,01; *** p < 0,001	

Tab. 28: Ergebnisse der Regressionsanalyse zum Einfluss der Fähigkeit, des Wohlwollens und der Integrität auf Vertrauen

---

[586] Vgl. Urban/Mayerl (2006), S. 81.

[587] Vgl. zu Prämissenverstößen Abschnitt 4.5.2 dieser Arbeit.

[588] Ein Indexwert kleiner als 1,54 würde bei drei Regressoren eine Verletzung der Prämisse zeigen.

[589] Die festgestellten VIF-Werte sind geringer als 1,6 und unterschreiten damit den kritischen Schwellenwert von 5 bzw. 10. Auch die Toleranzwerte liegen mit einem Wert kleiner als 0,6 in einem akzeptablen Bereich.

Das Regressionsmodell ist hoch signifikant, erklärt jedoch nur 9,6% der Varianz von Vertrauen. Die Ergebnisse der Modellschätzung zeigen, dass sich lediglich die Wahrnehmung des Wohlwollens des Interaktionspartners hoch signifikant positiv auf das Vertrauen auswirkt (Beta-Wert: 0,347). Die Hypothese 5b wird damit bestätigt. Die partiellen Regressionskoeffizienten der beiden anderen Variablen sind im Vergleich sehr klein und nicht signifikant. Die Einschätzung der Fähigkeit und der Integrität des Interaktionspartners als Prädiktoren von Vertrauen besitzen in dieser Untersuchung keine statistische Bedeutung. Die Hypothesen 5a und 5c müssen daher verworfen werden.

Da es sich hier um die wohl am häufigsten zitierten und diskutierten Bedingungen für Vertrauen handelt, verdient dieses Ergebnis eine detaillierte Betrachtung. Der Zusammenhang zwischen den Dimensionen der Vertrauenswürdigkeit und den Dimensionen des Vertrauens, d.h. der Bereitschaft, sich auf den Vertrauensnehmer zu verlassen und sich diesem gegenüber zu öffnen, wird daher nachfolgend ausführlicher dargestellt.

Variable	Bereitschaft, sich zu verlassen	Bereitschaft, sich zu öffnen
Fähigkeit	,277**	,040
Wohlwollen	,286**	,353**
Integrität	,218*	,183
* p < 0,05; ** p < 0,01; *** p < 0,001		

Tab. 29: Korrelationen zwischen den Faktoren der Vertrauenswürdigkeit und den Dimensionen des Vertrauens

In der Tabelle sind die Abhängigkeiten zwischen den Faktoren der Vertrauenswürdigkeit und den Dimensionen des Vertrauens durch die bivariaten Korrelationskoeffizienten nach Pearson erfasst. Die Ergebnisse weisen darauf hin, dass die Wahrnehmung der Fähigkeit und der Integrität des Gegenübers in keinem signifikanten Zusammenhang mit der Bereitschaft eines Vertrauensgebers stehen, sich diesem gegenüber zu öffnen, jedoch positiv mit der Bereitschaft zusammenhängen, sich auf den Interaktionspartner zu verlassen. Die Wahrnehmung des Wohlwollens, das im Regressionsmodell als zentraler Prädiktor für Vertrauen identifiziert wurde, korreliert hoch signifikant mit beiden hier betrachteten Vertrauensdimensionen. Diese explorativen Ergebnisse weisen darauf hin, dass der Faktor Wohlwollen eine besondere Bedeutung bei der Einschätzung der Vertrauenswürdigkeit und zur Erklärung von Vertrauen besitzt.

Im Folgenden wird in der Subgruppe der Personen, die mit einem bekannten Interaktionspartner die Fallsimulation bearbeiteten, analysiert, welche Bedeutung des Gesamtkonstrukt der wahrgenommenen Vertrauenswürdigkeit besitzt.

2. Befunde zur wahrgenommenen Vertrauenswürdigkeit

Die Prüfung der Hypothese zum Einfluss der wahrgenommenen Vertrauenswürdigkeit auf Vertrauen und die sich anschließenden Mediationsprüfungen zum vermittelnden Einfluss von Vertrauen zwischen der wahrgenommenen Vertrauenswürdigkeit und dem Kommunikations- und Kontrollverhalten erfolgt entsprechend zu dem bereits dokumentierten schrittweisen Modellvergleich. Zunächst wird die erste Bedingung der Mediation nach Baron/Kenny zum Einfluss der unabhängigen Variablen auf den Mediator getestet und damit gleichzeitig die folgende Hypothese geprüft:[590]

Hypothese 5d: Je höher der Vertrauensgeber die Vertrauenswürdigkeit des Interaktionspartners wahrnimmt, desto höher ist sein Vertrauen.

Unabhängige Variablen	Modell I Abhängige Variable: Vertrauen
Vertrauenswürdigkeit	,312**
R^2	,097
$R^2_{Korr.}$	,087
F-Wert	9,505**
N	90
* p < 0,05; ** p < 0,01; *** p < 0,001	

Tab. 30:   Ergebnisse der Regressionsanalyse zum Einfluss der wahrgenommenen Vertrauenswürdigkeit auf Vertrauen

Das Modell ist hoch signifikant und kann mit einer erklärten Varianz von $R^2_{Korr.}$ = 0,087 als befriedigend eingestuft werden. Der positive Einfluss der wahrgenommenen Vertrauenswürdigkeit auf Vertrauen ist mit einem Beta-Wert von 0,312 statistisch hoch signifikant. Dieses Ergebnis bestätigt Hypothese 5d. Die Wahrnehmung der Vertrauenswürdigkeit des Interaktionspartners beeinflusst das Vertrauen in diesen positiv.

---

[590] Vgl. Baron/Kenny (1986) und die Vorgehensweise der Mediationsprüfung in Abschnitt 5.2.1 dieser Arbeit.

Das Modell I dient als Basis der nachfolgenden Schritte zur Prüfung des mediierenden Einflusses von Vertrauen zwischen der Wahrnehmung der Vertrauenswürdigkeit und dem Verhalten des Vertrauensgebers. Die Modelle IIa bis c und
IIIa bis c dokumentieren die weiteren Schritte zur Mediationsprüfung. Dabei wird
in der bereits eingeführten Vorgehensweise zunächst der vermittelnde Einfluss
auf das Verschweigen von Informationen geprüft. Es wurde die folgende Annahme getroffen:

Hypothese 9a: Vertrauen vermittelt den Einfluss der wahrgenommenen
Vertrauenswürdigkeit auf das Verschweigen von Informationen.

Unabhängige Variable	Modell IIa Abhängige Variable: Verschweigen von Informationen	Modell IIIa Abhängige Variable: Verschweigen von Informationen
Vertrauenswürdigkeit	,008	,073
Vertrauen		-,209*
R^2	,000	,039
$R^2_{Korr.}$	-,011	,017
F-Wert	0,005	1,787
N	90	90

* p < 0,05; ** p < 0,01; *** p < 0,001;

Tab. 31:   Ergebnisse der Mediationsprüfung zum Verschweigen von Informationen bei Bekanntheit des Partners

Die F-Werte beider Regressionsmodelle sind nicht signifikant. Modell IIa zeigt,
dass keine direkte Beziehung zwischen der Wahrnehmung der Vertrauenswürdigkeit und dem Verschweigen von Informationen besteht. Die Annahme einer
vermittelnden Funktion von Vertrauen ist damit ausgeschlossen. Hypothese 9a
muss verworfen werden.

Um die Bedeutung von Vertrauen als Mediator zwischen der wahrgenommenen
Vertrauenswürdigkeit und dem Weiterleiten verzerrter Informationen an den
Interaktionspartner zu überprüfen, soll Hypothese 9b getestet werden:

Hypothese 9b: Vertrauen vermittelt den Einfluss der wahrgenommenen Vertrauenswürdigkeit auf das Weiterleiten verzerrter Informationen.

Unabhängige Variable	Modell IIb Abhängige Variable: Verzerren von Informationen	Modell IIIb Abhängige Variable: Verzerren von Informationen
Vertrauenswürdigkeit	-,229*	-,168
Vertrauen		-,195*
R^2	,052	,087
$R^2_{Korr.}$	,041	,066
F-Wert	4,852*	4,124*
N	90	90
* p < 0,05; ** p < 0,01; *** p < 0,001		

Tab. 32:   Ergebnisse der Mediationsprüfung zum Verzerren von Informationen bei Bekanntheit des Partners

Die Erklärungskraft des Modells IIb ist mit einem korrigierten R^2 von 0,041 äußerst gering, jedoch signifikant. Es zeigt, dass die Vertrauenswürdigkeit einen negativen Einfluss auf das Weiterleiten verzerrter Informationen an den Vertrauensnehmer besitzt. Der Vergleich zum ebenfalls signifikanten Modell IIIb verdeutlicht, dass dieser Zusammenhang vollständig durch Vertrauen vermittelt wird: Die Integration von Vertrauen in die Regressionsgleichung führt zu einem signifikant negativen Einfluss des Mediators Vertrauen auf das Verzerren von Informationen und verdrängt den signifikanten Einfluss der wahrgenommenen Vertrauenswürdigkeit auf die abhängige Variable. Hypothese 9b ist damit bestätigt.

Abschließend wird die im dritten Kapitel postulierte Annahme zur vermittelnden Funktion von Vertrauen auf die Kontrollintensität eines Vertrauensgebers getestet:

Hypothese 9c: Vertrauen vermittelt den Einfluss der wahrgenommenen Vertrauenswürdigkeit auf die Kontrolle des Interaktionspartners.

Unabhängige Variable	Modell IIc Abhängige Variable: Kontrollintensität	Modell IIIc Abhängige Variable: Kontrollintensität
Vertrauenswürdigkeit	-,303**	-,163
Vertrauen		-,448***
R^2	,092	,273
$R^2_{Korr.}$	,081	,256
F-Wert	8,875**	16,299***
N	90	90
* p < 0,05; ** p < 0,01; *** p < 0,001;		

Tab. 33: Ergebnisse der Mediationsprüfung zum Kontrollverhalten bei Bekanntheit des Partners

Der negative Einfluss der wahrgenommenen Vertrauenswürdigkeit auf das Kontrollverhalten ist hoch signifikant (Beta-Wert: -,303). Allerdings ist die Erklärungskraft des Modells IIc mit einem korrigierten R^2 von 0,081 sehr gering, wenn auch statistisch hoch signifikant. Die Hinzunahme von Vertrauen als unabhängige Variable in Modell IIIc weist auf eine vollständige Mediation hin: Der negative Einfluss von Vertrauen auf die Kontrollintensität ist höchst signifikant und gleichzeitig verliert der Einfluss der Vertrauenswürdigkeit seine Signifikanz. Hypothese 9c muss daher nicht verworfen werden. Vertrauen vermittelt den Effekt der wahrgenommenen Vertrauenswürdigkeit auf das Kontrollverhalten eines Vertrauensgebers.

5.3 Zusammenfassung der Befunde

Im folgenden tabellarischen Überblick werden abschließend alle Hypothesen und Befunde zusammengeführt. Es wird jeweils angegeben, ob die Annahme bestätigt werden konnte oder nicht. Von den insgesamt 23 aufgestellten Hypothesen wurden 14 angenommen und 9 abgelehnt.

Hypothese	bestätigt
H1a: Je höher das Vertrauen ist, desto weniger Informationen verschweigt der Vertrauensgeber dem Interaktionspartner.	x
H1b: Je höher das Vertrauen ist, desto weniger Informationen gibt der Vertrauensgeber verzerrt an den Interaktionspartner weiter.	x
H1c: Je höher das Vertrauen ist, desto weniger kontrolliert der Vertrauensgeber das Verhalten des Interaktionspartners.	x
H2: Je höher der Vertrauensgeber das Risiko einer Entscheidungssituation wahrnimmt, desto geringer ist sein Vertrauen in den Interaktionspartner.	x
H3: Das Vertrauen ist in Situationen höher, in denen der Interaktionspartner bekannt ist, als in Situationen, in denen dieser unbekannt ist.	x
H4a: Je höher die Vertrauensneigung des Vertrauensgebers ist, desto höher ist sein Vertrauen in den Interaktionspartner.	x
H4b: Der Einfluss der Vertrauensneigung auf Vertrauen ist größer, wenn der Interaktionspartner unbekannt ist, als wenn er bekannt ist.	-
H5a: Je höher der Vertrauensgeber die Fähigkeit des Interaktionspartners wahrnimmt, desto höher ist sein Vertrauen.	-
H5b: Je höher der Vertrauensgeber das Wohlwollen des Interaktionspartners wahrnimmt, desto höher ist sein Vertrauen.	x
H5c: Je höher der Vertrauensgeber die Integrität des Interaktionspartners wahrnimmt, desto höher ist sein Vertrauen.	-
H5d: Je höher der Vertrauensgeber die Vertrauenswürdigkeit des Interaktionspartners wahrnimmt, desto höher ist sein Vertrauen.	x
H6a: Vertrauen vermittelt den Einfluss des wahrgenommenen Risikos auf das Verschweigen von Informationen.	-
H6b: Vertrauen vermittelt den Einfluss des wahrgenommenen Risikos auf das Weiterleiten verzerrter Informationen.	-
H6c: Vertrauen vermittelt den Einfluss des wahrgenommenen Risikos auf die Kontrolle des Interaktionspartners.	-
H7a: Vertrauen vermittelt den Einfluss der Bekanntheit auf das Verschweigen von Informationen.	x
H7b: Vertrauen vermittelt den Einfluss der Bekanntheit auf das Weiterleiten verzerrter Informationen.	x
H7c: Vertrauen vermittelt den Einfluss der Bekanntheit auf die Kontrolle des Interaktionspartners.	x
H8a: Vertrauen vermittelt den Einfluss der Vertrauensneigung auf das Verschweigen von Informationen.	x
H8b: Vertrauen vermittelt den Einfluss der Vertrauensneigung auf das Weiterleiten verzerrter Informationen.	-
H8c: Vertrauen vermittelt den Einfluss der Vertrauensneigung auf die Kontrolle des Interaktionspartners.	-
H9a: Vertrauen vermittelt den Einfluss der wahrgenommenen Vertrauenswürdigkeit auf das Verschweigen von Informationen.	-
H9b: Vertrauen vermittelt den Einfluss der wahrgenommenen Vertrauenswürdigkeit auf das Weiterleiten verzerrter Informationen.	x
H9c: Vertrauen vermittelt den Einfluss der wahrgenommenen Vertrauenswürdigkeit auf die Kontrolle des Interaktionspartners.	x

Tab. 34: Übersicht der Untersuchungsbefunde

Auf der Basis theoretischer Annahmen und empirischer Ergebnisse wurde zum Abschluss des dritten Kapitels ein Mediationsmodell präsentiert, das Risikowahrnehmung, Bekanntheit, Vertrauensneigung und wahrgenommene Vertrauenswürdigkeit als Determinanten des Vertrauens mit dem Verhalten verbindet.[591] Die obige Zusammenfassung der Hypothesen und Befunde zeigt, dass die im Modell integrierten situations- und personenspezifischen Variablen interpersonelles Vertrauen determinieren (Hypothesen 2, 3, 4a und 5d) und dass Vertrauen das Verhalten in Entscheidungssituationen beeinflusst (Hypothesen 1a bis c).[592] Das Modell impliziert weiterhin eine Kausalkette, in der Vertrauen als Mediator die Determinanten in Verhalten transformiert. Die Befunde zu den daraus abgeleiteten Hypothesen 6 bis 9 werden abschließend in übersichtlicher Form inhaltlich zusammengefasst und in der Abbildung 18 einander grafisch gegenübergestellt.

- Bezüglich der Funktion von Vertrauen als Mediator zwischen der Bekanntheit eines Interaktionspartners und dem Verhalten in Entscheidungssituationen konnten alle Annahmen bestätigt werden. Der negative Einfluss der Bekanntheit auf das Verschweigen und Verzerren von Informationen sowie auf die Kontrollintensität eines Vertrauensgebers wird vollständig durch Vertrauen vermittelt.

- Die Annahme einer mediierenden Funktion von Vertrauen zwischen der Risikowahrnehmung eines Vertrauensgebers und seinem Verhalten musste verworfen werden. Obwohl die Wahrnehmung des Risikos das Vertrauen in den Interaktionspartner negativ beeinflusste, konnte kein Effekt von der Risikowahrnehmung auf das Verhalten des Vertrauensgebers in Entscheidungssituationen nachgewiesen werden.

- Eine partielle Mediation durch Vertrauen wurde hinsichtlich des Zusammenhangs zwischen der Vertrauensneigung eines Vertrauensgebers und dem Verschweigen von Informationen beobachtet. Der negative Einfluss der Vertrauensneigung auf das Verschweigen wird einerseits durch Vertrauen vermittelt, andererseits hat die Vertrauensneigung auch einen direkten Einfluss auf dieses Verhalten. Ein Effekt von der Vertrauensneigung eines Vertrauensgebers auf das Verzerren von Informationen und auf die Kontrollintensität konnte nicht beobachtet werden.

---

[591] Vgl. dazu die Ausführungen und die Abbildung 14 in Abschnitt 3.5 dieser Arbeit.

[592] Auf die nicht bestätigten Hypothesen 5a und 5c zu den Determinanten von Vertrauen wird in Abschnitt 6.1 dieser Arbeit näher eingegangen.

- Die Befunde zeigen, dass der negative Einfluss der wahrgenommenen Vertrauenswürdigkeit auf das Weiterleiten verzerrter Informationen und die Kontrollintensität eines Vertrauensgebers vollständig durch Vertrauen vermittelt wird. Ein Zusammenhang zwischen der wahrgenommenen Vertrauenswürdigkeit und dem Verschweigen von Informationen durch den Vertrauensgeber konnte nicht nachgewiesen werden.

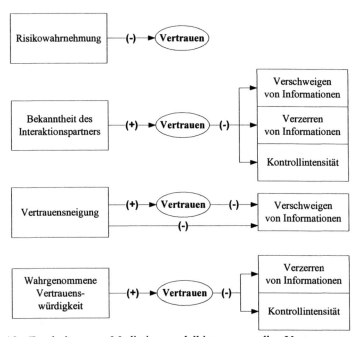

Abb. 18: Ergebnisse zum Mediationsmodell interpersonellen Vertrauens

Eine ausführliche Diskussion der Untersuchungsbefunde vor dem Hintergrund des in der Einleitung dargelegten theoretischen, methodologischen und praktischen Erklärungsinteresses erfolgt nun im abschließenden Kapitel dieser Arbeit.

6 Schlussbetrachtung

6.1 Zusammenfassung der Forschungsergebnisse

Das theoretische Erklärungsinteresse der Arbeit lag in der Konsolidierung interdisziplinärer Erklärungsansätze von Vertrauen und in dem Aufbau eines betriebswirtschaftlichen Modells, das Einflussfaktoren und Verhaltenswirkungen interpersonellen Vertrauens in Entscheidungssituationen zusammenführt.

Um sich diesem Forschungsziel zu nähern, wurden im zweiten Kapitel die Vertrauensmodelle von Deutsch, Zand und Mayer et al. beleuchtet.[593] Der Vergleich der Modelle zeigte, dass Vertrauen durch generelle Verhaltenstendenzen eines Vertrauensgebers, durch Merkmale eines Vertrauensnehmers sowie die jeweilige Situation beeinflusst wird. Ferner verdeutlichten die Ansätze, dass sich Vertrauen in Verhaltensweisen manifestiert, durch die sich ein Vertrauensgeber in einer ungewissen Situation verwundbar macht, wie die Initiierung von Kooperation,[594] den Informationsaustausch oder die Reduktion von Kontrolle.[595] Aus diesen Erkenntnissen wurde abgeleitet, dass Vertrauen vermutlich die Funktion eines Mediators besitzt, der den Einfluss personen- und situationsbedingter Faktoren auf das Verhalten eines Vertrauensgebers vermittelt.

Zur Konkretisierung der kausalen Beziehungen zwischen den einzelnen Vertrauensdeterminanten und dem Verhalten eines Vertrauensgebers, wurde das Augenmerk auf interdependente betriebliche Entscheidungssituationen gelegt. Zum einen erfüllte dieser Kontext die konstitutiven Bedingungen einer Vertrauenssituation, d.h. Ungewissheit und Verwundbarkeit des Vertrauensgebers. Zum anderen lieferte die Entscheidungsforschung einen strukturellen Rahmen zur systematischen Analyse situationsspezifischer Verhaltensdeterminanten und zur Entwicklung eines Kausalmodells interpersonellen Vertrauens in Entscheidungssituationen.

Die Analyse der Verhaltensdeterminanten und die Ableitung von Hypothesen erfolgten entlang der Schritte zur Modellgenerierung nach Beach/Mitchell im dritten Kapitel dieser Arbeit.[596] Es wurden zunächst die Verhaltenswirkungen von

---

[593] Vgl. insbesondere Deutsch (1958) und (1960); Zand (1972); Mayer et al. (1995).

[594] Vgl. Deutsch (1960), S. 124.

[595] Vgl. Zand (1972), S. 231 ff.; Zand (1997), S. 93 ff.

[596] Vgl. Beach/Mitchell (1978).

Vertrauen konkretisiert und anschließend Merkmale der Entscheidungsaufgabe, der Aufgabenumgebung, des Vertrauensgebers und des Vertrauensnehmers herausgearbeitet, von denen angenommen werden konnte, dass sie interpersonelles Vertrauen beeinflussen. Zentrale Zusammenhänge aus den Modellen von Deutsch, Zand und Mayer et al. wurden dabei präzisiert und mit empirischen Ergebnissen untermauert. Schließlich erfolgte die Zusammenführung der theoretisch begründeten situations- und personenbedingten Einflussfaktoren und Verhaltenswirkungen zu einem Modell, in dem Vertrauen als verbindendes Element fungiert.

Die empirische Prüfung der Hypothesen und des Mediationsmodells erfolgte in einem verhaltenswissenschaftlich-ökonomischen Laborexperiment. Diese Forschungsform bot sich an, da durch sie Dispositionen, Wahrnehmungen, Erwartungen, Entscheidungen und Handlungen von Individuen in einer standardisierten Situation am besten erfasst und unter kontrollierten Bedingungen präzise Aussagen über Zusammenhänge zwischen den Variablen gewonnen werden konnten.

Die drei in Kapitel 1 aufgestellten grundlegenden Forschungsfragen dieser Arbeit werden nun aufgegriffen und vor dem Hintergrund der empirischen Ergebnisse beantwortet. Eine Diskussion des Mediationsmodells erfolgt im Anschluss in Abschnitt 6.2.

(1) In welchem Verhalten manifestiert sich Vertrauen in Entscheidungssituationen?

Vertrauen zeigt sich in Handlungen und Entscheidungen, welche die Bereitschaft eines Vertrauensgebers widerspiegeln, sich gegenüber dem Vertrauensnehmer zu öffnen und sich auf diesen zu verlassen.[597] Im dritten Kapitel der Arbeit wurde auf die unterschiedlichen Dimensionen vertrauenden Verhaltens eingegangen und herausgestellt, dass sich diese jeweils kooperativen Handlungen und Kontrollhandlungen zuordnen lassen.[598] Da das Forschungsinteresse dieser Arbeit auf Vertrauen in betrieblichen Entscheidungssituationen lag, standen Verhaltensweisen im Zentrum des Interesses, die in diesem Kontext eine besondere Relevanz besitzen: die offene und ehrliche Kommunikation von Informationen und die Kontrolle des Informationsverhaltens des Interaktionspartners.

---

[597] Vgl. Gillespie (2003a) und (2003b).

[598] Vgl. Costa (2000).

Es wurde erwartet, dass Vertrauen das Ausmaß beeinflusst, zu dem Individuen Informationen teilen und dass Vertrauen die Akkuratheit der Kommunikation determiniert. Im Speziellen wurde die Aussage von Zand empirisch geprüft, dass einer Person, der vertraut wird, mehr korrekte und vollständige Informationen zu einem Problem offengelegt werden und dass ein Mangel an Vertrauen zum Verschweigen von Informationen und der Verzerrung von Informationen führt.[599] Die Prüfung der Hypothesen H1a und H1b bestätigt die von Zand postulierte Wirkung von Vertrauen auf den Informationsfluss in Problemlösesituationen:

> Vertrauen in einen Interaktionspartner führt dazu, dass diesem weniger Informationen verschwiegen und verzerrt weitergegeben werden.

Beide Aspekte stellen Manifestationen der Bereitschaft dar, sich einer anderen Person gegenüber zu öffnen. Indem Informationen verschwiegen, d.h. dem Interaktionspartner vorenthalten werden, beabsichtigt ein Entscheidungsträger, seine Verwundbarkeit möglichst gering zu halten. Durch die verzerrte, d.h. inkorrekte, Weitergabe von Informationen versucht eine Person, ihre eigene Position gegenüber dem Interaktionspartner zu verbessern und in der Entscheidungssituation einen Wissensvorsprung zu behalten.

Die Ergebnisse dieser Arbeit zur offenen und ehrlichen Kommunikation stimmen mit den bereits referierten Befunden aus früheren empirischen Untersuchungen überein. O'Reilly III/Roberts und Butler beobachteten, dass insgesamt mehr Informationen übermittelt werden, wenn dem Interaktionspartner vertraut wird.[600] Zand und Boss stellten in ihren Untersuchungen fest, dass sich Vertrauen positiv auf den Austausch akkurater und umfassender Informationen in Problemlösesituationen auswirkt.[601] O'Reilly III kam zu dem Ergebnis, dass ein Mangel an Vertrauen zur Verzerrung von Informationen führt.[602] Einen negativen Effekt von Vertrauen auf das Vorenthalten von Informationen konnte auch Gaines beobachten.[603] Allerdings fand sie keinen statistisch bedeutsamen Zusammenhang zwischen Vertrauen und der Weitergabe irreführender oder ungenauer Informationen, wie dies in der vorliegenden Untersuchung beobachtet werden konnte.

---

[599] Vgl. Zand (1972), S. 230.

[600] Vgl. O'Reilly III/Roberts (1974); Butler (1999).

[601] Vgl. Zand (1972); Boss (1978).

[602] Vgl. O'Reilly III (1978).

[603] Vgl. Gaines (1980).

Während die positive Wirkung von Vertrauen auf kooperatives Verhalten in der Literatur nicht angezweifelt wird, so divergieren die theoretischen Erklärungen und empirischen Befunde zum Zusammenhang zwischen Vertrauen und Kontrolle, insbesondere hinsichtlich des Vorzeichens der Korrelation.[604] Als zweite Dimension vertrauenden Verhaltens wurde daher die Kontrollintensität eines Vertrauensgebers untersucht. Da in dieser Arbeit das Vertrauen zwischen gleichrangigen Interaktionspartnern im Zentrum des Interesses stand, wurde in Anlehnung an das Modell von Zand ein negativer Einfluss von Vertrauen auf die Intensität der Kontrolle eines Vertrauensgebers postuliert.[605] Zand konstatiert, dass Personen, die vertrauen, weniger bestrebt sind, das Verhalten anderer in Problemlösesituationen zu überwachen. Die Prüfung der Hypothese 1c zeigt:

> Vertrauen in einen Interaktionspartner führt dazu, dass dieser
> in geringerem Ausmaß kontrolliert wird.

Dieser Befund bestätigt auch die auf Stricklands experimentelle Studien zurückgehende Annahme, dass ein geringeres Vertrauen zu einem größeren Ausmaß an Kontrolle führt.[606] Eine reduzierte Kontrollintensität reflektiert daher die Bereitschaft eines Vertrauensgebers, sich auf den Vertrauensnehmer zu verlassen. Durch den Verzicht auf den Einsatz möglicher Kontrollmaßnahmen macht sich der Vertrauensgeber in einer ungewissen Situation verwundbar.

Während die offene und ehrliche Kommunikation von Informationen in Organisationen im Allgemeinen und in Entscheidungssituationen im Speziellen als ein positiver Effekt des Vertrauens gewertet werden kann, ist die Feststellung, dass Vertrauen die Kontrollintensität eines Vertrauensgebers reduziert, durchaus kritisch zu betrachten. Langfred untersuchte den negativen Effekt von Vertrauen auf Kontrolle in selbstorganisierten Teams und stellte fest, dass ein hohes Vertrauensniveau zwischen Teammitgliedern zu einer Vernachlässigung notwendiger Kontrollen führte.[607] Speziell bei einem hohen Autonomiegrad der Mitglieder resultierte dies in einer verminderten Leistung.

---

[604] Vgl. insbesondere Bijlsma-Frankema/van de Bunt (2003); Bijlsma-Frankema et al. (2005) und die Ausführungen in Abschnitt 3.2 dieser Arbeit zum positiven Zusammenhang zwischen Vertrauen und Kontrolle.

[605] Vgl. Zand (1972), S. 231.

[606] Vgl. Strickland (1958).

[607] Vgl. Langfred (2004).

Da Vertrauen sich nicht vollständig rational erklären lässt, sondern ebenso psychologische Ursachen besitzt,[608] muss angenommen werden, dass die Kontrollreduktion in Folge des Vertrauens nicht nur rational begründet ist, sondern auch auf strittigen Kriterien beruhen kann. Obwohl die Gefahr besteht, erforderliche Kontrollmaßnahmen aufgrund von Vertrauen zu versäumen, sollte nicht unerwähnt bleiben, dass Kontrolle die Entwicklung von Vertrauen verhindert und bestehendes Vertrauen vermindern kann. „Kontrolle zerstört Vertrauen insbesondere dann, wenn sie (übermäßig) versucht, Handlungsspielräume zu beschneiden und Gewissheit dort zu erzwingen, wo Verwundbarkeit und Ungewissheit schlicht nicht weiter reduzierbar und nur durch Vertrauen akzeptierbar sind."[609]

(2) Welche situationsbedingten Faktoren beeinflussen Vertrauen?

Im Rahmen der Konzeptualisierung des Vertrauensphänomens im ersten Kapitel dieser Arbeit wurde herausgestellt, dass Vertrauen bestimmte situative Bedingungen voraussetzt: Vertrauen besitzt Relevanz in Situationen, die durch Ungewissheit und Verwundbarkeit gekennzeichnet sind. Zur Identifikation und Analyse situationsbedingter Einflussfaktoren, die zu der Ungewissheit und Verwundbarkeit einer Vertrauenssituation beitragen, wurde daher die in der Entscheidungsforschung bewährte Differenzierung zwischen Merkmalen der Entscheidungsaufgabe und denen der Aufgabenumgebung zugrunde gelegt. Dies ermöglichte eine getrennte Betrachtung des Einflusses aufgabenspezifischer sowie genereller situativer Faktoren auf das Vertrauen in interdependenten Entscheidungssituationen.

Es wurde argumentiert, dass sich die Verwundbarkeit eines Vertrauensgebers maßgeblich aus der spezifischen Aufgabenstellung ergibt, mit der ein Vertrauensgeber konfrontiert ist. Allerdings ist in dieser Arbeit nicht die objektiv bestehende Verwundbarkeit als ausschlaggebend für Vertrauen erachtet worden, sondern die subjektiv wahrgenommene Verwundbarkeit, d.h. die Risikowahrnehmung des Vertrauensgebers. Theoretisch wurde begründet, dass die Wahrnehmung des Risikos in einer spezifischen Situation mit dem subjektiven Wert der Konsequenzen bzw. mit der persönlichen Bedeutung der Gewinne und Verluste für den Vertrauensgeber steigt. Mit der Prüfung der Hypothese 2 konnte die Annahme gefestigt werden, dass die Einschätzung des Risikos, das unabhängig von einem

---

[608] Vgl. Nooteboom (2002), S. 12.

[609] Möllering/Sydow (2005), S. 82.

spezifischen Interaktionspartner besteht, das Vertrauen beeinflusst. Die Befunde dieser Arbeit demonstrieren:

> Die Risikowahrnehmung eines Vertrauensgebers
> beeinflusst das Vertrauen negativ.

Der hier beobachtete direkte Einfluss auf Vertrauen bestätigt die Befunde von McEvily et al. und McEvily/Zaheer, dass mit steigender Verwundbarkeit eines Vertrauensgebers das Vertrauen in den Interaktionspartner sinkt.[610] Da die Wahrnehmung des Risikos einer Situation durch den Vertrauensgeber als Vertrauensdeterminante in der Forschung bislang wenig Beachtung fand, wird dieses Forschungsergebnis an späterer Stelle gesondert vor dem Hintergrund des Modells von Mayer et al. diskutiert, das diese Variable als Verhaltensdeterminante integriert.[611]

Als weiterer situationsbedingter Einflussfaktor wurde die Bekanntheit des Interaktionspartners als ein objektives Merkmal der Aufgabenumgebung untersucht. Es wurde argumentiert, dass die Bekanntheit die Ungewissheit einer Vertrauenssituation bestimmt und damit einen Einfluss auf das Vertrauen besitzt. Ist ein Vertrauensnehmer dem Vertrauensgeber unbekannt, so wie dies in Erstbegegnungen der Fall ist, kann ein Vertrauensgeber nicht auf Erfahrungswerte zurückgreifen, die Hinweise auf das mögliche Verhalten dieser Person liefern. Konnte ein Vertrauensgeber jedoch in vergangenen Interaktionsprozessen Erfahrungen mit dem Vertrauensnehmer sammeln, so wird er auf diese Informationen zurückgreifen, um das mögliche Verhalten des Interaktionspartners in der spezifischen Situation einzuschätzen. In der vorliegenden Untersuchung konnte gezeigt werden, dass die Bekanntheit eines Interaktionspartners eine zentrale Vertrauensdeterminante darstellt. Ein Einfluss der Länge der Beziehung und der Intensität beruflicher sowie privater Kontakte zwischen bekannten Partnern wurde im Rahmen der Manipulationskontrolle ausgeschlossen. Auf der Basis der bestätigten Hypothese 3 kann festgehalten werden:

> Die Bekanntheit eines Interaktionspartners
> beeinflusst das Vertrauen positiv, unabhängig von der Stärke der Beziehung
> zwischen Vertrauensgeber und Vertrauensnehmer.

---

[610] Vgl. McEvily et al. (2003); McEvily/Zaheer (2006), S. 26.

[611] Vgl. Mayer et al. (1995) und die folgenden Ausführungen in Abschnitt 6.2.

Die Befunde dieser Untersuchung bestätigen nicht nur die Annahme, dass sich die Bekanntheit eines Interaktionspartners positiv auf Vertrauen auswirkt, sondern weisen auf eine herausragende Bedeutung dieses Merkmals zur Erklärung des Verhaltens in Vertrauenssituationen hin. Es wurde demonstriert, dass ein signifikanter Zusammenhang zwischen der Bekanntheit und der offenen und ehrlichen Kommunikation sowie der Kontrollintensität eines Vertrauensgebers besteht, der vollständig auf das Vertrauen in den Interaktionspartner zurückgeführt werden kann. Eine detaillierte Betrachtung dieser vermittelnden Wirkung von Vertrauen erfolgt im Rahmen der sich anschließenden Diskussion des Mediationsmodells.

(3) Welche personenbedingten Faktoren determinieren Vertrauen?

In der Vertrauensliteratur besteht weitgehende Übereinkunft darüber, dass Merkmale der beteiligten Akteure das Vertrauen in einer spezifischen Situation determinieren. Im Fokus dieser Arbeit standen die im Modell von Mayer et al. postulierten Vertrauensdeterminanten: Die Vertrauensneigung des Vertrauensgebers und die Vertrauenswürdigkeit des Vertrauensnehmers.[612]

Es wurde erläutert, dass sich Menschen hinsichtlich ihrer generellen Bereitschaft, anderen Personen zu vertrauen, unterscheiden. Während Meifert postuliert, dass eine generelle Vertrauensbereitschaft lediglich im Falle des ‚erfahrungslosen Erstvertrauens' Vertrauen determiniert,[613] nehmen Mayer et al. an, dass die Vertrauensneigung auch in Situationen, in denen Informationen über den Vertrauensnehmer vorliegen, Einfluss ausübt.[614] Um die Relevanz der Vertrauensneigung als Vertrauensdeterminante zu prüfen, wurden die Hypothesen 4a und 4b getestet. Die Befunde zeigen:

Die Vertrauensneigung eines Vertrauensgebers beeinflusst das Vertrauen positiv, unabhängig von der Bekanntheit des Interaktionspartners.

Im Rahmen einer Multigruppenanalyse wurde verdeutlicht, dass die Vertrauensneigung das Vertrauen sowohl in Erstbegegnungen als auch in bestehenden Beziehungen positiv beeinflusst, wodurch die oben genannte Mutmaßung Meiferts widerlegt wird. Die Annahme, dass der Einfluss der Vertrauensneigung bei

---

[612] Vgl. Mayer et al. (1995).

[613] Vgl. Meifert (2003), S. 24.

[614] Vgl. Mayer et al. (1995), S. 720.

Unbekanntheit des Interaktionspartners größer ist als bei Bekanntheit, konnte hingegen nicht bestätigt werden.

Ferner zeigte sich in dieser Untersuchung, dass die Vertrauensneigung nicht nur das Vertrauen erhöht, sondern auch einen direkten Einfluss auf kooperatives Verhalten in interdependenten Entscheidungssituationen besitzt. Versuchspersonen, die eine hohe Vertrauensneigung aufwiesen, verschwiegen dem Vertrauensnehmer weniger Informationen. Es kann daraus gefolgert werden, dass Personen mit hoher Vertrauensneigung offener kommunizieren als Personen, bei denen dieses relativ stabile Persönlichkeitsmerkmal geringer ausgeprägt ist. Dieser direkte Zusammenhang zwischen der Vertrauensneigung und dem Verhalten bedarf jedoch weiterer empirischer Bestätigungen, da im Allgemeinen angenommen wird, dass der Einfluss der Disposition zu Vertrauen von situationsspezifischen Faktoren überlagert wird.[615] Allerdings unterstreicht der hier gewonnene Befund die Annahme Hardins, dass die individuelle Vertrauensneigung die Fähigkeit bestimmt, mit anderen Personen kooperative Beziehungen aufrechtzuerhalten.[616]

Schließlich wurde die Vertrauenswürdigkeit eines Vertrauensnehmers als zentrale Erklärungsvariable und rationale Basis interpersonellen Vertrauens beleuchtet. Eine Einschätzung der Vertrauenswürdigkeit ist jedoch nur in Situationen möglich, in denen Informationen über den Interaktionspartner vorliegen. Die Analyse des Einflusses dieser Variablen auf Vertrauen wurde daher in der Gruppe der Versuchspersonen vorgenommen, die in der Fallsimulation mit einem ihnen bekannten Partner interagierten. Die Prüfung der Hypothese 5d bestätigt:

> Die wahrgenommene Vertrauenswürdigkeit des Vertrauensnehmers beeinflusst das Vertrauen positiv.

Um darzulegen, was einen Vertrauensnehmer in den Augen des Vertrauensgebers vertrauenswürdig macht, sind die einzelnen Indikatoren der Vertrauenswürdigkeit nach Mayer et al. untersucht worden.[617] Mit den Hypothesen 5a bis c wurde

---

[615] Vgl. Bissels (2004), S. 159.

[616] Vgl. Hardin (1993) und (2002), S. 116 ff. Hardin nimmt an, dass Menschen mit einer geringen Vertrauensneigung weniger positive Interaktionserfahrungen sammeln als Menschen mit einer hohen Vertrauensneigung, welches wiederum dazu beiträgt, die geringe Vertrauensneigung aufrechtzuerhalten.

[617] Vgl. Mayer et al. (1995), S. 717.

getestet, welche Bedeutung die Wahrnehmungen der Fähigkeit, des Wohlwollens und der Integrität eines Vertrauensnehmers für das Vertrauen in Entscheidungssituationen besitzen. Bei statistischer Kontrolle der Interkorrelationen zwischen den drei Faktoren konnte lediglich ein Einfluss des wahrgenommenen Wohlwollens des Interaktionspartners auf das Vertrauenskonstrukt nachgewiesen werden. Die Annahme, dass die Wahrnehmung der Fähigkeit und Integrität das Vertrauen determiniert, musste verworfen werden. Zu einem ähnlichen Ergebnis kamen auch Davis et al.[618] Sie stellten ebenfalls einen positiven Einfluss der wahrgenommenen Vertrauenswürdigkeit auf Vertrauen fest und identifizierten bei separater Analyse der drei Faktoren allerdings Wohlwollen und die Integrität als Vertrauensdeterminanten, nicht jedoch die Fähigkeit.

Zur näheren Ergründung dieses Ergebnisses wurde eine explorative Analyse der Korrelationen zwischen den Faktoren der Vertrauenswürdigkeit und den erhobenen Dimensionen des Vertrauenskonstrukts durchgeführt, d.h. der Bereitschaft, sich zu verlassen und sich gegenüber dem Vertrauensnehmer zu öffnen. Diese zeigte, dass die Wahrnehmung der Fähigkeit und der Integrität des Partners zwar in keinem statistisch bedeutsamen Zusammenhang mit der Bereitschaft stehen, sich zu öffnen, jedoch hoch signifikant mit der Bereitschaft korrelieren, sich auf den Interaktionspartner zu verlassen. Die Wahrnehmung des Wohlwollens korrelierte hingegen mit beiden Vertrauensdimensionen. Dieses Ergebnis demonstriert einerseits die herausragende Bedeutung des Wohlwollens im Kontext interdependenter Entscheidungssituationen und weist andererseits darauf hin, dass Fähigkeit und Integrität durchaus ihre Berechtigung als Indikatoren der Vertrauenswürdigkeit und damit als Vertrauensdeterminanten haben.

6.2 Erklärungsbeitrag und Grenzen der Untersuchung

Im Zentrum des Interesses organisationswissenschaftlicher Vertrauensstudien liegen zumeist entweder die Determinanten oder die Wirkungen von Vertrauen.[619] Während bisher in einigen Studien der moderierende Einfluss von Vertrauen untersucht wurde, so ist eine Betrachtung der mediierenden Wirkung von Vertrauen selten. Das methodologische Erklärungsinteresse dieser Arbeit bestand daher in der Analyse von Vertrauen als Ursache, als Wirkung und als vermittelnde Variable zwischen personen- und situationsbedingten Einflussfaktoren und dem Verhalten eines Vertrauensgebers. Die Befunde der vorliegenden Arbeit

---

[618] Vgl. Davis et al. (2000).

[619] Vgl. Dirks/Ferrin (2001).

weisen darauf hin, dass die Betrachtung von Vertrauen als Mediator ein umfassendes Bild des Vertrauensphänomens vermittelt und weiteres Forschungspotential in sich birgt.

Im Folgenden wird zunächst der Erklärungsbeitrag des Mediationsmodells diskutiert. Danach werden die inhaltlichen und methodischen Grenzen der vorliegenden Untersuchung aufgezeigt.

(1) Diskussion des Mediationsmodells
Das in dieser Arbeit aufgestellte Mediationsmodell integriert sowohl häufiger erforschte Konstrukte als auch Variablen, die bislang in der Vertrauensliteratur wenig Beachtung fanden. Zu ersteren sind die Vertrauensneigung und Vertrauenswürdigkeit als personelle Einflussfaktoren sowie die Verhaltenswirkungen von Vertrauen zu zählen. Zu letzteren gehören die situationsbedingten Faktoren, wie die Bekanntheit als objektives Merkmal der Aufgabenumgebung und die aufgabenspezifische Risikowahrnehmung des Vertrauensgebers. Die diesem Abschnitt vorangegangene Beantwortung der drei grundlegenden Forschungsfragen zeigt, dass alle im Modell integrierten Variablen in einem statistisch signifikanten Zusammenhang mit Vertrauen stehen, sei es als direkte Ursachen oder als Wirkungen von Vertrauen.[620] Die im Rahmen der Mediationsprüfung gewonnenen Erkenntnisse und die damit einhergehenden Implikationen für die künftige Vertrauensforschung werden nun dargelegt.[621]

Die Annahme einer vermittelnden Funktion von Vertrauen zwischen den Einflussfaktoren und Verhaltenswirkungen impliziert, dass ein Zusammenhang zwischen diesen Vertrauensdeterminanten und den Vertrauenshandlungen bestehen muss. Die Prüfung der Mediationshypothesen zeigte jedoch, dass einige der betrachteten unabhängigen Variablen zwar das Vertrauen beeinflussen, jedoch keine statistisch signifikanten Effekte auf das hier im Forschungsinteresse stehende Verhalten aufweisen:

- Die Wahrnehmung des Risikos als Vertrauensdeterminante beeinflusst weder das Kommunikations- noch das Kontrollverhalten eines Vertrauensgebers.

---

[620] Die nicht bestätigten Annahmen bezüglich des Einflusses der Fähigkeit und der Integrität waren für die Modellprüfung nicht relevant, da die Vertrauenswürdigkeit als additives Konstrukt integriert wurde und signifikanten Einfluss auf Vertrauen aufwies.

[621] Vgl. auch die Zusammenfassung der Befunde zu den Mediationshypothesen 6 bis 9 in Abschnitt 5.3 dieser Arbeit und die Verdeutlichung der empirischen Zusammenhänge in Abbildung 18.

• Die Vertrauensneigung als Vertrauensdeterminante hat keinen Einfluss auf das Verzerren von Informationen durch den Vertrauensgeber und seine Kontrollintensität.

• Die Wahrnehmung der Vertrauenswürdigkeit als Vertrauensdeterminante hat keinen Einfluss auf das Verschweigen von Informationen durch den Vertrauensgeber.

Es lässt sich festhalten, dass Faktoren, die das Vertrauen in einen spezifischen Interaktionspartner determinieren, nicht zwingend auch das Verhalten eines Vertrauensgebers beeinflussen. Dieser Befund stützt die in dieser Arbeit vorgenommene analytische Abgrenzung von Vertrauen im engen Sinne als eine Bereitschaft, verwundbar zu sein, von den direkten Determinanten und Verhaltenswirkungen von Vertrauen. Für die empirische Vertrauensforschung bedeutet dies, dass es relevant ist, das Vertrauenskonstrukt an sich zu erheben, da nicht von einem Vorliegen bestimmter Bedingungskonstellationen auf Vertrauen oder gar auf das Verhalten eines Vertrauensgebers geschlossen werden kann.

Ferner ist davon auszugehen, dass bei einer Zusammenfassung der personellen Determinanten und Verhaltenswirkungen von Vertrauen zu einem multidimensionalen Konstrukt, d.h. Vertrauen im weiten Sinne, bedeutende Zusammenhänge unbeachtet bleiben.[622] Vertrauensneigung, Vertrauenswürdigkeit und Vertrauenshandlungen stehen zwar miteinander in Beziehung, die empirischen Ergebnisse der Mediationsprüfung jedoch stützen die dieser Arbeit zugrunde gelegte Annahme, dass es sich dabei um drei eigenständige Konstrukte handelt und nicht um Komponenten eines einzigen Vertrauenskonstrukts.[623]

Von den insgesamt 12 Hypothesen, welche sich auf die Funktion von Vertrauen als Mediator bezogen, mussten sechs verworfen werden. Die Befunde bestätigen zwar die Annahme, dass Vertrauen als Mediator einen Mechanismus repräsentiert, der den Einfluss personeller und situativer Variablen auf das Verhalten vermittelt, doch zeigen die Ergebnisse der Hypothesenprüfung, dass die Zusammenhänge in der Realität teilweise komplexer sind als die im Mediationsmodell angenommenen Kausalitäten. Situations- und personenspezifische Vertrauensdeterminanten wirken sich unterschiedlich auf kooperatives und kontrollierendes

---

[622] Zum engen und weiten Verständnis von Vertrauen vgl. Abschnitt 4.3.1 dieser Arbeit und Abbildung 17.

[623] Vgl. zu dieser Annahme auch Scott III (1980), S. 811.

Verhalten eines Vertrauensgebers aus. Die streng systematische Prüfung der Mediationsfunktion von Vertrauen führt zu folgenden Erkenntnissen bezüglich der drei betrachteten Verhaltenswirkungen:

Vertrauen vermittelt den Einfluss

- der Bekanntheit des Vertrauensnehmers sowie der Vertrauensneigung des Vertrauensgebers auf das Verschweigen von Informationen durch den Vertrauensgeber,

- der Bekanntheit und der wahrgenommenen Vertrauenswürdigkeit des Vertrauensnehmers auf das Weiterleiten verzerrter Informationen durch den Vertrauensgeber,

- der Bekanntheit und der wahrgenommenen Vertrauenswürdigkeit des Vertrauensnehmers auf die Kontrollintensität des Vertrauensgebers.

Da Mediatoren insbesondere erklären, „how external physical events take on internal psychological significance"[624], ist es nicht überraschend, dass speziell der Zusammenhang zwischen der Bekanntheit, als objektives Merkmal der Aufgabenumgebung, und dem Kommunikations- und Kontrollverhalten eines Vertrauensgebers vollständig auf das Vertrauen in den Interaktionspartner zurückzuführen ist. Einen ähnlichen Mediationseffekt von Vertrauen zwischen dem Interaktionskontext und dem Informationstransfer konnten auch Levin/Cross in einer Felduntersuchung nachweisen: Der Zusammenhang zwischen objektiven Merkmalen der Beziehung und dem Empfang relevanter Informationen vom Interaktionspartner wurde in ihrer Untersuchung vollständig durch Vertrauen vermittelt.[625]

Die Befunde der Mediationsprüfung weisen darauf hin, dass Vertrauen eine stärkere Rolle als Mediator zwischen der Aufgabenumgebung und dem Verhalten eines Vertrauensgebers besitzt als zwischen den personenbedingten Einflussfaktoren und dem Verhalten. Es ist anzunehmen, dass die Konfrontation mit einer Situation geringerer Ungewissheit nicht nur die Entstehung von Vertrauen erleichtert, sondern auch dazu führt, dass das Vertrauen eher in Verhalten umgesetzt wird.

---

[624] Baron/Kenny (1986), S. 1176.

[625] Vgl. Levin/Cross (2004).

Zusammenfassend ist festzuhalten, dass das systematisch entwickelte ‚Modell der Einflussfaktoren und Verhaltenswirkungen interpersonellen Vertrauens in Entscheidungssituationen' in seiner Grundstruktur empirisch bestätigt werden konnte.[626] Es liefert damit einen wertvollen Beitrag zur Erklärung von Vertrauen in interdependenten Entscheidungssituationen und bietet einen Analyserahmen für die künftige Erforschung des Vertrauenskonstrukts. Abhängig vom spezifischen Forschungskontext kann es durch weitere im jeweiligen Forschungsinteresse stehende personen-, situations- und verhaltensspezifische Variablen ergänzt werden.

Vor dem Hintergrund der Befunde zur vermittelnden Funktion von Vertrauen soll abschließend das Modell von Mayer et al. betrachtet werden, dem bedeutende Variablen und Zusammenhänge in dieser Untersuchung entnommen wurden.[627] Die Annahme, dass Vertrauen durch eine Funktion aus der wahrgenommenen Vertrauenswürdigkeit des Vertrauensnehmers und der Vertrauensneigung erklärt werden kann, findet mit der vorliegenden Untersuchung Bestätigung und wurde im vorangehenden Abschnitt bereits aufgezeigt. Zudem konnte die vermittelnde Funktion von Vertrauen zwischen den personenspezifischen Determinanten auf das Verhalten eines Vertrauensgebers, das von Mayer et al. als ‚Risikoübernahmeverhalten in der Beziehung' bezeichnet wird, nachgewiesen werden. Damit wurden einige der zentralen Zusammenhänge zwischen den Modellelementen von Mayer et al. geprüft und bestätigt. Eine differenzierte Betrachtung der unterschiedlichen Dimensionen vertrauenden Verhaltens zeigt jedoch, dass Vertrauen den Effekt der Vertrauensneigung und der wahrgenommenen Vertrauenswürdigkeit auf das Verhalten nicht generell vermittelt, sondern sich, wie oben dargelegt, unterschiedliche Zusammenhänge ergeben, die abhängig von den interessierenden Vertrauenshandlungen sind.

Besondere Aufmerksamkeit erhielt in der vorliegenden Untersuchung der Einfluss der Risikowahrnehmung auf das Vertrauen und das Verhalten eines Vertrauensgebers. Die Position dieser Variablen in dem Modell von Mayer et al. als Verhaltensdeterminante ist kritisch betrachtet worden. Es wurde daher abweichend von Mayer et al. postuliert, dass die Risikowahrnehmung eines Vertrauensgebers als situationsbedingter Faktor das Vertrauen determiniert und dass Vertrauen den Einfluss der Risikowahrnehmung auf das Verhalten vermittelt. Die Hypothesen

---

[626] Vgl. Abbildung 13 in Abschnitt 3.5 dieser Arbeit.

[627] Vgl. Mayer et al. (1995).

zur vermittelnden Funktion von Vertrauen zwischen der Risikowahrnehmung und dem Verhalten mussten ebenso verworfen werden wie die Annahme von Mayer et al., dass diese Variable das Verhalten beeinflusst. Es konnte jedoch gezeigt werden, dass sowohl in Situationen, in denen der Interaktionspartner bekannt ist, als auch in Situationen, in denen dieser unbekannt ist, die Risikowahrnehmung einen signifikanten Einfluss auf das Vertrauen besitzt. Die Annahme von Mayer et al., dass die Einschätzung des Risikos letztlich bestimmt, ob Vertrauen in Verhalten umgesetzt wird, muss daher in Frage gestellt werden.[628]

Es ist festzuhalten, dass die Integration der Risikowahrnehmung als situationsbedingter Einflussfaktor in ein Vertrauensmodell gerechtfertigt zu sein scheint. Diese in der Vertrauensliteratur bislang weitgehend ungewürdigte Variable bedarf allerdings weiterer Erforschung. Insbesondere sollte sowohl theoretisch als auch empirisch die Position der Variablen in einem Vertrauensmodell als Vertrauens- bzw. als Verhaltensdeterminante weiter abgesichert werden.

(2) Inhaltliche und methodische Grenzen der Untersuchung
Einleitend zu dieser Arbeit wurde herausgestellt, dass mit einer Analyse der Ursachen und Wirkungen von Vertrauen in einem betriebswirtschaftlichen Kontext ein umfangreiches Gebiet der Vertrauensforschung behandelt wird. Zur Erhöhung der Präzision der Aussagen lag der Forschungsschwerpunkt auf interpersonellem Vertrauen. Nicht im Forschungsinteresse stand das Vertrauen zwischen Personenmehrheiten und Institutionen, wie Projektgruppen, Abteilungen oder Unternehmen.

Um Aussagen zu gewinnen, die ein möglichst breites Anwendungsfeld besitzen, wurde Vertrauen auf einer lateralen Ebene untersucht. Eine Übertragbarkeit der Forschungsergebnisse auf hierarchische Beziehungen ist damit begrenzt, jedoch insoweit gegeben, dass hier im Rahmen der Grundlagenforschung elementare Einflussfaktoren und Verhaltenswirkungen von Vertrauen analysiert werden konnten. In hierarchischen organisationalen Beziehungen treten insbesondere weitere situationsbedingte Einflussvariablen von Vertrauen hinzu, wie beispielsweise asymmetrisch verteilte Machtverhältnisse zwischen Vertrauensgeber und Vertrauensnehmer, die in dieser Untersuchung keine Beachtung fanden.

Bezüglich der Entwicklungsstufen des Vertrauensprozesses lag das Forschungsinteresse dieser Arbeit auf der Entstehung von Vertrauen und auf bestehendem

---

[628] Vgl. Mayer et al. (1995), S. 724.

Vertrauen. Das Verständnis dieser ersten beiden Stufen einer Vertrauensbeziehung stellt eine Grundlage dar für die Erforschung der sich kausal anknüpfenden Phasen des Verlusts und des Wiederaufbaus von Vertrauen. Es handelt sich bei letzteren um zwei bedeutende Aspekte des Vertrauensprozesses, denen in jüngster Zeit besondere Aufmerksamkeit zuteil wird.[629]

Die Dynamik des Vertrauensphänomens wurde insbesondere anhand der Modelle von Zand und Mayer et al. verdeutlicht.[630] Sie findet jedoch keinen Eingang in dem hier entwickelten ‚Modell der Einflussfaktoren und Verhaltenswirkungen interpersonellen Vertrauens in Entscheidungssituationen'. Im Zentrum des Modells steht die vermittelnde Wirkung von Vertrauen, so dass auf eine Verknüpfung der Vertrauenshandlungen mit spezifischen Vertrauensdeterminanten durch eine Feedbackschleife verzichtet werden konnte. Es wurde jedoch darauf hingewiesen, dass die in der vorliegenden Arbeit betrachteten Vertrauenshandlungen mit ihren Konsequenzen das Vertrauen in nachfolgenden Interaktionssituationen beeinflussen. Offene und ehrliche Kommunikation sowie verminderte Kontrollintensität stellen nicht nur Wirkungen von Vertrauen in t_o, sondern auch Ursachen von Vertrauen in t_l dar, wenn nämlich der Vertrauensnehmer zum Zeitpunkt t_o zum Vertrauensgeber in t_l wird.

Neben diesen vorrangig inhaltlich begründeten Grenzen der vorliegenden Untersuchung bestehen Limitationen, die mit der Untersuchungskonzeption einhergehen. Wie bereits im vierten Kapitel ausführlich dargelegt wurde, wirkt sich die Auswahl der Forschungsumgebung auf die Interpretierbarkeit und Generalisierbarkeit der Forschungsergebnisse aus. Da hier präzise Aussagen zu grundlegenden Abhängigkeiten zwischen vertrauensnahen Konstrukten gewonnen werden sollten, wurde der internen Validität der Untersuchung eine besondere Bedeutung beigemessen. Zur Erhöhung der externen Validität der Untersuchungsergebnisse lag ein besonderes Augenmerk auf der Realitätsnähe und betriebswirtschaftlichen Relevanz der Problemstellung, mit der die Probanden konfrontiert wurden. Obwohl sich die Fallsimulation als ein geeignetes Instrumentarium zur Erforschung von Vertrauen im Labor erwies, muss konstatiert werden, dass es sich um eine fiktive Aufgabenstellung handelte, in die notwendige Bedingungen einer Vertrauenssituation künstlich eingearbeitet wurden.

---

[629] Vgl. Lewicki et al. (2006). Die Analyse des Verlusts und Wiederaufbaus enttäuschten Vertrauens stellt die empirische Vertrauensforschung vor neue Aufgaben, nicht zuletzt wegen des begrenzten Zugangs zu derart sensiblen Daten sowohl im Feld als auch im Labor.

[630] Vgl. Zand (1972); Mayer et al. (1995).

Der Vertrauensprozess kann nur begrenzt in einer einmaligen Erhebung abgebildet werden. Wie die vorliegende Untersuchung jedoch zeigt ist es möglich, durch die Gestaltung der Szenerie elementare Entwicklungsstufen nachzubilden, wie die der Entstehung von Vertrauen in erstmaligen Begegnungen und die der Verstärkung von Vertrauen in bestehenden Beziehungen. Dennoch handelt es sich hier um eine Gegenüberstellung von zwei statischen Analysen. Aufschluss über den gesamten Prozessverlauf liefern letztlich nur Längsschnittuntersuchungen. Die Beobachtung einer Stichprobe über mehrere Monate oder Jahre ermöglicht nicht nur Aussagen zur Zirkularität von Vertrauen, sondern auch die Analyse einzelner Entwicklungsphasen einer Vertrauensbeziehung.

Die Repräsentativität der Ergebnisse muss hinsichtlich der Bedeutung der einzelnen Faktoren der Vertrauenswürdigkeit für das Vertrauen als eingeschränkt gelten. Obwohl die Wahrnehmung der Vertrauenswürdigkeit in der vorliegenden Stichprobe statistisch normalverteilt war, so ist dennoch anzunehmen, dass Personen, die sich gemeinsam mit einem Partner zu der Untersuchung anmeldeten, keinen Partner wählten, mit dem sie in vergangenen Interaktionen extrem negative Erfahrungen gesammelt hatten. Möllering stellt fest, dass „[p]eople avoid interactions with in their point of view untrustworthy others."[631] Eine Replikation dieser Untersuchung mit einer Kontrollgruppe, die keine positiven Erfahrungen miteinander in der Vergangenheit sammelten und den Partner als vertrauensunwürdig wahrnehmen wäre daher wünschenswert. Allerdings ist die Anwerbung einer solchen Probandengruppe praktisch kaum möglich.

Im ersten Kapitel dieser Arbeit wurde herausgestellt, dass eine fehlende Übereinstimmung zwischen Begriffsdefinition und Messung der Konstrukte sowie die damit einhergehende mangelnde Vergleichbarkeit der Forschungsergebnisse eine zentrale Problematik der Vertrauensforschung darstellt. In der vorliegenden Untersuchung wurden daher unterschiedliche Möglichkeiten der Konzeptualisierung und Messung von Vertrauen aufgezeigt und Erhebungsinstrumente in deutscher Übersetzung vorgestellt, die sich als zuverlässig erwiesen, einzelne Aspekte des Vertrauensphänomens zu analysieren. Das ‚Behavioral Trust Inventory' (BTI) bewährte sich als ein verlässliches Instrumentarium, die situative Bereitschaft einer Person zur erfassen, in einer Beziehung mit einer spezifischen anderen Person verwundbar zu sein.[632] Indem das Inventar sowohl die Bereitschaft

---

[631] Möllering (2003), S. 62.

[632] Vgl. Gillespie (2003a) und (2003b).

misst, sich dem Vertrauensnehmer gegenüber zu öffnen, als auch die Bereitschaft, sich auf den Vertrauensnehmer zu verlassen, ermöglicht es detaillierte Aussagen. Da Vertrauen als additives Konstrukt aus beiden Dimensionen im Zentrum des Interesses stand, wurde eine Analyse auf der Ebene der einzelnen Dimensionen nur fallweise aus explorativen Gründen vorgenommen. Das Potential des BTI zur Analyse des Vertrauensphänomens wurde im Rahmen der Hypothesenprüfung daher nicht voll ausgeschöpft.

6.3 Praktische Folgerungen

In der Einleitung zu dieser Arbeit wurde herausgestellt, dass ein fehlender Konsens darüber besteht, was Vertrauen ist, wodurch es determiniert wird und in welchem Verhalten es sich manifestiert. Möllering/Sydow stellen fest: „Auf einem relativ hohen Abstraktionsniveau ist man sich in der ansonsten vielfältigen und kontroversen Vertrauensforschung zumindest über die Bedingungen einig, die erfüllt sein müssen, um sinnvollerweise von ‚Vertrauen' [...] sprechen zu können (vgl. z.B. Gambetta 1988; Rousseau et al. 1998). Es handelt sich um [ein] relationale[s] Konstrukt[..] mit mindestens zwei in einem sozialen Kontext eingebetteten Akteuren, die sich wechselseitig beeinflussen können und die in ihren Erwartungen, Intentionen und Handlungen nicht vollständig determiniert sind."[633] Mit diesem äußerst begrenzten Einvernehmen bezüglich des Vertrauensphänomens in der Forschungsgemeinschaft geht entsprechend auch eine uneinheitliche Erfassung des Konstrukts in empirischen Untersuchungen einher, die nicht nur den Vergleich und die Konsolidierung bestehender Forschungsergebnisse erschwert, sondern vielfach auch die Übertragbarkeit der gewonnenen Erkenntnisse auf die betriebswirtschaftliche Praxis einschränkt.

Nach Nieder steht „[d]en Defiziten in der Theorie [..] eine unternehmerische Praxis gegenüber, die alle mit Vertrauen in Zusammenhang stehenden Wirkungen als bekannt voraussetzt – ohne jedoch den genauen Inhalt von Vertrauen wirklich zu kennen."[634] Um einer Euphorie bezüglich des Vertrauensphänomens vorzubeugen, die sich insbesondere in den Personalressorts verbreitet, mit der Verankerung von Vertrauen als Wert in Unternehmen neue Kulturentwicklungsprozesse anstoßen zu können,[635] und um der vielfach im Top-Management anzutreffenden

---

[633] Möllering/Sydow (2005), S. 66.

[634] Nieder (2006), S. 22 f.

[635] Vgl. Bergel (2002), S. 78.

Skepsis bezüglich der Relevanz eines ‚weichen Faktors' für den Unternehmenserfolg entgegenzutreten, empfiehlt es sich, das Augenmerk auf die direkten und empirisch belegten Ursachen und Wirkungen von Vertrauen zu legen. Sie liefern insbesondere Hinweise darauf, in welchen Situationen und in welchen Unternehmensbereichen Vertrauen besondere Relevanz besitzt.

Die empirischen Befunde zu den direkten Verhaltenswirkungen von Vertrauen weisen darauf hin, dass Vertrauen in den Bereichen eine herausragende Rolle spielt, in denen

- kooperative Zusammenarbeit eine schnelle und flexible Reaktionsfähigkeit sichert,

- die Qualität von Kommunikationsprozessen im besonderen Maße eine Voraussetzung für Erfolg ist,

- Informationsweitergabe eine kritische Ressource darstellt oder

- Kontrolle entweder nicht möglich ist bzw. sich als ineffizient erweist, da sie zu hohe Kosten verursacht.

Damit sind insbesondere Unternehmensbereiche angesprochen, die eine Querschnittsfunktion besitzen und auf die Informationsweitergabe aus anderen Ressorts angewiesen sind sowie Bereiche, in denen kreative Potentiale der Mitarbeiter im Mittelpunkt stehen, die nur schwer oder gar nicht quantifiziert werden können.

Werden die Situationsbedingungen in Betracht gezogen, unter denen Vertrauen zutage tritt, so wird evident, dass Vertrauen eine besondere Relevanz erhält, wenn sich die Rahmenbedingungen der Interaktion oder die Aufgabeninhalte verändern, wie dies zum Beispiel im Kontext von Reorganisationsprozessen der Fall ist.[636] Schweer/Thies stellen fest: „Die Bedeutung von Vertrauen wird oftmals erst dann bemerkt, wenn Störungen in der alltäglichen organisationalen Routine (...) auftreten."[637] Die Auflösung von Organisationsgrenzen durch Internationalisierung und Netzwerkbildung, die Einführung neuer Technologien, die Implementierung und Adaption von Leistungsbeurteilungssystemen oder der

---

[636] Vgl. Nieder (2006), S. 22 ff.

[637] Schweer/Thies (2003), S. 81.

Personalabbau führen beispielsweise zu erhöhter Ungewissheit und Verwundbarkeit für Organisationsmitglieder und hemmen damit die Entstehung und Intensivierung von Vertrauen.

Es konnte in dieser Arbeit gezeigt werden, dass das Fehlen von Vertrauen in Situationen der Ungewissheit und Verwundbarkeit in verstärkter Wettbewerbsorientierung, der Abnahme offener und ehrlicher Kommunikation und dem Bemühen resultiert, sich durch Erhöhung der Kontrollintensität abzusichern. Mangelnde Zusammenarbeit und Informationsversorgung, Verständigungsprobleme und fehlende Akzeptanz von Entscheidungen aufgrund der Undurchsichtigkeit unterschiedlicher Interessenslagen stehen damit nicht nur einem organisationalen Wandel entgegen.[638] Der verstärkte Einsatz von Kontrollmaßnahmen und die damit einhergehende Reduktion von Handlungsspielräumen sprechen überdies dem einzelnen Mitarbeiter Kompetenz und Wohlwollen ab. Unter der Annahme, dass sowohl Vertrauen als auch fehlendes Vertrauen sich positiv verstärken, wird die Brisanz dieser Thematik besonders deutlich.[639]

Für Unternehmen ist es nicht nur wichtig zu wissen, in welchen Bereichen und Situationen Vertrauen Bedeutung besitzt, sondern auch, welche Möglichkeiten bestehen, die Entwicklung von Vertrauen im betrieblichen Alltag zu erleichtern. Eine „direkte Einflussnahme auf Vertrauen im Sinne eines auf Handlungsanweisungen basierenden Vertrauensmanagements"[640] wird von Vertrauensforschern jedoch weitgehend als unrealistisch angesehen. Es sollen im Folgenden daher keine rezeptartigen Anleitungen zur Erzeugung von Vertrauen gegeben, sondern Ansätze für ein ,vertrauensbewusstes Management'[641] aufgezeigt werden. Führungskräften kommt dabei aufgrund ihrer Vorbildfunktion und Rolle als Multiplikatoren eine besondere Bedeutung zu. Sie können mit ihrem Verhalten Maßstäbe setzen und Vertrauensprozesse zwischen Geschäftspartnern, Kollegen und Mitarbeitern positiv beeinflussen.[642]

---

[638] Vgl. Bleicher (1995), S. 390 ff.

[639] Vgl. Zand (1972), S. 232.

[640] Möllering/Sydow (2005), S. 82.

[641] Vgl. zum Begriff Loose/Sydow (1994), S. 190.

[642] Vgl. Bleicher (1995), S. 394; Nieder (2006), S. 24.

(1) Vertrauen durch Verhalten demonstrieren

Nach Bleicher ist „Vertrauen [..] der stärkste Einflußfaktor auf menschliches Verhalten und somit auf die Geschäftsbeziehungen."[643] Manifestationen von Vertrauen demonstrieren die Bereitschaft, sich gegenüber einem Interaktionspartner verwundbar zu machen. Diesem wird im Falle von Vertrauen in einer konkreten Situation „das Können und das Wollen"[644] zugesprochen, die in ihn gesetzten positiven Erwartungen nicht zu enttäuschen. Aus diesem Grund wird Vertrauen vielfach eine positiv motivierende Funktion in Unternehmen zugesprochen.[645]

Es wurde in der vorliegenden Arbeit verdeutlicht, dass das Verhalten auf der Basis von Vertrauen die zwei Vertrauensdimensionen ‚reliance' und ‚disclosure' reflektiert.[646] Die Bereitschaft, sich auf eine Person zu verlassen, zeigt sich in praxi nicht nur im bewussten Verzicht auf Verhaltensbeobachtung, Steuerungs- und Sicherungsmaßnahmen, sondern auch in der Übertragung verantwortungsvoller Aufgaben und der Gewährung von Handlungsfreiräumen. Die Bereitschaft zur Offenheit, als zweite Vertrauensdimension, kann sich ebenso in einer ehrlichen Informationsweitergabe gegenüber Mitarbeitern, Kollegen und Geschäftspartnern niederschlagen wie in dem interessierten Zuhören und Nachfragen, d.h. dem Ernst nehmen und Verstehen wollen anderer Personen. Kommunikation in Form eines offenen Dialogs, in dem Fragen geklärt und gemeinsame Ziele vereinbart werden, reduziert die Ungewissheit in einer Vertrauenssituation und beugt Fehlwahrnehmungen und Fehlinterpretationen vor.[647] Dies verdeutlicht, dass das individuelle Kommunikations- und Kontrollverhalten sowohl Vertrauen initiieren, intensivieren als auch zerstören kann.

(2) Vertrauenswürdigkeit wiederholt unter Beweis stellen

Vertrauenswürdigkeit gilt als rationale Basis des Vertrauens. Die Kenntnis, anhand welcher Indikatoren Menschen die Vertrauenswürdigkeit anderer Personen einschätzen, eröffnet die Möglichkeit für potentielle Vertrauensnehmer, sich entsprechend zu verhalten. Einem Vertrauensgeber sollte daher bewusst sein, dass dieses Wissen zu manipulativen Zwecken eingesetzt werden kann. Die Wahrnehmung der Fähigkeit, des Wohlwollens und der Integrität muss nicht der

---

[643] Bleicher (1995), S. 396.

[644] Rosenstiel (2006), S. 116.

[645] Zur Bedeutung von Vertrauen als Motivator in Organisationen vgl. Bronner et al. (2004).

[646] Vgl. Gillespie (2003a) und (2003b).

[647] Vgl. Traut-Mattausch et al. (2005), S. 20 f.

tatsächlichen Vertrauenswürdigkeit einer Person entsprechen, die erst in wiederholter Interaktion unter Beweis gestellt wird.

In der praxisorientierten Literatur werden die Indikatoren der Vertrauenswürdigkeit zumeist in Form von ‚Checklisten zur Entwicklung von Vertrauen' dargestellt.[648] Bezüglich des Aspekts der Fähigkeit wird empfohlen, fachliche und kommunikative Kompetenz unter Berücksichtigung der Sach- und Beziehungsebene zu beweisen. Um Wohlwollen zu demonstrieren wird nahegelegt, andere zu informieren, Entscheidungskriterien verständlich zu machen, aufrichtig hinsichtlich potentieller Probleme zu sein, die Bedürfnisse des Gegenübers einfühlend zu verstehen und diesen in Schutz zu nehmen bzw. seinen Ruf zu verteidigen. Schließlich kann Integrität durch den Verzicht auf Manipulationsstrategien, faires Verhalten in Entscheidungssituationen, die Anerkennung von Leistung, verlässliches Handeln sowie die vertrauliche Handhabung von Informationen bewiesen werden.

Befunde dieser Arbeit weisen darauf hin, dass in Abhängigkeit von der Situation zwar unterschiedliche Faktoren der Vertrauenswürdigkeit Relevanz erhalten, letztlich aber das Gesamtbild aufgrund vergangener Erfahrungen bestimmt, ob einer Person in einer konkreten Situation vertraut wird oder nicht.

(3) Rahmenbedingungen der Interaktion aktiv gestalten
Im Gegensatz zu den personenspezifischen Determinanten von Vertrauen sind Rahmenbedingungen der Interaktion aktiv gestaltbar. Ein praktisches Erklärungsinteresse dieser Arbeit bestand darin zu ergründen, welche Merkmale einer Situation Vertrauen und schließlich auch das Verhalten eines Vertrauensgebers beeinflussen. Das Wissen um situationsbedingte Einflussfaktoren interpersonellen Vertrauens eröffnet die Möglichkeit, durch Veränderung situativer Bedingungen die Entstehung von Vertrauen zu erleichtern und damit vertrauensvolles Verhalten zwischen Organisationsmitgliedern zu fördern.

Von herausragender Bedeutung für die betriebswirtschaftliche Praxis sind die vorliegenden Untersuchungsergebnisse bezüglich der Bekanntheit eines Interaktionspartners. Sie wurde als ein Merkmal der Aufgabenumgebung beleuchtet, das maßgeblich die Ungewissheit einer Situation bestimmt. Informationen über den Interaktionspartner reduzieren diese Ungewissheit und wirken sich positiv auf das Vertrauen aus. Es konnte insbesondere gezeigt werden, dass nicht die Dauer und

---

[648] Vgl. zum Beispiel Traut-Mattausch et al. (2005), S. 20; Robbins (1999), S. 512.

Intensität der Beziehung zu einem Interaktionspartner ausschlaggebend für Vertrauen in diesen war, sondern die simple Tatsache, dass sich ein Entscheidungsträger in einer Situation befand, in der der potentielle Vertrauensnehmer bekannt oder unbekannt war.

Die Bekanntheit eines Interaktionspartners bedeutet nicht zwangsläufig Vertrauenswürdigkeit dieser Person. Mit zunehmender Kenntnis des Interaktionspartners kann sich ebenso herausstellen, dass dieser hinsichtlich bestimmter Aspekte in spezifischen Situationen vertrauensunwürdig ist. Allerdings reduziert auch dieses Wissen die Ungewissheit in einer Vertrauenssituation, da es Verhalten prognostizierbar macht. Diese Erkenntnis bietet zwei zentrale Ansatzpunkte auf organisatorischer Ebene, die Wahrscheinlichkeit für Vertrauen zu erhöhen und damit indirekt das Verhalten zu beeinflussen.

- **Anonymität zwischen Organisationsmitgliedern entgegenwirken**

Insbesondere Mitarbeiter international agierender Unternehmen mit weltweit verteilten Standorten sind mit dem Problem konfrontiert, Aufgaben arbeitsteilig mit Interaktionspartnern zu lösen, die keine gemeinsame Beziehungshistorie besitzen. Dies gilt etwa für Personen an organisationalen Schnittstellen, die verschiedene Teilbereiche eines Unternehmens koordinieren, und für Mitarbeiter in zeitlich begrenzten Projektgruppen.[649] Forciert wird die Anonymität der Zusammenarbeit in jüngerer Zeit vor allem durch die Tendenz von Unternehmen zur Effizienzsteigerung durch Outsourcing und Offshoring betrieblicher Funktionen und Teilbereiche.[650]

Eine Folge daraus ist die Notwendigkeit zu ad hoc kooperativem Zusammenarbeiten, obwohl der Interaktionspartner unbekannt ist. Um vertrauensvolles Handeln zu fördern, bietet es sich in solchen Situationen an, zu Beginn einer Kooperation oder bei wiederholter Zusammenarbeit einen direkten persönlichen Kontakt zu ermöglichen. Auch wenn der weitere Arbeitsprozess an geografisch unterschiedlichen Standorten vollzogen wird, so reduziert die Bekanntheit des Interaktionspartners die Ungewissheit mit der ein Mitarbeiter konfrontiert ist. Den durch größere Reisebudgets und Präsenz-Arbeitstreffen bedingten höheren Kosten steht hier ein drastisch verbesserter Informationsfluss gegenüber.

---

[649] Vgl. Mayerson et al. (1996), S. 166 ff.

[650] Vgl. Gross et al. (2006); Campenhausen (2005).

• **Akzentuierung beziehungsbildender (Arbeits-)Gespräche**

Um die Kommunikation innerhalb eines Unternehmens zu fördern, bietet es sich an, beziehungsbildende Gespräche zwischen Teileinheiten, die auf eine kooperative Zusammenarbeit angewiesen sind, aktiv zu unterstützen. Führungskräfte können dies gestalten, indem sie darauf achten, den Mitarbeitern hierfür genügend zeitliche Ressourcen zur Verfügung zu stellen.

Abhängig von der Interaktionsfrequenz und Intensität der Zusammenarbeit kann der Rahmen solcher Gespräche von jährlichen Treffen zwischen Mitarbeitern unterschiedlicher Teilbereiche bis hin zu monatlichen Versammlungen innerhalb großer Abteilungen reichen. Personen an Schnittstellenpositionen erhalten somit die Chance, ihre Ansprechpartner kennenzulernen und bestehende Kontakte zu intensivieren. Die Zielsetzung sollte jedoch nicht nur das gegenseitige bekannt machen beinhalten. Durch gegenseitiges Austauschen der kooperativen Arbeitsinhalte und -erfordernisse wird die Informationslage auf beiden Seiten verbessert und das Verständnis für das Handeln und Entscheiden des Interaktionspartners gefördert. Ferner besteht die Möglichkeit, diese Prozesse in stärkerer Form durch eine verbindliche Festlegung von beziehungsbildenden Arbeitsgesprächen als Aufgabe in jährlichen Zielvereinbarungen mit dem Mitarbeiter zu institutionalisieren.

Voraussetzung dafür, dass Unternehmen vertrauensvollen Beziehungen zwischen ihren Mitarbeitern und Geschäftspartnern einen Wert beimessen, ist schließlich ein grundlegendes Verständnis des Vertrauensphänomens, d.h. was Vertrauen bezeichnet, in welchen Situationen es Relevanz besitzt und in welchen Verhaltensweisen es sich zeigt. Mit dieser Arbeit wurde daher das Ziel verfolgt, einen interdisziplinären Vertrauensbegriff zu fördern, Zusammenhänge zwischen vertrauensnahen Konstrukten zu verdeutlichen und die Funktionsweise von Vertrauen als Mediator zu ergründen. Die Bedeutung von Vertrauen liegt jedoch in der Nichtvorhersagbarkeit menschlichen Verhaltens. Seine Vergabe basiert auf der individuellen Bereitschaft, durch einen Brückenschlag Ungewissheit und Verwundbarkeit zu überwinden.

ANHANG

Unterlagen zur Fallsimulation (Version ‚Manager A')

EINFÜHRUNGSTEXT ZUR FALLSIMULATION

Herzlich Willkommen!

Wir haben Sie gebeten, eine Person auszuwählen, um mit ihr gemeinsam eine betriebswirtschaftliche Entscheidungsaufgabe zu bearbeiten. Mit dieser Person haben Sie sich heute hier eingefunden. Die von Ihnen gewählte Person wird in der folgenden Fallsimulation Ihr Interaktionspartner sein. Vielen Dank für Ihre gemeinsame Teilnahme!

Überblick zum Ablauf dieser Veranstaltung:

1. Lesen Sie sorgfältig die Situationsbeschreibung und die Informationsbasis. Beachten Sie die Bearbeitungshinweise.

2. Vergewissern Sie sich, dass Sie **alle 3 Aufgaben auf dem gelben Aufgabenblatt** bearbeitet haben, bevor Sie die Umschläge bei der Aufsicht einreichen. Anschließend erhalten Sie einen letzten Fragebogen, den Sie bitte ebenfalls in diesem Raum ausfüllen und abgeben.

3. Sobald Sie damit fertig sind, begeben Sie sich bitte zum Raum 257 des Lehrstuhls für Organisation im ersten Stock, Haus Recht und Wirtschaft II.

Dort werden Sie Ihren Interaktionspartner treffen, um gemeinsam an der Aufgabenstellung weiterzuarbeiten.

SITUATIONSBESCHREIBUNG

Sie sind Manager des **Hotels A** in Mainz, welches zu einer großen Hotelkette gehört. Sie haben bei der Konzernleitung Gelder für eine dringend erforderliche Renovierung Ihres Hotels beantragt. Eine Erneuerung von Teilbereichen (z.b. Gästezimmer, Lobby/Rezeption, Restaurant) ist im Durchschnitt alle 4 Jahre erforderlich und erhöht nicht nur die Reputation Ihres Hotels, sondern wirkt sich insbesondere positiv auf die Belegung, den Umsatz, den Gewinn und Ihre persönliche Leistungsprämie aus.

Die **Konzernleitung** stellt insgesamt ein Budget von 1.000.000,- Euro für Renovierungsarbeiten im Jahr 2005 in Aussicht. Allerdings soll der Betrag zwischen den beiden konzerneigenen Hotels A und B in Mainz aufgeteilt werden. Angesichts der schwachen letzten Jahresabschlüsse beider Hotels vertritt die Konzernleitung die Ansicht, dass im Grunde beide Hotels gleich dringend das Geld benötigen und daher das Renovierungsbudget zur Hälfte geteilt werden könnte **(50:50-Lösung)**. Andererseits wäre es auch sinnvoll, nur das Hotel mit dem größeren Potenzial zu fördern und mittelfristig das andere Hotel zu schließen **(100:0-Lösung)**.

Allerdings möchte die Konzernleitung gemeinsam mit beiden Hotelmanagern A und B den Bedarf an Renovierungsarbeiten in einer **Budgetverhandlungsrunde** im Detail prüfen. Die folgenden Personen werden an der anschließenden Verhandlung teilnehmen:

a) **Manager des Hotels A** in Mainz (Sie),

b) **Manager des Hotels B** in Mainz (Ihr Interaktionspartner),

c) **Vertreter der Konzernleitung** (eine Ihnen noch unbekannte Person).

Die Konzernleitung behält sich vor, die in Aussicht gestellten Gelder zurückzunehmen, wenn sich in der Budgetverhandlung herausstellt, dass beide Hotels in einem derart schlechten Zustand sind, dass sich eine Renovierung nicht mehr lohnt **(0:0-Lösung)**.

SITUATIONSBESCHREIBUNG (FORTSETZUNG)

Bearbeitungshinweis:

Ihren Anteil an der Gesamtsumme müssen Sie später in der Budgetverhandlung gemeinsam mit Ihrem Interaktionspartner (Manager des Hotels B) und der Konzernleitung aushandeln. Hier erfolgt dann die genaue Zuordnung des Budgets.

Nun sollen Sie sich zunächst durch Bearbeitung der Teile A bis C einen Überblick über den Zustand Ihres Hotels verschaffen (Teil A: Wahl Ihrer Strategie, Teil B: Kontaktaufnahme mit dem Interaktionspartner und Teil C: Anforderung von Berichten zum Anteil falscher Informationen). **Je besser Sie über die Stärken und Schwächen Ihres Hotels im Vergleich zu Hotel B Bescheid wissen, desto eher können Sie in der Verhandlung die Vertretung der Konzernleitung von Ihrem Zuteilungsvorschlag überzeugen.** Es besteht in der Verhandlung keine Möglichkeit, mit dem Interaktionspartner Informationen auszutauschen, ohne dass die Vertretung der Konzernleitung dies bemerkt.

Informationsgrundlage:

Jedem vom Ihnen liegen zentrale Informationen über das eigene Hotel und allgemeine Informationen über das Hotel des Interaktionspartners vor. Für die spätere Budgetverhandlung ist es wichtig zu wissen, wo die Stärken und Schwächen des eigenen Hotels liegen. Diese erkennen Sie jedoch nur im Vergleich mit den Zahlen des Hotels Ihres Interaktionspartners.

INFORMATIONSBASIS

	Ihr Hotel A	Hotel B
Allgemeine Informationen zum Hotel:		
Anzahl der Gästezimmer	230 Zimmer	190 Zimmer
Zimmerpreise (Einzel/Doppel)	EZ: 60 Euro DZ: 120 Euro	EZ: 70 Euro DZ: 130 Euro
Kulinarisches Angebot	1 Bistro, 1 Bar, 1 Restaurant	1 Restaurant, 2 Bars
Freizeit und Sportangebote	Schwimmbad, Sauna	Fitness-Center Whirlpool

Gewinn- und Verlustrechnung 2004 (Auszüge):		
Belegung der Zimmer	55%	?
Gewinn des Restaurants	-180.000	?
Mietkosten für Gebäude	2.200.000	?
Personalkosten	2.700.000	?

Jahr der letzten Renovierung:			**In Aussicht gestelltes Budget zur Renovierung**
Gästezimmer	**1998**	?	...der Gästezimmer: **400.000 Euro**
Lobby/ Rezeption	**2000**	?	...der Lobby: **100.000 Euro**
Restaurant	**1998**	?	...des Restaurants: **300.000 Euro**
Freizeit- und Sportbereich	**2000**	?	...des Freizeit- und Sportbereichs: **200.000 Euro**

Ergebnisse der Gästebefragung 2004 zur Zufriedenheit

	mit Ausstattung/Ambiente		**mit Service des Personals**	
	Ihr Hotel A	**Hotel B**	**Ihr Hotel A**	**Hotel B**
Gästezimmer	zufrieden	?	ausreichend	?
Lobby/ Rezeption	unzufrieden	?	ausreichend	?
Restaurant	zufrieden	?	zufrieden	?
Freizeit- und Sportbereich	unzufrieden	?	zufrieden	?

AUFGABENSTELLUNG

Teil A: Wahl Ihrer Strategie

Sowohl Sie als auch Ihr Interaktionspartner müssen sich nun vorab für eine Strategie entscheiden, die Sie in der anschließenden Budgetverhandlung verfolgen.

Strategie 1: Kooperation. Sie versuchen, die Konzernleitung zu überzeugen, dass das Renovierungsbudget gleichmäßig (50:50-Lösung) unter Ihnen beiden verteilt wird. Sie können dann nur einen Teil Ihres geplanten Renovierungsvorhabens im Wert von 500.000 Euro durchführen.

Strategie 2: Wettbewerb. Sie versuchen, den maximalen Anteil des Renovierungsbudgets zu erhalten (100:0-Lösung) und stellen in den Verhandlungen im Detail den besonders dringenden Renovierungs-Bedarf Ihres Hotels heraus.

Die **Konsequenzen Ihrer Strategiewahl** hängen von der Strategiewahl Ihres Interaktionspartners ab. Dies soll an einem Beispiel verdeutlicht werden: Wenn Sie sich für Strategie 2 entscheiden, werden Sie 100% des Renovierungsbudgets erhalten, falls Ihr Interaktionspartner in der Budgetverhandlung die Strategie 1 verfolgt. Die folgende Grafik veranschaulicht die Konsequenzen Ihrer Entscheidung unter Berücksichtigung der Entscheidung Ihres Partners. Folgende Situationen können sich ergeben:

		Ihr Interaktionspartner wählt	
		Strategie 1	Strategie 2
Sie wählen	Strategie 1	Budgetaufteilung je 50% für beide	0% für Ihr Hotel A 100% für Hotel B
	Strategie 2	100% für Ihr Hotel A 0% für Hotel B	Die Konzernleitung zieht die Gelder zurück. 0% für beide

AUFGABENSTELLUNG (FORTSETZUNG)

Sie wissen, dass wir unter den Bearbeitern dieser Fallsimulation Geldpreise im Wert von insgesamt 600 Euro verlosen (1x150 Euro, 2x100 Euro, 3x50 Euro, 4x25 Euro). Je nachdem, für welche der beiden Strategien Sie und Ihr Interaktionspartner sich entscheiden, haben Sie entsprechend auch unterschiedliche Chancen, an der Verlosung teilzunehmen.

		Ihr Interaktionspartner wählt	
		Strategie 1	Strategie 2
Sie wählen	Strategie 1	Sie nehmen beide mit einfacher Chance an der Verlosung teil.	Sie nehmen nicht an der Verlosung teil. Ihr Partner nimmt mit doppelter Chance an der Verlosung teil.
	Strategie 2	Sie nehmen mit doppelter Chance an der Verlosung teil. Ihr Partner nimmt nicht an der Verlosung teil.	Keiner von Ihnen nimmt an der Verlosung teil.

Bearbeitungshinweis:

- Bedenken Sie, wie sich Ihr Interaktionspartner verhalten könnte.
- Kreuzen Sie auf dem gelben Aufgabenblatt die Wahl Ihrer Strategie an (Aufgabe 1). Ihrem Interaktionspartner wird Ihre Strategiewahl nicht mitgeteilt.

Teil B: Kontaktaufnahme mit dem Interaktionspartner

Sowohl Sie als auch Ihr Interaktionspartner haben die Möglichkeit, sich gegenseitig Informationen zukommen zu lassen, die Sie in der Budgetverhandlung sinnvoll nutzen können, z.B. um Ihre Budgetaufteilung vor der Konzernleitung zu rechtfertigen. Hierzu liegen Ihren Unterlagen ein leeres **blaues Informationsformular** und ein **Umschlag** bei, der an den Manager des Hotels B adressiert ist. Der Umschlag wird Ihrem Interaktionspartner vor der anschließenden Verhandlung übergeben. Zur gleichen Zeit werden auch Sie einen Umschlag mit den vom Manager des Hotels B ausgewählten Informationen erhalten.

Bearbeitungshinweis:

- Überlegen Sie, wie viel Wissen Sie Ihrem Interaktionspartner preisgeben möchten. Sie können richtige und/oder falsche Informationen zu Ihrem Hotel an den Interaktionspartner übermitteln.
- Folgen Sie dazu den Anweisungen der Aufgabe 2 auf dem beiliegenden **gelben Aufgabenblatt.**

AUFGABENSTELLUNG (FORTSETZUNG)

Teil C: Berichte zum Anteil falscher Informationen

Es ist unsicher, wie viele und welche Informationen Ihr Interaktionspartner an Sie weiterleitet. Insbesondere wissen Sie nicht, ob diese Person Ihnen richtige oder falsche Informationen zum Hotel B übermittelt. Sie haben daher die Möglichkeit, um eine Überprüfung bestimmter Informationen zu bitten, die Ihr Interaktionspartner an Sie weiterleitet. Sie können maximal 4 Berichte zum Anteil falscher Informationen für die folgenden Bereiche anfordern:

- Gewinn- und Verlustrechnung,
- Jahr der letzten Renovierung,
- Zufriedenheit der Gäste mit Ausstattung und Ambiente,
- Zufriedenheit der Gäste mit dem Service des Personals.

Die Berichte werden Ihnen vor der Budgetverhandlung übergeben. Die Berichte zeigen Ihnen, wie viel Prozent der Informationen, die Ihr Interaktionspartner an Sie adressiert hat, im jeweiligen Bereich falsch sind. Diese Berichte geben Ihnen jedoch keinen Aufschluss über den Inhalt oder die Ausprägung der jeweiligen Informationen.

Konsequenzen der Berichtanforderung: Da die Prüfung der Informationen und Anfertigung der Berichte zeitaufwendig ist, wird sich der Beginn Ihrer anschließenden Budgetverhandlung pro Bericht, den Sie anfordern, um ungefähr 5 Minuten verzögern. Ihr Interaktionspartner wird darüber in Kenntnis gesetzt, welche Bereiche Sie überprüfen lassen.

Bearbeitungshinweis:

- Ebenso wie Sie hat auch Ihr Interaktionspartner die Möglichkeit, Berichte über den prozentualen Anteil falscher Informationen anzufordern, die Sie ihm auf dem beiliegenden blauen Informationsformular übermitteln.
- Bitte kreuzen Sie auf dem **gelben Aufgabenblatt** an, welche Berichte Sie anfordern (Aufgabe 3).

AUFGABENBLATT (GELB)

Laufende Nummer: ☐ ☐ ☐

Aufgabe1: Für welche **Strategie** entscheiden Sie sich (bitte ankreuzen)?

O Strategie 1 ‚Kooperation'   O Strategie 2 ‚Wettbewerb'

Bedenken Sie, wie sich Ihr Interaktionspartner verhalten wird. Ihrem Interaktionspartner wird Ihre Strategiewahl **nicht** mitgeteilt.

Aufgabe 2: Welche **Informationen** über Ihr Hotel übermitteln Sie an Ihren Interaktionspartner? Sie haben die Möglichkeit, so viele richtige oder falsche Informationen auf dem blauen Informationsformular einzutragen, wie Sie es für notwendig erachten. Bitte legen Sie das Blatt in den beiliegenden Umschlag, der an den Manager des Hotels B adressiert ist.

Aufgabe 3: Welche **Berichte** wünschen Sie, die zeigen, wie viel Prozent der Informationen, die Ihr Interaktionspartner (Manager B) an Sie übermittelt hat, falsch sind (bitte ankreuzen)? Beachten Sie, dass sich der Beginn der anschließenden Budgetverhandlung pro Bericht um ca. 5 Minuten verschiebt!

Anteil falscher Informationen	Ich möchte hierzu einen Bericht	Ich verzichte auf einen Bericht
• in der Gewinn- und Verlustrechnung		
• zum Jahr der letzten Renovierung		
• hinsichtlich der Zufriedenheit der Gäste mit der Ausstattung		
• hinsichtlich der Zufriedenheit der Gäste mit dem Personal		

Bearbeitungshinweis:

Alle Unterlagen sowie das vorliegende Aufgabenblatt legen Sie bitte zurück in den DIN A4-Umschlag und geben diesen bei der Aufsichtsperson im Raum ab. Die Informationen, die Sie für die Budgetverhandlung benötigen, erhalten Sie rechtzeitig von uns zurück.

INFORMATIONSFORMULAR (BLAU)

Laufende Nummer: ☐ ☐ ☐

Sehr geehrter Manager des Hotels B, anbei Daten meines Hotels!

Auszüge aus der Gewinn- und Verlustrechnung 2004:	
Belegung der Zimmer	
Gewinn des Restaurants	
Mietkosten für Gebäude	
Personalkosten	

Jahr der letzten Renovierung:	
Gästezimmer	
Lobby/Rezeption	
Restaurant	
Freizeit- und Sportbereich	

Ergebnisse der Gästebefragung 2004 zur Zufriedenheit mit...		
	Ausstattung/Ambiente	**Service des Personals**
Gästezimmer		
Lobby/Rezeption		
Restaurant		
Freizeit- und Sportbereich		

Mit besten Grüßen

Dieses Formular bitte in den Umschlag, adressiert an Manager B, legen.
Der Umschlag wird ihm/ihr vor der Budgetverhandlung übergeben

ABSCHLIEßENDE INFORMATIONEN FÜR ALLE TEILNEHMER

• **Nicht alle der heute anwesenden Personen werden an den anschließenden Budgetverhandlungen teilnehmen, da nur begrenzt Räume für die Partnerarbeit zur Verfügung stehen.**

• Auch wenn Sie für die folgende Verhandlungsaufgabe nicht ausgewählt werden, nehmen Sie selbstverständlich an der Verlosung entsprechend Ihrer Strategiewahl unter Berücksichtigung der Strategiewahl Ihres Interaktionspartners teil.

• **Nach Abgabe des Fragebogens bei der Aufsicht im Raum begeben Sie sich bitte zum Raum 257 des Lehrstuhls für Organisation** im ersten Stock des Haus Recht und Wirtschaft II. Dort werden Sie Ihren Interaktionspartner treffen und erhalten die Information, ob Sie zu der Teilnehmergruppe gehören, die gemeinsam mit einem Vertreter der Konzernleitung die Budgetaufteilung erarbeiten werden.

• Für den Fall, dass Sie nicht am weiteren Verlauf der Veranstaltung teilhaben, bedanken wir uns für Ihre Zeit und Aufmerksamkeit. Die Ergebnisse der Evaluation werden wir im Rahmen der öffentlichen Verlosung bekannt geben, die voraussichtlich Mitte des Sommersemesters 2005 stattfinden wird. Sie werden über den genauen Termin via Email informiert.

Vielen Dank für Ihre Unterstützung!

LITERATURVERZEICHNIS

Ahlert, D./Kenning, P. (2006): Neuroökonomik, in: Zeitschrift für Management, Jg. 1, H. 1, S. 24-47.

Albrecht, S./Travaglione, A. (2003): Trust in Public-sector Senior Management, in: International Journal of Human Resource Management, Jg. 14, H. 1, S. 76-92.

Alge, B./Wiethoff, C./Klein, H.J. (2003): When does the Medium Matter? Knowledge-building Experiences and Opportunities in Decision-making Teams, in: Organizational Behavior and Human Decision Processes, Jg. 91, H. 1, S. 26-37.

Andaleeb, S.S. (1996): An Experimental Investigation of Satisfaction and Commitment in Marketing Channels: The Role of Trust and Dependence, in: Journal of Retailing, Jg. 72, H. 1, S. 77-93.

Appel, W. (2000): Effektivität PC-gestützter Kommunikationssysteme. Empirische Ergebnisse zur Nutzung von E-Mail und Videoconferencing, Frankfurt am Main et al.

Arrow, K. (1974): The Limits of Organization, New York.

Aryee, S./Budhwar, P.S./Chen, Z.X. (2002): Trust as a Mediator of the Relationship between Organizational Justice and Work Outcomes: Test of a Social Exchange Model, in: Journal of Organizational Behavior, Jg. 23, H. 3, S. 267-285.

Auer-Rizzi, W. (1998): Entscheidungsprozesse in Gruppen. Kognitive und soziale Verzerrungstendenzen, Wiesbaden.

Atteslander, P. (2006): Methoden der empirischen Sozialforschung, 11. Aufl., Berlin.

Axelrod, R. (1981): The Evolution of Cooperation among Egoists, American Political Science Review, Jg. 75, H. 2, S. 306-318.

Axelrod, R. (1984): The Evolution of Cooperation, New York.

Axelrod, R. (2000): Die Evolution der Kooperation, 5. Aufl., München/Wien.

Backhaus, K./Erichson, B./Plinke, W./Weiber, R. (2006): Multivariate Analysemethoden. Eine anwendungsorientierte Einführung, 11. Aufl., Berlin et al.

Barber, B. (1983): The Logic and Limits of Trust, New Brunswick.

Barney, J.B./Hansen, M.H. (1994): Trustworthiness as a Source of Competitive Advantage, in: Strategic Management Journal, Jg. 15, H. 8, S. 175-190.

Baron, R.M./Kenny, D.A. (1986): The Moderator-Mediator Variable Distinction in Social Psychological Research: Conceptual, Strategic, and Statistical Considerations, in: Journal of Personality and Social Psychology, Jg. 51, H. 6, S. 1173-1182.

Beach, L.R./Mitchell, T.R. (1978): A Contingency Model for the Selection of Decision Strategies, in: Academy of Management Review, Jg. 3, H. 3, S. 439-449.

Becerra, M./Gupta, A.K. (2003): Perceived Trustworthiness Within the Organization: The Moderating Impact of Communication Frequency on Trustor and Trustee Effects, in: Organization Science, Jg. 14, H. 1, S. 32-44.

Bergel, S. (2006): Evolution statt Revolution. Neue Unternehmenskultur bei der Lufthansa Technik, in: managerSeminare, H. 102, S: 72-78.

Berninghaus, S.K./Ehrhart, K.-M./Güth, W. (2002): Strategische Spiele. Eine Einführung in die Spieltheorie, Berlin et al.

Bierhoff, H.W. (1992). Trust and Trustworthiness, in: Montada, L./Filipp, S.H./Lerner, M. (Hrsg.): Life Crises and Loss Experiences in the Adult Years, Hillsdale/New York, S. 411-433.

Bies, R.J./Tripp, T.M. (1996): Beyond Distrust: „Getting Even" and the Need for Revenge, in: Kramer, R.M./ Tyler, T.R. (Hrsg.): Trust in Organizations, Frontiers of Theory and Research, Thousand Oaks et al., S. 246-260.

Bigley, G.A./Pearce, J.L. (1998): Straining for Shared Meaning in Organization Science: Problems of Trust and Distrust, in: Academy of Management Review, Jg. 23, H. 3, S. 405-421.

Bijlsma-Frankema, K.M./Costa, A.C. (2005): Understanding the Trust-Control Nexus, in: International Sociology, Jg. 20, H. 3, S. 259-282.

Bijlsma-Frankema, K.M./De Jong, B./Costa, A.C. (2005): Paths to Performance: Trust, Monitoring and Performance in Temporary Research Teams, Arbeitspapier präsentiert auf dem 3rd Workshop on Trust Within and Between Organizations (FINT Conference), Amsterdam, 27.-28. Oktober 2005.

Bijlsma-Frankema, K.M./Klein Woolthuis, R. (2005): Trust under Pressure. Empirical Investigations of Trust and Trust Building in Uncertain Circumstances, Cheltenham.

Bijlsma-Frankema, K.M./Koopman, P. (2004): The Oxymoron of Control in an Era of Globalisation: Vulnerabilities of a Mega-myth, in: Journal of Managerial Psychology, Jg. 19, H. 3, S. 204-217.

Bijlsma-Frankema, K.M./Van de Bunt, G.G. (2003): Antecedents of Trust in Managers: a "Bottom Up" Approach, in: Personnel Review, Jg. 32, H. 5, S. 638-664.

Bissels, T. (2004):Vertrauen zum Vorgesetzten. Konstruktvalidierung und Wirkung auf das Leistungsverhalten der Mitarbeiter, Berlin.

Bleicher, K. (1995): Vertrauen als kritischer Faktor einer Bewältigung des Wandels, in: Zeitschrift Führung + Organisation (zfo), Jg. 64, H. 6, S. 390-395.

Boon, S.D./Holmes, J.G. (1991): The Dynamics of Interpersonal Trust: Resolving Uncertainty in the Face of Risk, in: Hinde R. A./Groebel, J. (Hrsg.): Cooperation and Prosocial Behaviour, Cambridge et al., S. 190-211.

Boss, R.W. (1978): Trust and Managerial Problem Solving Revisited, in: Group & Organization Studies, Jg. 3, H. 3, S. 331-342.

Bortz, J. (2005): Statistik für Human- und Sozialwissenschaftler, 6. Aufl., Heidelberg.

Bortz, J./Döring, N. (2002): Forschungsmethoden und Evaluation für Human- und Sozialwissenschaftler, 3. Aufl., Berlin et al.

Boyle, R./Bonacich, P. (1970): The Development of Trust and Mistrust in Mixedmotive Games, in: Sociometry, Jg. 33, H. 2, S. 123-139.

Bradach, J.L./Eccles, R.G. (1989): Price, Authority, and Trust: from Ideal Types to Plural Forms, in: Annual Review of Sociology, Jg. 15, S. 96-118.

Brislin, R.W. (1980): Translation and Content Analysis of Oral and Written Material, in: Triandis, H.C./Berry, J.W. (Hrsg.): Handbook of Cross-cultural Psychology, S. 389-444.

Brockner, J./Siegel, P.A./Daly, J.P./Tyler, T./Marin, C. (1997): When Trust Matters: The Moderating Effect of Outcome Favorability, in: Administrative Science Quarterly, Jg. 42, H. 3, S. 558-583.

Bronner, R. (1974): Entscheidung unter Zeitdruck. Eine Experimentaluntersuchung zur empirischen Theorie der Unternehmung, Tübingen.

Bronner, R. (1992): Komplexität, in: Frese, E. (Hrsg.), Handwörterbuch der Organisation, 3. Aufl., Stuttgart, Sp. 1121-1130.

Bronner, R. (1993): Entscheidungsverhalten, in: Hauschildt, J./Grün, O. (Hrsg.): Ergebnisse empirischer betriebswirtschaftlicher Forschung: Zu einer Realtheorie der Unternehmung, Stuttgart, S. 713-745.

Bronner, R. (1996): Entscheidungs-Prozesse in Video-Konferenzen. Eine empirische Untersuchung der Leistungsfähigkeit moderner Kommunikationstechnik zur Bewältigung komplexer Management-Aufgaben, Frankfurt am Main et al.

Bronner, R (1999): Planung und Entscheidung: Grundlagen – Methoden – Fallstudien, 3. Aufl., München/Wien.

Bronner, R. (2005): Grundlagen der Unternehmensführung, 3. Aufl., Edingen.

Bronner, R./Appel, W./Wiemann, V. (1999): Empirische Personal- und Organisationsforschung: Grundlagen – Methoden – Übungen, München/Wien.

Bronner, R./Röder, R. (2002): Entwicklung eines Test-Instrumentariums zur Messung der Kooperations- und Wettbewerbsfähigkeit bei Studenten – Fragebogen Interaktionstendenz (FIZ) –, Arbeitspapier zur empirischen Organisationsforschung Nr. 20, Mainz.

Bronner, R./Späth, J.F./Kilian, A. (2003): Antecedents and Consequences of Trust Within Organisations: A Top Journal Analysis, Arbeitspapier zur empirischen Organisationsforschung Nr. 26, Mainz.

Bronner, R./Späth, J.F./Solf, K. (2004): Der Zusammenhang von Motivation und Vertrauen in Unternehmen. Ein Erklärungsbeitrag, Arbeitspapier zur empirischen Organisationsforschung Nr. 27, Mainz.

Buskens V./Weesi, J. (2000): An Experiment on the Effects of Embeddedness in Trust Situations. Buying a Used Car, in: Rationality and Society, Jg. 12, H. 2, S. 227-253.

Butler, J.K. Jr.(1991): Toward Understanding and Measuring Conditions of Trust: Evolution of a Conditions of Trust Inventory, in: Journal of Management, Jg. 17, H. 3, S. 643-663.

Butler, J.K. Jr.(1999): Trust Expectations, Information Sharing, Climate of Trust, and Negotiation Effectiveness and Efficiency, in: Group & Organization Management, Jg. 24, H. 2, S. 217-238.

Butler, J.K. Jr./Cantrell, R.S. (1984): A Behavioral Decision Theory Approach to Modeling Dyadic Trust in Superiors and Subordinates, in: Psychological Reports, Jg. 55, S. 19-28.

Butler, J.K. Jr./Cantrell, R.S./Flick, R.J. (1999): Transformational Leadership Behaviors, Upward Trust, and Satisfaction in Self-managed Work Teams, in: Organization Development Journal, Jg. 17, H. 1, S. 13-28.

Campenhausen, C.v. (2005): Offshoring Rules – Auslagern von unterstützenden Funktionen, in: Zeitschrift für Betriebswirtschaft, Jg. 75, H. 1, S. 5-13.

Castaldo, S. (2002): Meanings of Trust: A Meta-analysis of Trust Definitions, Arbeitspapier präsentiert auf der 2nd Conference of the European Academy of Management (EURAM), Stockholm, Schweden, 9.-11. Mai 2002.

Child, J./Faulkner, D. (1998): Strategies of Cooperation – Managing Alliances, Networks, and Joint Ventures, Oxford.

Chiles, T.H./McMackin, J.F. (1996): Integrating Variable Risk Preferences, Trust, and Transaction Cost Economics, in: Academy of Management Review, Jg. 21, H. 1, S. 73-99.

Clark, M.C./Payne, R.L. (1997): The Nature and Structure of Workers' Trust in Management, in: Journal of Organisational Behaviour, Jg. 18, S. 205-224.

Coleman, J.S. (1982): Systems of Trust: A Rough Theoretical Framework, in: Angewandte Sozialforschung, Jg. 10, H. 3, S. 277-299.

Coleman, J.S. (1990): Foundations of Social Theory, Cambridge.

Costa, A.C. (2000): A Matter of Trust: Effects on the Performance and Effectiveness of Teams in Organizations, Tilburg.

Costa, A.C. (2004): Trust, in: Spielberger, C. (Hrsg.): Encyclopedia of Applied Psychology, Band 3, Amsterdam, S. 611-620.

Cook, T.D./Campbell, D.T. (1979): Quasi-experimentation: Design and Analysis Issues for Field Settings, Chicago.

Coyle-Shapiro, J.A.-M./Morrow, P.C./Richardson, R./Dunn, S.R. (2002): Using Profit Sharing to Enhance Employee Attitudes: A Longitudinal Examination of the Effects on Trust and Commitment, in: Human Resource Management, Jg. 41, H. 4, S. 423-439.

Cummings, L.L./Bromiley, P. (1996): The Organizational Trust Inventory (OTI) – Development and Validation, in: Kramer, R.M./Tyler, T.R. (Hrsg.): Trust in Organizations, Frontiers of Theory and Research, Thousand Oaks, S. 302-330.

Currall, S.C./Judge, T.A. (1995): Measuring Trust between Organizational Boundary Role Persons, in: Organizational Behavior and Human Decision Processes, Jg. 64, H. 2, S. 151-170.

Daft, R.L./Lengel, R.H/Trevino, L.K. (1987): Message Equivocality, Media Selection, and Manager Performance: Implications for Information Systems, in: Management Information Systems Quarterly, Jg. 11, H. 3, S. 355-366.

Das, T.K./Teng, B.-S. (1998): Between Trust and Control: Developing Confidence in Partner Cooperation in Alliances, in: Academy of Management Review, Jg. 23, H. 3, S. 491-512.

Das, T.K./Teng, B.-S. (2001): Trust, Control, and Risk in Strategic Alliances: An Integrated Framework, in: Organization Studies, Jg. 22, H. 2, S. 251-283.

Dasgupta, P. (1988): Trust as a Commodity, in: Gambetta, D. (Hrsg.): Trust: Making and Breaking Co-operative Relationships, New York/Oxford, S. 49-72.

Davis, J.H./Schoorman, F.D./Mayer, R.C./Tan, H.H. (2000): The Trusted General Manager and Business Unit Performance: Empirical Evidence of a Competitive Advantage, in: Strategic Management Journal, Jg. 21, H. 5, S. 563-576.

De Cremer, D./Dijke, M. van/Bos, A.E.R. (2006): Leader's Procedural Justice affecting Identification and Trust, in: Leadership and Organization Development Journal, Jg. 27, H. 7, S. 554-565.

De Dreu, C./Giebels, E./Van De Vliert, E. (1998): Social Motives and Trust in Integrative Negotiation: The Disruptive Effects of Punitive Capability, in: Journal of Applied Psychology, Jg. 83, H. 3, S. 408-423.

Deutsch, M. (1957): Conditions Affecting Cooperation. Final Technical Report for the Office of Naval Research, Contract NONR-285 (10).

Deutsch, M. (1958): Trust and Suspicion, in: The Journal of Conflict Resolution, Jg. 2, H. 1, S. 265-279.

Deutsch, M. (1960): The Effect of Motivational Orientation upon Trust and Suspicion, in: Human Relations, Jg. 13, H. 1, S. 123-139.

Deutsch, M. (1962): Cooperation and Trust: Some Theoretical Notes, in: Jones, M.R. (Hrsg.): Nebraska Symposium on Motivation, Jg. 10, S. 275-319.

Deutsch, M. (1973): The Resolution of Conflict: Constructive and Destructive Processes, New Haven.

Deutsch, M. (1976): Konfliktregelung. Konstruktive und Destruktive Prozesse, München et al.

Deutsch, M. (1990): Sixty Years of Conflict, in: The International Journal of Conflict Management, Jg. 1, H. 3, S. 237-263.

Dirks, K.T. (1999): The Effects of Interpersonal Trust on Work Group Performance, in: Journal of Applied Psychology, Jg. 84, H. 3, S. 445-455.

Dirks, K.T. (2000): Trust in Leadership and Team Performance: Evidence from NCAA Basketball, in: Journal of Applied Psychology, Jg. 84, H. 6, S. 1004-1012.

Dirks, K.T./Ferrin, D.L (2001): The Role of Trust in Organizational Settings, in: Organization Science, Jg. 12, H. 4, S. 450-467.

Driscoll, J.W. (1978): Trust and Participation in Organizational Decision Making as Predictors of Satisfaction, in: Academy of Management Journal, Jg. 21, H. 1, S. 44-56.

Dunn, J. (1988): Trust and Political Agency, in: Gambetta, D. (Hrsg.): Trust: Making and Breaking Cooperative Relationships, New York/Oxford, S. 73-93.

Dyer, J.H. (2000): Examining Interfirm Trust and Relationships in a Cross National Setting, in: Earley, P.C./Singh, H.: Innovations in International and Cross-cultural Management, Thousand Oaks, S. 215-243.

Earley, P.C. (1986): Trust, Perceived Importance of Praise and Criticism, and Work Performance: An Examination of Feedback in the United States and England, in: Journal of Management, Jg. 12, H. 4, S. 457-473.

Eberl, P. (2004a): Vertrauen, in: Schreyögg, G./Werder, A.v. (Hrsg.): Handwörterbuch Unternehmensführung und Organisation (HWO), 4. Aufl., Stuttgart, Sp. 1596-1604.

Eberl, P. (2004b): The Development of Trust and Implications for Organizational Design: A Game- and Attribution-Theoretical Framework, in: Schmalenbach Business Review, Jg. 56, H. 3, S. 258-273.

Edwards, W. (1954): The Theory of Decision Making, in: Psychological Bulletin, Jg. 51, H. 4, S. 380-417.

Erikson, E. (1950): Childhood and Society, New York.

Erikson, E. (1999): Kindheit und Gesellschaft, 13. Aufl., Stuttgart.

Ferrin, D.L./Dirks, K.T. (2003): The Use of Rewards to Increase and Decrease Trust: Mediating Processes and Differential Effects, in: Organization Science, Jg. 14, H. 1, S. 18-31.

Folger, R./Konovsky, M.A. (1989): Effects of Procedural and Distributive Justice on Reactions to Pay Raise Decisions, in: Academy of Management Journal, Jg. 32, H. 1, S. 115-130.

Friedrich, C. (2004): Determinanten der Einschätzung vertrauenswürdigen Verhaltens von Transaktionspartnern. Ein anwendungsorientierter Erklärungsbeitrag zur Bildung subjektiver Wahrscheinlichkeiten, Dissertation, Universität Jena. URL: http://deposit.d-nb.de/cgi-bin/dokserv?idn=972077553 (30.4.07).

Fromkin, H.L./Streufert, S. (1976): Laboratory Experimentation, in: Dunette, M.D. (Hrsg.): Handbook of Industrial and Organizational Psychology, Chicago, S. 415-416.

Fukuyama, F. (1995): Trust: The Social Virtues and the Creation of Prosperity, New York et al.

Gabarro, J.J. (1978): The Development of Trust, Influence, and Expectations, in: Athos, A.G./Gabarro, J.J. (Hrsg.): Interpersonal Behavior: Communication and Understanding in Relationships, Englewood Cliffs, S. 290-303.

Gaines, J.H. (1980): Upward Communication in Industry: An Experiment, in: Human Relations, Jg. 33, H. 12, S. 929-942.

Gambetta, D. (1988): Can we trust Trust?, in: Gambetta, D. (Hrsg.): Trust: Making and Breaking Cooperative Relationships, New York/Oxford, S. 213-237.

Gibb, J.R. (1964): Climate for Trust Formation, in: Bradford, L.P./Gibb, J.R./Benne, K.D. (Hrsg.): T-Group Theory and Laboratory Method, New York et al., S. 279-301.

Gibb, J.R. (1972): Das Vertrauensklima, in: Bradford, L.P./Gibb, J.R./Benne, K.D. (Hrsg.): Gruppen-Training, T-Gruppentheorie und Laboratoriumsmethode, Stuttgart, S. 301-336.

Giddens, A. (1984): The Constitution of Society, Cambridge.

Giddens, A. (1991): Modernity and Self-Identity, Cambridge.

Gillespie, N. (2003a): Development and Validation of the Behavioral Trust Inventory, Arbeitspapier präsentiert auf der 3rd Conference of the European Academy of Management (EURAM), Mailand, Italien, 3.-5. April 2003.

Gillespie, N. (2003b): Measuring Trust in Working Relationships: The Behavioral Trust Inventory, Arbeitspapier präsentiert auf dem Annual Meeting of the Academy of Management, Seattle, USA, 1.-6. August, Manuskript zur Veröffentlichung eingereicht in: Journal of Applied Psychology. URL: http://www.mbs.edu/index.cfm?objectid= 951E38F4-123F-A0D8-42A4CE244A85F4BE (1.7.07).

Golembiewski, R./McConkie, M. (1975): The Centrality of Interpersonal Trust in Group Processes, in: Cooper, C.L. (Hrsg.): Theories of Group Processes, London, S. 131-185.

Graeff, P. (1998): Vertrauen zum Vorgesetzten und zum Unternehmen: Modellentwicklung und empirische Überprüfung verschiedener Arten des Vertrauens, deren Determinanten und Wirkungen bei Beschäftigten in Wirtschaftsunternehmen, Berlin.

Granovetter, M.S. (1985): Economic Action and Social Structure: The Problem of Embeddedness, in: American Journal of Sociology, Jg. 91, H. 3, S. 481-510.

Grimes, K. (2003): To Trust is Human, in: New Scientist, Jg. 178, H. 2394, S. 32-37.

Gross, J./Bordt, J./Musmacher, M. (2006): Business Process Outsourcing. Grundlagen, Methoden, Erfahrungen, Wiesbaden.

Gulati, R. (1995): Does Familiarity Breed Trust? The Implications of Repeated Ties for Contractual Choice in Alliances, in: Academy of Management Journal, Jg. 38, H. 1, S. 85-112.

Gulati, R./Nohria, N./Zaheer, A. (2000): Strategic Networks, in: Strategic Management Journal, Jg. 21, H. 3, S. 203-215.

Hardin, R. (1993): The Street-Level Epistemology of Trust, in: Politics & Society, Jg. 21, H. 4, S. 505-529.

Hardin, R. (2002): Trust and Trustworthiness, New York.

Hauschildt, J. (1983): Entscheidungen der Geschäftsführung: Typologie, Informations-verhalten, Effizienz, Tübingen.

Hegel, G.W.F. (1973 [1807]): Phänomenologie des Geistes, Frankfurt.

Hoffmann, F. (1980): Führungsorganisation. Band I: Stand der Forschung und Konzeption, Tübingen.

Hosmer, L.T. (1995): Trust: The Connecting Link between Organizational Theory and Philosophical Ethics, in: Academy of Management Review, Jg. 20, H. 2, S. 379-403.

Hovland, C.I./Janis, I.L./Kelley, H.H. (1953): Communication and Persuasion, Psychological Studies of Opinion Change, New Haven.

Inglehart, R./Basanez, M./Diez-Medrano, J./Halman, L.C.J.M./Luijkx, R. (Hrsg.) (2004): Human Beliefs and Values. A Cross-cultural Sourcebook based on the 1999-2002 Value Surveys, Mexico City.

232

Inkpen, A.C./Curral, S.C. (1997): International Joint Venture Trust: An Empirical Examination, in: Beamish, P.W./Killing, J.P. (Hrsg.): Cooperative Strategies: Volume 1, North American Perspectives, San Francisco, S. 308-334.

James Jr., H.S. (2002): The Trust Paradox: A Survey of Economic Inquiries into the Nature of Trust and Trustworthiness, in: Journal of Economic Behavior & Organization, Jg. 47, H. 3, S. 291-307.

James W. (1948 [1896]): The Will to Believe, in: Essays in Pragmatism, New York.

James W. (1948 [1879]): The Sentiment of Rationality, in: Essays in Pragmatism, New York.

Jedrzejczyk, P. (Druck in Vorbereitung): Multikulturelle Teams in Organisationen: Eine experimentelle Untersuchung des Problemlöseverhaltens unter Wettbewerbsbedingungen, Frankfurt am Main et al.

Jennings E.E. (1971): Routes to the Executive Suite, New York.

Jung D.I./Avolio B.J. (2000): Opening the Black Box: an Experimental Investigation of the Mediating Effects of Trust and Value Congruence on Transformational and Transactional Leadership, in: Journal of Organizational Behavior, Jg. 21, H. 8, S. 949-964.

Jones, G.R./George, J.M. (1998): The Experience and Evolution of Trust: Implications for Cooperation and Teamwork, in: Academy of Management Review, Jg. 23, H. 3, S. 531-546.

Kabst, R. (2000): Steuerung und Kontrolle internationaler Joint Venture. Eine transaktionskostentheoretisch fundierte empirische Analyse, München et al.

Kemp, K.E./Smith, W.P. (1999): Information Exchange, Toughness, and Integrative Bargaining: The Roles of Explicit Cues and Perspective-taking, in: The International Journal of Conflict Management, Jg. 5, H. 1, S. 5-21.

Kenning, P. (2002): Customer Trust Management. Ein Beitrag zum Vertrauensmanagement im Lebensmitteleinzelhandel, Wiesbaden.

Kilduff, M. (2006): Editor's Comments: Prize-winning Articles for 2005 and the First Two Decades of *AMR*, in: Academy of Management Review, Jg. 31, H. 4, S. 792-793.

Kierkegaard, S. (1949): Furcht und Zittern, Krefeld.

Koller, M. (1988): Risk as a Determinant of Trust, in: Basic and Applied Social Psychology, Jg. 9, H. 4, S. 265-276.

Köszegi, S. (2001): Vertrauen in virtuellen Unternehmen, Wiesbaden.

Konovsky, M.A./Pugh, S.D. (1994): Citizenship Behavior and Social Exchange, in: Academy of Management Journal, Jg. 37, H. 3, S. 656-669.

Korsgaard, M.A./Schweiger, D./Sapienza, H.J. (1995): Building Commitment, Attachment, and Trust in Strategic Decision-making Teams: the Role of Procedural Justice, in: Academy of Management Journal, Jg. 38, H. 1, S. 60-84.

Kosfeld, M./Heinrichs, M./Zak, P.J./Fischbacher, U./Fehr, E. (2005): Oxytocin Increases Trust in Humans, in: nature, Jg. 435, H. 7042, S. 673-676.

Knight, F.H. (1971 [1921]): Risk, Uncertainty, and Profit, San Francisco.

Kramer, R.M. (1999): Trust and Distrust in Organizations: Emerging Perspectives, Enduring Questions. Annual Review of Psychology, Jg. 50, S. 569-598.

Kramer, R.M./Cook, K.S. (2004): Trust and Distrust in Organizations. Dilemmas and Approaches, New York.

Kramer R.M./Tyler T.R. (Hrsg.) (1996): Trust in Organizations. Frontiers of Theory and Research, Thousand Oaks et al.

Kretschmann, B. (2006): Organizational Citizenship Behavior. Eine kritische Bestandsaufnahme anhand eines Fallbeispiels zur Gruppenarbeit in der Automobilindustrie, Dissertation, Freie Universität Berlin. URL: http://www.diss.fu-berlin.de/2006/352/index.html (1.7.07).

Laatz, W. (1993): Empirische Methoden. Ein Lehrbuch für Sozialwissenschaftler, Frankfurt am Main.

Lane, C. (1998): Introduction: Theories and Issues in the Study of Trust, in: Lane, C./Bachmann, R. (Hrsg.): Trust Within and Between Organizations. Conceptual Issues and Empirical Applications, Oxford, S. 1-30.

Lane, C./Bachmann, R. (Hrsg.) (1998): Trust Within and Between Organizations. Conceptual Issues and Empirical Applications, Oxford.

Langfred, C.W. (2004): Too Much of a Good Thing? Negative Effects of High Trust and Individual Autonomy in Self-managing Teams, Academy of Management Journal, Jg. 47, H. 3, 385-399.

Lewicki, R.J./Bunker, B.B. (1995): Trust in Relationships. A Model of Development and Decline, in: Bunker, B.B./Rubin, J.Z. (Hrsg.): Conflict, Cooperation, and Justice, San Francisco, S. 133-173.

Lewicki, R.J./Bunker, B.B. (1996): Developing and Maintaining Trust in Work Relationships, in: Kramer, R.M./Tyler, T.R. (Hrsg.): Trust in Organizations, Frontiers of Theory and Research, Thousand Oaks, S. 114-139.

Lewicki, R.J./McAllister, D.J./Bies, R.J. (1998): Trust and Distrust: New Relationships and Realities, in: Academy of Management Review, Jg. 23, H. 3, S. 438-458.

Lewicki, R.J./Stevenson, M.A./Bunker, B.B. (1997): The Three Components of Interpersonal Trust: Instrument Development and Differences Across Relationships, Arbeitspapier präsentiert auf der International Association for Conflict Management Conference (IACM), Bonn, Germany, 1997.

Lewicki, R.J./Tomlinson, E.C./Gillespie, N. (2006): Models of Interpersonal Trust Development: Theoretical Approaches, Empirical Evidence, and Future Directions, in: Journal of Management, Jg. 32, H. 6, S. 991-1022.

Levin, D.Z./Cross, R. (2004): The Strength of Weak Ties You Can Trust: The Mediating Role of Trust in Effective Knowledge Transfer, in: Management Science, Jg. 50, H. 11, S. 1477-1490.

Lewis, J.D./Weigert, A. (1985): Trust as a Social Reality, in: Social Forces, Jg. 63, S. 967-985.

Lienert, G.A. (1969): Testaufbau und Testanalyse, 3. Aufl., Weinheim et al.

Loose, A./Sydow, J. (1994): Vertrauen und Ökonomie in Netzwerkbeziehungen – Strukturationstheoretische Betrachtungen, in: Sydow, J./Windeler, A. (Hrsg.): Management interorganisationaler Beziehungen, Opladen, S. 160-193.

Luce, R.D./Raiffa, H. (1957): Games and Decisions: Introduction and Critical Survey, New York.

Luhmann, N. (1973): Kommunikation, soziale, in: Grochla, E. (Hrsg.): Handwörterbuch der Organisation, 1. Aufl., Stuttgart, Sp. 831-838.

Luhmann, N. (1979): Trust and Power: Two Works by Niklas Luhmann, Chichester.

Luhmann, N. (1984): Soziologische Aspekte des Entscheidungsverhaltens, in: Die Betriebswirtschaft, Jg. 44, H. 4, S. 591-603.

Luhmann, N. (1988): Familiarity, Confidence, Trust: Problems and Alternatives, in: Gambetta, D. (Hrsg.): Trust: Making and Breaking Cooperative Relationships, New York/Oxford, S. 94-108.

235

Luhmann, N. (1996): Die Wirtschaft der Gesellschaft, 2. Aufl., Frankfurt am Main.

Luhmann, N. (2000): Vertrauen. Ein Mechanismus der Reduktion sozialer Komplexität, 4. Aufl., Stuttgart.

MacCrimmon, K.R./Wehrung, D.A. (1990): Characteristics of Risk Taking Executives, in: Management Science, Jg. 36, H. 4, S. 422-435.

Macharzina, K. (2003): Unternehmensführung. Das internationale Managementwissen; Konzepte – Methoden – Praxis, 4. Aufl., Wiesbaden.

Matiaske, W. (1990): Statistische Datenanalyse mit Mikrocomputern: Einführung in P-Stat und SPSS/PC, 1. Aufl., München/Wien.

Matiaske, W. (1992): Wertorientierungen und Führungsstil. Ergebnisse einer Felduntersuchung zum Führungsstil leitender Angestellter, Frankfurt am Main et al.

Matiaske, W. (1996): Statistische Datenanalyse mit Mikrocomputern: Einführung in P-Stat und SPSS/PC, 2. Aufl., München/Wien.

Mayer, R.C./Davis, J.H./Schoorman, F.D. (1995): An Integrative Model of Organizational Trust, in: Academy of Management Review, Jg. 20, S. 709-734.

Mayer, R.C./Davis, J.H. (1999): The Effect of the Performance Appraisal System on Trust for Management: A Field-quasi Experiment, in: Journal of Applied Psychology, Jg. 84, H. 1, S. 123-136.

McAllister, D.J. (1995): Affect- and Cognition-based Trust as Foundations for Interpersonal Cooperation in Organizations, in: Academy of Management Journal, Jg. 38, H. 1, S. 24-59.

McCabe, K./Houser, D./Ryan, L./Smith,V./Trouard, T. (2001): A Functional Imaging Study of Cooperation in Two-person Reciprocal Exchange, in: Proceedings of the National Academy of Sciences of the United States of America (PNAS), Jg. 98, H. 20, S. 11832-11835.

McEvily, B./Tortoriello, M. (2005): Measuring Trust in Organizational Research: Review and Recommendations, Arbeitspapier, Rotman School of Management, Toronto.

McEvily, B./Zaheer, A./Perrone, V. (2003). Vulnerability and the Asymmetric Nature of Trust in Interorganizational Exchange, Arbeitspapier präsentiert auf der 3rd Conference of the European Academy of Management (EURAM), Mailand, Italien, 3.-5. April 2003.

236

McEvily, B./Zaheer, A. (2006): The Economic Context of Trust in Interorganizational Exchange: Towards a Differentiated Dyad View, Arbeitspapier, Rotman School of Management, Toronto.

Meifert, M. (2003) Vertrauensmanagement in Unternehmen: Eine empirische Studie über Vertrauen zwischen Angestellten und ihren Führungskräften, 2. Aufl., München et al.

Mellewigt, T. (1995): Konzernorganisation und Konzernführung. Eine empirische Untersuchung börsennotierter Konzerne, Frankfurt am Main et al.

Mellewigt, T. (2003): Management von strategischen Kooperationen. Eine ressourcenorientierte Untersuchung in der Telekommunikationsbranche, Wiesbaden.

Mellewigt, T./Späth, J.F. (2003): In Contracts We Trust: Trust and Control in Strategic Alliances in the Telecommunications Industry, Arbeitspapier präsentiert auf dem Annual Meeting of the Academy of Management, Seattle, USA, 1.-6. August 2003.

Mellinger, G.D. (1956): Interpersonal Trust as a Factor in Communication, in: Journal of Abnormal Social Psychology, Jg. 52, H. 3, S. 304-309.

Meyerson, D./Weick, K.E./Kramer, R.M. (1996): Swift Trust and Temporary Groups, in: Kramer, R.M./Tyler, T.R. (Hrsg.): Trust in Organizations, Frontiers of Theory and Research, Thousand Oaks, S. 166-195.

Misztal, B.A. (1996): Trust in Modern Societies, Cambridge.

Möllering, G. (2001): The Nature of Trust: From Georg Simmel to a Theory of Expectation, Interpretation and Suspension, in: Sociology, Jg. 35, H. 2, S. 403-420.

Möllering, G. (2003): Trust: Social Science Theories and their Application to Organisations, unveröffentlichte Ph.D. Dissertation, University of Cambridge.

Möllering, G. (2005): The Trust/Control Duality: An Integrative Perspective on Positive Expectations of Others, in: International Sociology, Jg. 20, H. 3, S. 283-305.

Möllering, G. (2006a): Trust: Reason, Routine, Reflexivity, Oxford.

Möllering, G. (2006b): Das Aufheben der Ungewissheit als Kern des Vertrauens: Just do it?, MPIfg Arbeitspapier 06/5, Max-Planck-Institut für Gesellschaftsforschung (MPIfg), Köln.

Möllering, G./Sydow, J. (2005): Kollektiv, kooperativ, reflexiv: Vertrauen und Glaubwürdigkeit in Unternehmungen und Unternehmungsnetzwerken, in: Dernbach, B./Meyer, M. (Hrsg.): Vertrauen und Glaubwürdigkeit. Interdisziplinäre Perspektiven, Wiesbaden, S. 64-93.

Naquin, C.E./Paulson, G.D. (2003): Online Bargaining and Interpersonal Trust, in: Journal of Applied Psychology, Jg. 88, H. 1, S. 113-120.

Nieder, P. (2006): Fundamentales Vertrauen, in: Personalwirtschaft, H. 10, S. 22-24.

North, D.C. (1990): Institutions, Institutional Change, and Economic Performance, Cambridge.

Nooteboom, B. (1996): Trust, Opportunism and Governance: A Process and Control Model, in: Organization Studies, Jg. 17, H. 6, S. 985-1010.

Nooteboom, B. (2002): Trust: Forms, Foundations, Functions, Failures and Figures, Cheltenham.

Nooteboom, B./Berger, H./Noorderhaven, N.G. (1997): Effects of Trust and Governance on Relational Risk, in: Academy of Management Journal, Jg. 40, H. 2, S. 308-338.

Nooteboom, B./Six, F. (2003): The Trust Process in Organizations: Empirical Studies of the Determinants and the Process of Trust Development, Cheltenham.

Nunnally, J.C. (1978): Psychometric Theory, 2. Aufl., New York.

Opp, K.-D. (1999): Wissenschaftstheoretische Grundlagen der empirischen Sozialforschung, in: Roth, E./Holling, H. (Hrsg.): Sozialwissenschaftliche Methoden. Lehr- und Handbuch für Forschung und Praxis, München/Wien.

O'Reilly III, C.A. (1978): The Intentional Distortion of Information in Organizational Communication: A Laboratory and Field Investigation, in: Human Relations, Jg. 31, H. 2, S. 173-193.

O'Reilly III, C.A./Roberts, K.H. (1974): Information Filtration in Organizations: Three Experiments, in: Organizational Behavior and Human Performance, Jg. 11, S. 253-265.

Organ, D.W. (1988): Organizational Citizenship Behavior: The Good Soldier Syndrome, Lexington.

Ouchi, W.G. (1980): Markets, Bureaucracies, and Clans, in: Administrative Science Quarterly, Jg. 25, H. 1, S. 129-141.

238

Pablo, A.L. (1997): Reconciling Predictions of Decision Making under Risk: Insights from a Reconceptualized Model of Risk Behaviour, in: Journal of Managerial Psychology, Jg. 12, H. 1, S. 4-20.

Parkhe, A. (1993): Strategic Alliance Structuring: A Game Theoretic and Transaction Cost Examination of Interfirm Cooperation, in: Academy of Management Journal, Jg. 36, H. 4, S. 794-829.

Parkhe, A. (1998): Building Trust in International Alliances, in: Journal of World Business, Jg. 33, H. 4, S. 417-437.

Parsons, T. (1969): Politics and Social Structure, New York.

Petermann, F. (1996): Psychologie des Vertrauens, 3. Aufl., Göttingen.

Piccoli G./Ives, B. (2003): Trust and the Unintended Effects of Behavior Control in Virtual Teams, in: Management Information Systems (MIS) Quarterly, Jg. 27, H. 3, S. 365-395.

Pillai, R./Schriesheim, C.A./Williams, E.S. (1999): Fairness Perceptions and Trust as Mediators for Transformational and Transactional Leadership: a Two-sample Study, in: Journal of Management, Jg. 25, H. 6, S. 897-933.

Podsakoff, P.M./MacKenzie, S.B./Moorman, R.H./Fetter, R. (1990): Transformational Leader Behaviors and their Effects on Followers' Trust in Leader, Satisfaction, and Organizational Citizenship Behaviors, in: The Leadership Quarterly, Jg. 1, H. 2, S. 107-142.

Podsakoff, P.M./MacKenzie, S.B./Bommer, W.H. (1996): Transformational Leader Behaviors and Substitutes for Leadership as Determinants of Employee Satisfaction, Commitment, Trust and Organizational Citizenship Behaviors, in: Journal of Management, Jg. 22, S. 259-298.

Reichwald, R. (1993): Kommunikation und Kommunikationsmodelle, in: Wittmann, W./Kern, W./Köhler, R./Küpper, H.-U./Wysochi, K.v. (Hrsg.): Handwörterbuch der Betriebswirtschaft (HWB), 5. Aufl., Stuttgart, Sp. 2174-2188.

Rempel, J.K./Holmes, J.G./Zanna, M.P. (1985): Trust in Close Relationships, in: Journal of Personality and Social Psychology, Jg. 49, H. 1, S. 95-112.

Rich, G.A. (1997): The Sales Manager as a Role Model: Effects on Trust, Job Satisfaction, and Performance of Salespeople, in: Journal of the Academy of Marketing Science, Jg. 25, H. 4, S. 319-328.

Ripperger, T. (1998): Ökonomik des Vertrauens. Analyse eines Organisationsprinzips, Tübingen.

Roberts, K.H./O'Reilly III, C./Bretton, G.E./Porter, L.W. (1974): Organizational Theory and Organizational Communication: A Communication Failure?, in: Human Relations, Jg. 27, H. 5, S. 501-524.

Robbins, S.P. (1999): Managing Today!, 2. Aufl., New Jersey.

Robinson, S. (1996): Trust and Breach of the Psychological Contract, in: Administrative Science Quarterly, Jg. 41, H. 4, S. 574-599.

Robinson, S./Morrison E.W. (1995): Psychological Contracts and OCB: The Effect of Unfulfilled Obligations on Civic Virtue Behavior, in: Journal of Organizational Behavior, Jg. 16, H. 3, S. 289-298.

Röder, R. (2001): Kooperationen an Schnittstellen. Eine empirische Untersuchung. Frankfurt am Main et al.

Rosenstiel, L.v. (2006): Motivation – nur Aberglaube und Scharlatanerie?, in: Zeitschrift Führung + Organisation (zfo), Jg. 75, H. 2, S. 116-117.

Ross, W.H./Wieland, C. (1996): Effects of Interpersonal Trust and Time Pressure on Managerial Mediation Strategy in a Simulated Organizational Dispute, in: Journal of Applied Psychology, Jg. 81, H. 3, S. 228-248.

Roth, A.E. (1995): Introduction to Experimental Economics, in: Kagel, J.H./Roth, A.E. (1995): The Handbook of Experimental Economics, New Jersey, S. 3-109.

Rotter, J.B. (1967): A New Scale for the Measurement of Interpersonal Trust, in: Journal of Personality, Jg. 35, H. 4, S. 651-665.

Rotter, J.B. (1971): Generalized Expectancies for Interpersonal Trust, in: American Psychologist, Jg. 26, H. 1, S. 443-452.

Rotter, J.B. (1980): Interpersonal Trust, Trustworthiness, and Gullibility, in: American Psychologist, Jg. 35, H. 1, S. 1-7.

Rousseau, D.M./Sitkin, S.B./Burt, R.S./Camerer, C. (1998): Not so Different After All: A Cross-discipline View of Trust, in: Academy of Management Review, Jg. 23, H. 3, S. 393-404.

Scharlemann, J.P.W./Eckel, C.C./Kacelnik, A./Wilson, R.K. (2001): The Value of a Smile: Game Theory with a Human Face, in: Journal of Economic Psychology, Jg. 22, S. 617-640.

Schoorman, F.D./Mayer, R.C./Davis, J.H. (1996): Including versus Excluding Ability from the Definition of Trust, in: Academy of Management Review, Jg. 21, H. 2, S. 339-340.

Schoorman, F.D./Mayer, R.C./Davis, J.H. (2007): An Integrative Model of Organizational Trust: Past, Present, and Future, in: Academy of Management Review, Jg. 32, H. 2, S. 344-354.

Schwaab, C. (2004): Effektive Urteilsprozesse: Eine empirische Untersuchung von Personalentscheidungen, Frankfurt am Main et al.

Schwab, D.P. (1999): Research Methods for Organizational Studies, Mahwah/London.

Schweer, M./Thies, B. (2003): Vertrauen als Organisationsprinzip. Perspektiven für komplexe soziale Systeme, Bern et al.

Scott III, C.L. (1980): Interpersonal Trust A Comparison of Attitudinal and Situational Factors, in: Human Relations, Jg. 33, H. 11, S. 805-812.

Searle, R.H./ Ball, K.S. (2004): The Development of Trust and Distrust in a Merger, Journal of Managerial Psychology, Jg. 19, H. 7, S. 708-721.

Shadish, W.R./Cook, T.D./Campbell, D.T. (2002): Experimental and Quasi-experimental Designs for Generalized Causal Inference, Boston et al.

Shapiro, S.P. (1987): Social Control of Impersonal Trust, in: American Journal of Sociology, Jg. 93, H. 3, S. 623-658.

Shapiro, D.L./Sheppard, B.H./Cheraskin, L. (1992): Business on a Handshake, in: Negotiation Journal, Jg. 8, H. 4, S. 365-377.

Sitkin, S.B./Pablo, A.L. (1992): Reconceptualizing the Determinants of Risk Behavior, in: Academy of Management Review, Jg. 17, H. 1, S. 9-38.

Sitkin, S.B./Roth, N.L. (1993): Explaining the Limited Effectiveness of Legalistic Remedies for Trust/Distrust, in: Organization Science, Jg. 4, H. 3, S. 367-392.

Sitkin, S.B./Stickel, D. (1996): The Road to Hell: The Dynamics of Distrust in an Era of Quality, in: Kramer, R.M./Tyler, T.R. (Hrsg.): Trust in Organizations, Frontiers of Theory and Research, Thousand Oaks, S. 196-215.

Sitkin, S.B./Weingart, L.R. (1995): Determinants of Risky Decision-making Behavior: A Test of the Mediating Role of Risk Perceptions and Propensity, in: Academy of Management Journal, Jg. 38, H. 6, S. 1573-1592.

Sjurts, I. (1998): Kontrolle ist gut, ist Vertrauen besser? Ökonomische Analysen zur Selbstorganisation als Leitidee neuer Organisationskonzepte, in: Die Betriebswirtschaft, Jg. 58, H. 3, S. 238-298.

Smith, J.B./Barclay, D.W. (1997): The Effects of Organizational Differences and Trust on the Effectiveness of Selling Partner Relationships, in: Journal of Marketing, Jg. 61, H. 1, S. 3-21.

Stack, L.C. (1978): Trust, in: London, H./Exner, J. Jr. (Hrsg.): Dimensions of Personality, New York, S. 561-599.

Staehle, W.H. (1999): Management: Eine verhaltenswissenschaftliche Perspektive, 8. Aufl., München.

Stapf, K.H. (1999): Laboruntersuchungen, in: Roth, E./Holling, H. (Hrsg.): Sozialwissenschaftliche Methoden. Lehr- und Handbuch für Forschung und Praxis, 5. Aufl., München/Wien, S. 228-244.

Stein, F.A. (1989): Fallsimulation, in: Die Betriebswirtschaft, Jg. 49, H. 4, S. 530-532.

Stein, F.A. (1990): Betriebliche Entscheidungs-Situationen im Laborexperiment. Die Abbildung von Aufgaben- und Struktur-Merkmalen als Validitätsbedingungen, Frankfurt am Main et al.

Stein, F.A. (1991): Betriebswirtschaftliche Laborforschung, in: Die Betriebswirtschaft, Jg. 51, H. 1, S. 109-111.

Stelzl, I. (1999): Experiment, in: Roth, E./Holling, H. (Hrsg.): Sozialwissenschaftliche Methoden. Lehr- und Handbuch für Forschung und Praxis, 5. Aufl., München/Wien, S. 108-125.

Stier, W. (1996): Empirische Forschungsmethoden, Berlin et al.

Strickland, L.H. (1958): Surveillance and Trust, in: Journal of Personality, Jg. 26, S. 200-215.

Sydow, J. (1998): Understanding the Constitution of Inter-organizational Trust, in: Lane, C./Bachman, R. (Hrsg.): Trust Within and Between Organizations, Oxford, S. 31-63.

Sztompka, P. (1999): Trust: A Sociological Theory, Cambridge.

Tichy, G. (2003): Die Risikogesellschaft – Ein vernachlässigtes Konzept in der europäischen Stagnationsdiskussion, Institut für Technologiefolgen-Abschätzung (ITA) Manuskript Nr. 03-02, Österreichische Akademie der Wissenschaften, Wien.

Traut-Mattausch, E./Streicher, B./Frey, D. (2005): Prinzipielles Vertrauen, in: Personalwirtschaft, H. 4, S. 18-21.

Urban, D./Mayerl, J. (2006): Regressionsanalyse: Theorie, Technik und Anwendung, 2. Aufl., Wiesbaden.

Valley, K.L./Moag, J./Bazerman, M.H. (1998): 'A Matter of Trust': Effects of Communication on the Efficiency and Distribution of Outcomes, in: Journal of Economic Behavior & Organization, Jg. 34, S. 211-238.

Weber, L.R. (1998): On Constructing Trust: Temporality, Self-disclosure, and Perspective-taking, in: International Journal of Sociology and Social Policy, Jg. 18, H. 1, S. 7-26.

Weise, G. (1975): Psychologische Leistungstests. Ein Handbuch für Studium und Praxis, Göttingen.

Wiemann, V. (1998): Verlust-Eskalation in Management-Entscheidungen. Eine empirische Untersuchung, Frankfurt am Main et al.

Wiese, H. (2002): Entscheidungs- und Spieltheorie, Berlin et al.

Williamson, O.E. (1993): Calculativeness, Trust, and Economic Organization, in: Journal of Law and Economics, Jg. 36, H. 1, S. 453-486.

Woodworth, R.S. (1940 [1934, 1929]): Psychology, New York.

Wrightsman, L.S. (1964): Measurement of Philosophies of Human Nature, in: Psychological Reports, Jg. 14, June, S. 743-751.

Wrightsman, L.S. (1991): Interpersonal Trust and Attitudes toward Human Nature, in: Robinson, J.P./Shaver, P.R./Wrightsman, L.S. (Hrsg.): Measures of Personality and Social Psychological Attitudes, Band 1, S. 373-412.

Wrightsman, L.S. (1992): Assumptions About Human Nature. Implications for Researchers and Practitioners. 2. Aufl., Newbury Park et al.

Zaheer, A./Perrone, V./McEvily, B. (1998): Does Trust Matter? Exploring the Effects of Interorganizational and Interpersonal Trust on Performance, in: Organization Science, Jg. 9, H. 2, S. 141-159.

Zak P.J./Kurzban R./Matzner W.T. (2005): Oxytocin is Associated with Human Trustworthiness, in: Hormones and Behavior, Jg. 48, H. 5, S. 522-527.

Zand, D.E. (1972): Trust and Managerial Problem Solving, in: Administrative Science Quarterly, Jg. 17, H. 2, S. 229-239.

Zand, D.E. (1997): The Leadership Triad: Knowledge, Trust, and Power, New York/ Oxford.

Zimbardo, P.H. (1988): Psychologie, 5. Aufl., Berlin et al.

Zimbardo, P.H./Gerrig, R.J. (2004): Psychologie, 16. Aufl., München et al.

Zucker, L.G. (1986): Production of Trust: Institutional Sources of Economic Structure, 1840-1920, in: Straw, B.M./Cummings, L.L. (Hrsg.): Research in Organizational Behavior, Jg. 8, Greenwich, S. 53-111.

SCHRIFTEN ZUR EMPIRISCHEN ENTSCHEIDUNGSFORSCHUNG

Band   1   Stephan Schlingmann: Kooperation und Wettbewerb in Problemlöse-Prozessen. Eine Experimental-Untersuchung. 1985.

Band   2   Helmut Schulte-Frankenfeld: Vereinfachte Kaufentscheidungen von Konsumenten. Erklärung psychischer Prozesse kognitiv limitierten Entscheidungsverhaltens von Konsumenten. 1985.

Band   3   Thomas Hofacker: Entscheidung als Informationsverarbeitung. Eine empirische Untersuchung zur Produktentscheidung von Konsumenten. 1985.

Band   4   Franz-Josef Hering: Informationsbelastung in Entscheidungsprozessen. Experimental-Untersuchung zum Verhalten in komplexen Situationen. 1986.

Band   5   Wolfgang Schröder: Leistungsorientierung und Entscheidungsverhalten. Eine Experimental-Untersuchung zur Wirkung individueller Werte in Problemlöseprozessen. 1986.

Band   6   Hartmut Geißler: Fehlentscheidungen. Eine empirisch-explorative Ursachenanalyse. 1986.

Band   7   Wolfgang D. Fink: Kognitive Stile, Informationsverhalten und Effizienz in komplexen betrieblichen Beurteilungsprozessen. Theoretische Ansätze und ihre empirische Prüfung. 1987.

Band   8   Joachim Karger: Akzeptanz von Strukturierungsmethoden in Entscheidungsprozessen. Eine empirische Untersuchung. 1987.

Band   9   Jürgen Lürssen: Produktwissen und Kaufentscheidung. Eine empirische Untersuchung. 1989.

Band 10   Knut Petersen: Der Verlauf individueller Informationsprozesse. Eine empirische Untersuchung am Beispiel der Bilanzanalyse. 1988.

SCHRIFTEN ZUR EMPIRISCHEN ENTSCHEIDUNGS- UND ORGANISATIONSFORSCHUNG

Band 11   Monica Roters: Komplexität und Dynamik als Einflußgrößen der Effizienz von Organisa-tionen. Eine empirische Untersuchung. 1988.

Band 12   Dieter Brand: Der Transaktionskostenansatz in der betriebswirtschaftlichen Organisationstheorie. Stand und Weiterentwicklung der theoretischen Diskussion sowie Ansätze zur Messung des Einflusses kognitiver und motivationaler Persönlichkeitsmerkmale auf das transaktionskostenrelevante Informationsverhalten. 1990.

Band 13   Friedrich A. Stein: Betriebliche Entscheidungs-Situationen im Laborexperiment. Die Abbildung von Aufgaben- und Struktur-Merkmalen als Validitätsbedingungen. 1990.

Band 14   Wenzel Matiaske: Wertorientierungen und Führungsstil. Ergebnisse einer Felduntersuchung zum Führungsstil leitender Angestellter. 1992.

Band 15   Gert Landauer: Die Wirkung von Problemlösungstechniken auf Informationsverhalten und Entscheidungseffizienz. Eine experimentelle Untersuchung am Beispiel der Nutzwertanalyse. 1996.

Band 16   Thomas Mellewigt: Konzernorganisation und Konzernführung - eine empirische Untersuchung börsennotierter Konzerne. 1995.

Band 17   Rolf Bronner: Entscheidungs-Prozesse in Video-Konferenzen. Eine empirische Untersuchung der Leistungsfähigkeit moderner Kommunikationstechnik zur Bewältigung komplexer Management-Aufgaben. 1996.

Band 18   Volker Wiemann: Verlust-Eskalation in Management-Entscheidungen. Eine empirische Untersuchung. 1998.

Band 19 Wolfgang Appel: Effektivität PC-gestützter Kommunikationssysteme. Empirische Ergebnisse zur Nutzung von E-Mail und Videoconferencing. 2000.

Band 20 Martina Kollmannsperger: Erfolgskriterien des Konfliktmanagements. Eine empirische Untersuchung. 2001.

Band 21 Roland Röder: Kooperationen an Schnittstellen. Eine empirische Untersuchung. 2001.

Band 22 Carsten Schwaab: Effektive Urteilsprozesse. Eine empirische Untersuchung von Personalentscheidungen. 2004.

Band 23 Paulina Jedrzejczyk: Multikulturelle Teams in Organisationen. Eine experimentelle Untersuchung des Problemlöseverhaltens unter Wettbewerbsbedingungen. 2007.

Band 24 Julia F. Späth: Interpersonelles Vertrauen in Organisationen. Eine empirische Untersuchung der Einflussfaktoren und Verhaltenswirkungen. 2008.

www.peterlang.de

Peter Lang · Internationaler Verlag der Wissenschaften

Jochen Basting

Vertrauensgestaltung im Political Marketing

**Eine marketingwissenschaftliche Analyse anbieter-
seitiger Ansatzpunkte der vertrauensorientierten
Beziehungsgestaltung zwischen Politiker und Wähler**

Frankfurt am Main, Berlin, Bern, Bruxelles, New York, Oxford, Wien, 2008.
LXXIV, 256 S., zahlr. Tab. und Graf.
Strategisches Marketingmanagement. Herausgegeben von Roland Mattmüller.
Bd. 10
ISBN 978-3-631-56938-2 · br. € 56.50*

Die marketingwissenschaftliche Auseinandersetzung mit der politischen
Transaktionsbeziehung findet sowohl in Theorie als auch Praxis bereits seit
einigen Jahren statt. Mit Blick auf den politischen Alltag der Bundesrepublik
Deutschland tritt jedoch hervor, dass die Beziehung zwischen Politiker und
Wähler weiterhin durch fehlendes Vertrauen auf Seiten der Wähler in die
Leistungsbereitschaft, den Leistungswillen und die Leistungsfähigkeit der
Politiker – allgemein unter dem Begriff der Politikverdrossenheit diskutiert –
gekennzeichnet ist. Infolgedessen bildet die Arbeit den theoretisch fundierten
Ausgangspunkt einer vertrauensorientierten Gestaltung der politischen
Transaktionsbeziehung vor dem Hintergrund ihrer konstitutiven Merkmale
und des in der Realität zu verzeichnenden Vertrauensverlustes.

Aus dem Inhalt: Marketingwissenschaftliche Analyse der politischen
Transaktionsbeziehung · Bedeutung und Präzisierung von Vertrauen für
Transaktionsbeziehungen im Allgemeinen und die politische Transaktionsbeziehung im Besonderen · Institutionen als Koordinationsmechanismus
zum Vertrauensaufbau und der -gestaltung · Vertrauensmanagement für die
politische Transaktionsbeziehung unter Berücksichtigung ihrer konstitutiven
Merkmale im Marktbearbeitungssystem des Political Marketing

Frankfurt am Main · Berlin · Bern · Bruxelles · New York · Oxford · Wien
Auslieferung: Verlag Peter Lang AG
Moosstr. 1, CH-2542 Pieterlen
Telefax 00 41 (0) 32/376 17 27

*inklusive der in Deutschland gültigen Mehrwertsteuer
Preisänderungen vorbehalten
Homepage http://www.peterlang.de